선의 연구

선의 연구

善の研究

니시다 기타로 지음

윤인로 옮김

도서출판 b

| 일러두기 |

1. 이 책은 니시다 기타로의 다음 텍스트를 옮긴 것이다: 西田幾多郎,『善の研究』, 東京: 弘道館, 1911. 이 초판본의 훼손된 페이지들은 다음 주석본을 따랐다. 西田幾多郎,『善の研究』(全注釈・小坂国継), 講談社学術文庫, 2006.
2. 원문은 각주 없는 단편 논고들의 연쇄로 되어 있다. 이 형식 혹은 스타일을 살리고자 장절의 단락 구분, 행갈이와 그 간격, 들여쓰기 등을 원문대로 따랐다.
3. 미주들은 위의 주석본 주해자 고사카 구니츠구가 작성한 것을 선별하여 가감한 것이고, 옮긴이가 새로 작성한 것들에는 '— 옮긴이'라고 표시했다.
4. 저자가 인용하거나 참조하고 있는 저작들의 국역본이 있을 경우에는 미주 속에서 해당 부분을 따로 언급했으나, 국역본과 비교하여 저자의 원래 문맥에 수정을 가하지는 않았다.
5. 본문과 미주에 옮긴이가 부연한 것들은 모두 '[ ]' 속에 넣었다.

서문

이 책은 내가 가나자와의 제4고등학교에서 여러 해 교편을 잡고 있던 때에 쓴 것이다. 처음엔 이 책 속의 특히 실재에 관한 부분을 정밀하게 논술하여 바로 세상에 내보낼 생각이었으나, 질병과 여러 사정들에 방해받아 뜻을 이룰 수 없었다. 그렇게 몇 년을 보내면서 얼마간 나 자신의 사상에도 변동이 있었고, 따라서 뜻한 바를 손쉽게 완성하기는 어렵겠다고 느꼈던바, 일단 이 책은 이 책 자체로서 세상에 내보내야겠다고 생각하게 된 것이다.

이 책은 제2편과 제3편이 먼저 이뤄지고 뒤이어 제1편과 제4편의 순서로 덧붙여진 것이다. 제1편은 내 사상의 근저인 순수경험의 성질을 밝힌 것이지만 처음 읽는 사람은 생략하는 쪽이 낫겠다. 제2편은 나의 철학적 사상을 서술한 것으로 이 책의 골자라고 해야 할 대목이다. 제3편은 제2편의 사고를 기초로 선善을 논한 것이라고도 할 수 있겠지만, 독립된 윤리학으로 보아도 무방하지 않을까 한다. 제4편은 내가 예전부터 철학의 종결로 생각하고 있던 종교에 대해 생각을 서술한 것이다. 그 속에는 병중에 쓴 것이라 불완전한 부분도 많지만, 어쨌든 그로써 내가 말하고자 했던 것의 종점까지 이를 수 있었다. 철학적 연구가 앞부분 절반을 차지하고 있음에도 이 책을 특히 '선의 연구'라고 이름붙인 까닭은 다름 아닌 인생의 문제가 중심이자 종결이라고 생각했기 때문이다.

순수경험을 유일한 실재로 하여 모든 것을 설명해보고 싶다는 것은 내가 꽤 오래전부터 지니고 있던 생각이었다. 처음에는 마하 등을 읽어보았지만 도무지 만족스럽지가 않았다.[1] 얼마 지나지 않아서 개인이 있기에 경험이 있는 게 아니라 경험이 있기에 개인이 있다는 생각, 개인적 구별보다는 경험이 근본적이라는 생각을 통해 독아론을 벗어날 수 있었고, 또 경험을 능동적으로 사고할 수 있음으로써 피히테 이후의 초월철학과도 조화될 수 있으리라 여겼기에 기어이 이 책의 제2편을 썼던 것이지만, 그 불완전함이란 두말할 것도 없다. 당시엔 뮌스터베르크의 심리학이나 헤겔의 논리학에 빚진 곳이 있었다고 하겠는데, 지금 생각해보면 조금은 서둘러 옛 사상과 타협했다는 느낌이 든다.[2]

사색 따위나 하는 녀석은 푸른 들판에서 마른 풀이나 먹는 동물과 같다고 메피스토[3]에게 조롱당할지도 모를 일이지만, 철학의 밝은 원리를 사고하지 않을 수 없도록 벌을 받고 있다고 말한 철학자[헤겔]도 있었듯이, 한 번 금단의 열매를 먹어 버린 인간에게 그에 따른 고뇌가 뒤이어지는 것이란 어쩔 수 없는 일일 것이다.

메이지 44년[1911] 1월 교토에서

니시다 기타로

| 차 례 |

제3편 선

제4편 종교

제1편

순수경험

제1장

순수경험

경험한다는 것은 사실 그대로 안다는 뜻이다. 자기에 의한 세공을 완전히 버리고 사실에 따라 안다는 것이다. 흔히들 경험이라고 말하고 있는 것도 실은 어떤 사상이 뒤섞여 있는 것이기에, 순수라는 것은 털끝만큼도 사려분별을 가하지 않은 참으로 경험 그대로의 상태를 말하는 것이다. 예컨대 색을 보고 소리를 듣는 찰나, 아직 그것이 외부사물의 작용이라든가 내가 그것을 감각하고 있다는 식의 생각이 없을 뿐만 아니라, 그 색과 소리란 이러이러한 것이라는 판단조차 가해지기 이전의 상태를 말하는 것이다. 그래서 순수경험은 직접경험과 동일하다. 자기의 의식 상태를 직접 바로 그 아래에서 즉각적으로 경험했던 때, 아직 주[관]도 아니고 객[관]도 아닌 지식과 그 대상은 완전히 합일하고 있다. 그것이 경험의 가장 순연한 상태이다. 물론 일반적으로 사람들은 경험이라는 말의 속뜻을 명확히 정의하지 않으며, 분트와 같은 이는 경험에 근거해 추리하게 되는 지식까지도 간접경험으로 명명하면서 물리학과 화학 등을 간접경험의 학문이라고 말한다(Wundt, Grundriss der Psychologie, Einl. §I). 그러나 그런 지식들은 정당한 뜻에서 경험이라고 할 수 없을 뿐만 아니라, 의식현상이라고 하더라도 타인의 의식은 자기에게 경험될 수 있는 것이 아니며 자기의 의식이라고 하더라도 그것이 과거에 대한 상기일 때에는, 눈앞에 드러난 현전이라고 하더라도 그것에 대해 판단했던 때에는 이미 순수의 경험이 아니다. 참된 순수경험은 세공된 그 어떤 의미도 없는 사실 그대로의 현재의식일 따름이다.

위와 같은 의미에서 어떤 정신현상이 순수경험의 사실이라고 할 수 있을까. 그것에 감각이나 지각이 속한다는 것은 누구도 이의를 제기하지 않을 것이다. 그러나 나는 모든 정신현상이 그런 순수경험의 사실 형태로서 드러나는 것이라고 믿는다. 기억의 차원에서도 과거의 의식은 그 즉시 일어나는 것이 아니며 따라서 과거를 직접 감각・지각直覺하는 것도 아니다. 과거라고 느끼는 것 또한 현재의 감정이다. 추상적 개념일지라도 결코 초경험적인 것은 아니며 그 역시 일종의 현재의식이다. 기하학자가 삼각형 하나를 상상하면서 모든 삼각형을 대표하는 것으로 삼듯이, 개념의 대표적 요소라는 것도 눈앞에 드러난 현전에 있어서는 일종의 감정에 지나지 않는 것이다(James, The Principles of Psychology, Vol. I, Chap. VII). 그 밖에도 소위 의식의 가장자리(fringe)[4]라는 것을 직접 경험의 사실 속에 넣어보게 되면, 경험적 사실들 사이의 여러 관계에 대한 의식마저도 감각·지각과 마찬가지로 모두 그런 직접경험의 사실 속으로 들어오는 것이다(James, A World of Pure Experience). 그렇다면 감정·의지[情意]의 현상이란 어떤 것인가라고 할 때, 쾌·불쾌의 감정이 현재의식인 것은 두말할 나위도 없으며, 의지라는 것 또한 그 목적은 미래에 있다하더라도 우리는 언제나 의지를 현재의 욕망으로서 느끼는 것이다.

그럼 이와 같이 우리들에게 직접적이며 또 모든 정신현상의 원인인 순수경험이란 어떤 것인지, 이제 그 성질에 대해 좀 더 생각해보자. 먼저 순수경험은 단순한가 아니면 복잡한가라는 문제가 생겨난다. 의식상태 바로 그 아래서의 순수경험이라고 하더라도, 그것이 과거의 경험으로 구성되어진 것이라거나 또는 이후에 그것을 단일한 요소로 분석할 수 있다든가 하는 지점에서 본다면 순수경험을 복잡한 것이라고 해도 좋을 것이다. 그러나 아무리 복잡하다고 할지라도 순수경험은 그 순간에 있어서는 언제나 단순한 하나의 사실이다. 설령 과거의 의식의 재현이라고 하더라도 그것이 현재의 의식 속에 통일되어 하나의 요소가 됨으로써 새로운 의미를 획득할 때에는 이미 과거의 의식과 동일한 것이라고 말해질 수 없다(Stout, Analytic Psychology, Vol. II, p. 45). 이와 마찬가지로 현재의 의식을 분석했을 때에도 그렇게 분석된 것은 더 이상 현재의 의식과 동일하지 않다. 순수경험상에서 본다면 모든 것은 종별적이고 각각의 경우마다 단순하고 독창적인 것이다. 다음으로 순수경험의 종합은 어디까지 미치는 것일까. 순수경험의 현재라는 것은, 현재에 대해 사고할 때 이미 그것은 현재가 아니라는 식으로 말하는 사상상의 현재가 아니다. 의식상의 사실로서의 현재에는 얼마간의 시간적 계속이 없어서는 안 된다(James, The Principles of Psychology, Vol. I. Chap. XV). 즉 의식의 초점이 언제나 현재가 되는 것이다. 그래서 순수경험의 범위는 주의기울임의 범위와 절로 일치되어 간다. 그러나 나는 그 범위가 반드시 한 가지 주의기울임으로 한정되는 것은 아니라고 생각한다. 우리는 약간의 사상조차 뒤섞지 않고서도 주객이 분리되지 않은 상태로 주의를 돌릴 수 있다. 예컨대 그것은 절벽을 필사적으로 기어오르는 경우와 같이, 음악가가 숙련된 곡을 연주할 때와도 같이 전적으로 지각의 연속(perceptual train)이라고 말해도 좋은 것이다(Stout, Manual of Psychology, p. 252). 또한 동물의 본능적 동작에도 반드시 그러한 정신의 상태가 동반되어 있을 것이다. 그런 정신현상들에서는 지각이 엄밀한 통일과 연락을 지속하고 의식이 어떤 것에서 다른 것으로 전환되어도 주의기울임은 처음부터 끝까지 [사]물로 향해지고 앞선 작용이 절로 뒤의 것을 야기하는바, 그 사이에는 사유를 섞어 넣어야 할 조금의 균열도 없는 것이다. 이를 순간적 지각과 비교하면 주의기울임의 추이나 시간의 길고 짧음은 있을지언정 직접적이면서 주객이 합일되어 있다는 점에선 조금의 차이・구별도 없는 것이다. 특히나 소위 순간적 지각이라는 것 또한 실제로는 복잡한 경험으로 결합・구성되어 있는 것이라고 한다면, 그런 둘의 구별은 성질의 차이가 아니라 단지 정도의 차이라고 하지 않으면 안 된다. 순수경험이 반드시 단일한 감각이라고 할 수는 없다. 심리학자가 말하는 엄밀한 의미의 단일감각이란 학문상 분석의 결과로 가상된 것이지 사실상으로 직접적인 구체적 경험은 아닌 것이다.

순수경험이 직접적이면서 순수한 까닭은 단일하기에 분석이 불가능하다든가 순간적이라든가 하는 데에 있지 않다. 그런 까닭은 오히려 구체적 의식의 엄밀한 통일에 있다. 의식은 결코 심리학자가 말하는 소위 단일한 정신적 요소의 결합으로 이뤄진 것이 아니라 원래 하나의 체계를 이루는 것이다. 그것은 신생아의 의식처럼 명암의 구별조차도 명확치 않은 혼란된 통일일 것이다. 그 속에서 다양한 의식 상태들이 분화·발전해 나오는 것이다. 그러나 아무리 정밀하게 분화하더라도 어디까지나 그 근본적인 체계의 형태를 잃지는 않는다. 우리에게 직접적인 구체적 의식은 언제나 그런 형태로 드러나는 것이다. 순간적 지각과 같은 것도 결코 그 형태를 거스르지 않는다. 예컨대 한눈에 [사]물의 전체를 지각한다고 여기는 경우에도 자세히 연구해보면 눈의 운동과 더불어 주의기울임은 스스로 변해가면서 전체에 대한 앎에 이르는 것이다. 이렇게 의식의 본래면목은 체계적 발전인바, 그 통일이 엄밀하고 의식이 스스로 발전하는 동안에 우리들은 순수경험의 입각지를 잃지 않는 것이다. 이 점은 지각적 경험에서도 또 표상적 경험에서도 동일하다. 표상의 체계가 스스로 발전할 때에는 전체가 그 즉시 순수경험이다. 괴테가 꿈속에서 직각적으로 시를 지었던 일은 그 한 가지 사례이다. 그러하되 지각적 경험에서는 주의기울임이 외부 사물에 의해 지배되는 것이므로 의식의 통일이라고 할 수는 없으리라고 여길지도 모르겠다. 그러나 지각적 활동의 배후에도 역시 어떤 무의식적인 통일의 힘이 작용하고 있지 않으면 안 되며,[5] 주의기울임은 그런 통일의 힘에 따라 인도되는 것이다. 이와는 반대로 표상적 경험은 아무리 통일되어 있다고 할지라도 반드시 주관적 몸짓에 속하기에 순수의 경험이라고는 말해질 수 없는 것처럼 보이기도 할 것이다. 그러나 표상적 경험이라고 할지라도 그 통일이 필연적이고 스스로 결합하는 것일 때에는 순수의 경험이라고 봐야하는바, 이는 예컨대 꿈에서처럼 바깥으로부터 통일을 깨는 것이 없을 때에는 전적으로 지각적 경험과 혼동되고 마는 것이다. 원래 경험에 안과 밖의 분별이 있는 것은 아니며 경험을 순수하게 만드는 것은 그 통일에 있지 그 종류에 있는 것이 아니다. 표상이라고 할지라도 감각과 엄밀하게 결합하고 있을 때에는 그 즉시 하나의 경험이다. 단 그것이 현재의 통일을 이탈해 다른 의식과 관계할 때, 더 이상 현재의 경험은 아니며 의미가 되는 것이다. 그저 표상일 뿐이었을 때에는 꿈에서처럼 전적으로 지각과 혼동되는 것이다. 감각이 언제나 경험이라고 생각되는 것은 그것이 언제나 주의기울임의 초점이 되어 통일의 중심이 되기 때문일 것이다.

이제 의식의 통일이 지닌 의의를 좀 더 정밀하게 결정함으로써 순수경험의 성질을 밝히고자 한다. 의식의 체계라는 것은 유기물과 같이 통일적인 어떤 것이 질서 있게 분화・발전하여 그 전체를 실현하는 것이다. 의식의 차원에서는 먼저 그 한쪽 끝 일부가 드러남과 동시에 통일작용은 경향적인 감정으로서 의식의 그런 일단에 수반되고 있다. 우리의 주의기울임을 지도하는 것은 그런 작용인바, 통일의 상태가 엄밀하거나 다른 것에 방해받지 않을 때의 그런 작용은 무의식적이지만, 그와 반대일 때의 작용은 다른 표상이 되어 의식상에서 드러나거나 순수경험의 상태를 즉시 이탈하게 되는 것이다. 즉 통일작용이 이뤄지고 있는 동안에는 전체가 현실이며 순수경험이다. 그리하여 모든 의식이란 충동적이라고 의지중심주의적 학설이 말하듯이 의지가 의식의 근본적 형식이라고 할 수 있다면, 의식의 발전 형식은 곧 넓은 뜻에서 의지의 발전 형식이고 그 통일적 경향이란 의지의 목적이라고 하지 않으면 안 된다. 순수경험이란 의지의 요구와 실현 사이에 조금의 간극도 없는 가장 자유롭고도 활발한 상태인 것이다. 물론 선택적 의지에서 보자면 그러한 충동적 의지에 지배되는 것은 오히려 의지의 속박일지도 모르지만, 선택적 의지란 이미 의지가 자유를 잃어버린 상태이므로 그것이 훈련된 때에는 또다시 충동적으로 되는 것이다. 의지의 본질은 미래에 대한 욕구 상태에 있는 것이 아니라, 현재에, 현재적 활동에 있는 것이다. 원래 의지에 수반되는 동작은 의지의 요소가 아니다. 순전히 심리적으로 보자면 의지는 내면에서의 의식의 통각 작용이다. 그리고 그런 통일작용을 이탈하여 따로 의지인 특수한 종류의 현상이 있는 것이 아닌바, 의지란 그런 통일작용의 정점인 것이다. 사유도 의지와 마찬가지로 일종의 통각 작용이지만 그 통일은 다만 주관적이다. 이와 달리 의지란 주객의 통일이다. 의지가 언제나 현재인 것도 그런 까닭에서다(Schopenhauer, Die Welt als Wille und Vorstellung, § 54). 순수경험은 사실의 직각 그 상태 그대로이며 의미라는 것이 없는 상태라고 말해진다. 그렇게 말하면 순수경험이란 뭔가 무차별적 혼돈 상태인 것처럼 여겨질지도 모르지만, 여러 의미나 판단이라는 것은 경험 그 자체의 차이 · 구별에서 일어나는 것이므로 경험 그 자체는 의미나 판단에 의해 주어지는 것이 아니다. 경험은 스스로 차이 · 구별의 형상을 구비한 것이지 않으면 안 된다. 예컨대 어떤 색깔을 보고 그것이 파랗다고 판정했다고 할지라도 그런 판정에 의해 본래의 색깔에 대한 깨우침이 분명해지는 것은 아니며, 단지 그것과 마찬가지인 기존 감각과의 관계에 접속되었을 따름이다. 또는 지금 내가 시각으로 드러나는 어떤 경험을 가리켜 책상이라고 말하면서 그것에 대해 여러 판단들을 내린다고 하더라도, 그로써 경험 그 자체의 내용에 어떤 풍부함이 더해지는 것은 아니다. 요컨대 경험의 의미나 판단이라는 것은 다른 것과의 관계를 가리키는 것에 지나지 않으므로 경험 그 자체의 내용을 풍부하게 하는 것은 아닌 것이다. 의미 혹은 판단 속에서 드러나는 것은 원原경험이라기보다는 추상된 일부이며 그 내용에서는 오히려 더 빈약한 것이다. 물론 원原경험을 상기하는 경우, 이전에 무의식이었던 것이 이후에 의식되는 일도 있지만 그것은 이전에 주의하지 않던 부분에 주의를 기울인 것이지 의미나 판단에 의해 이전에 없었던 것이 이후에 더해진 것은 아니다.

그렇게 순수경험이 스스로 차이・구별의 형상을 구비한 것이라고 한다면, 그것에 더해지는 의미 혹은 판단이란 어떤 것일까, 또 그것과 순수경험의 관계는 어떠할까. 흔히들 순수경험이 객관적 실재와 결합될 때 의미를 낳고 판단의 형식을 이뤄진다고 말한다. 그러나 순수경험설의 입각지에서 본다면 우리들은 순수경험의 범위 바깥으로 나갈 수 없다. 의미라거나 판단을 낳는 것도 다름 아닌 현재의 의식을 과거의 의식에 결합함으로써 일어나는 일이다. 즉 그것은 커다란 의식계통 속에서 하나로 통합시키는 통일의 작용에 기초해 있는 것이다. 의미라거나 판단이라는 것은 현재의식과 그것 아닌 다른 것의 관계를 보여주는 것으로, 곧 의식계통 속에 현재의식의 위치를 드러내는 것에 지나지 않는다. 예컨대 어떤 청각을 두고 종소리라고 판정했을 때, 그런 판정은 단지 과거의 경험 속에서 청각의 위치를 정했던 것일 따름이다. 그래서 어떤 의식일지라도 그것이 엄밀한 통일의 상태에 있는 동안에는 언제나 순수경험이고 곧 단순한 사실인 것이다. 이에 반해 그런 통일이 깨어진 때, 곧 다른 것과의 관계로 들어갔을 때 의미를 낳고 판단을 낳는 것이다. 우리들에게 직접적으로 발현되어 나오는 순수경험에 맞서 곧바로 과거의 의식이 작용하는 것으로서, 과거의 의식이 현재의식의 일부와는 결합하고 일부와는 충돌하는 곳에서 순수경험의 상태가 분석되어 파괴되는바, 의미라든가 판단이라는 것은 바로 그런 통일이 깨어진 상태인 것이다. 그러나 그런 통일과 통일의 파괴 또한 잘 생각해보면 필경 정도의 차이를 띤 것으로서, 완전히 통일된 의식도 없거니와 완전히 통일이 파괴된 의식도 없을 것이다. 모든 의식은 체계적 발전이다. 순간적 지식이라고 하더라도 여러 대립과 변화를 함축하고 있듯이, 의미라든가 판단과 같은 관계의 의식 배후에는 그런 관계를 성립시키는 통일적 의식이 없어서는 안 된다. 분트가 말했던 것처럼 모든 판단은 복잡한 표상의 분석에 의해 일어나는 것이다(Wundt, Logik, Bd. I, Abs. III, Kap. 1) 또한 판단이 점차 훈련되어 통일이 엄밀하게 되었을 때엔 전적으로 순수경험의 형식이 되는바, 예컨대 기술을 배우는 경우에 처음엔 의식적이었던 것도 점점 익숙해짐에 따라 무의식적으로 되는 것과 같다. 한 걸음 더 나아가 생각해보면 순수경험과 그 의미 또는 판단이란 의식의 양면을 드러내는 것으로서, 곧 동일물에 대한 관점의 상이함에 지나지 않는다. 의식은 한쪽으로는 통일성을 가지면서 동시에 다른 한쪽으로는 분석 · 발전의 방면을 갖지 않으면 안 된다. 더불어 제임스가 '의식의 흐름'[6]으로 설명했듯이 의식은 그것이 드러나는 곳에 부수적으로 딸려 있는 것이 아니라 함축적으로 다른 것과 관계 맺고 있는 것이다. 현재는 언제나 커다란 체계의 일부로 볼 수 있는 것이다. 소위 분화·발전이라는 것은 더욱 커다란 통일의 작용이다.

그렇게 의미라는 것도 커다란 통일의 작용이라고 한다면, 그 경우 순수경험은 자기의 범위를 초월하는 것일까. 예컨대 기억의 차원에서 과거와 관계하고 의지의 차원에서 미래와 관계할 때 순수경험은 현재를 초월하는 것이라고 생각할 수 있을까. 심리학자는 의식은 사물이 아니라 사건이어서 시시각각 새로운 것이므로 동일한 의식이 재생되는 일은 없다고 말한다. 그러나 나는 그런 식의 사고가 순수경험설의 입각지로부터 본 것이 아니라 다만 과거는 다시 돌아오지 않고 미래는 아직 오지 않았다는 시간의 성질에서 추리한 것이 아닐까 생각한다. 순수경험의 입각지로부터 보자면 동일한 내용의 의식은 어디까지나 동일한 의식이지 않으면 안 될 것이다. 예컨대 사유 혹은 의지에 있어 하나의 목적표상이 연속적으로 작용할 때 우리는 그것을 하나라고 간주하지 않으면 안 되듯이, 설령 그런 통일작용이 시간상에서는 끊어졌을지라도 그것을 하나라고 생각하지 않으면 안 될 것이다.

제2장

사유

심리학에서 볼 때 사유라는 것은 표상 간의 관계를 정하여 이를 통일하는 작용이다. 그것의 가장 단일한 형식은 판단으로서, 즉 두 표상의 관계를 정하고 이를 결합하는 것이다. 그러나 우리는 판단에 있어 두 개의 독립된 표상을 결합하는 것이 아니라 오히려 어떤 하나의 완전한 표상을 분석하는 것이다. 예컨대 '말이 달린다'는 판단은 '달리는 말'이라는 한 가지 표상을 분석하여 나온 것이다. 그래서 판단의 배후에는 언제나 순수경험의 사실이 있다. 실은 그것에 의해 판단에서의 주객 두 표상의 결합이 가능한 것이다. 물론 언제나 완전한 표상이 먼저 드러나서 그것으로부터 분석이 시작된다는 것은 아니다. 먼저 주어표상이 있고 그것으로부터 일정한 방향에서의 여러 연상들이 일어나며 그 속에서의 선택 이후에 하나로 결정되는 경우도 있는 것이다. 그러나 그런 경우일지라도 마침내 하나로 결정할 때에는 먼저 주객 두 표상을 포함한 완전한 표상이 드러나지 않으면 안 된다. 즉 그 표상이 처음부터 함축적으로 작용하고 있었던 것이 현실로 됨으로써 판단을 얻을 수 있는 것이다. 이렇게 판단의 뿌리에 순수경험이 있어야만 한다는 것은 단지 사실에 대한 판단의 경우만이 아니라 순전한 논리적 판단이라는 것에서도 마찬가지이다. 예컨대 기하학의 공리와 같은 것도 모두 일종의 직각에 기초해 있다. 설령 추상적 개념이라고 할지라도 어떤 두 가지를 비교하고 판단하는 데에는 그 뿌리에 통일적인 어떤 것의 경험이 없어서는 안 된다. 이른바 사유의 필연성이라는 것은 바로 그것으로부터 나오는 것이다. 따라서 좀 전에 말했듯이 지각과 같은 것만이 아니라 관계의 의식까지도 경험이라고 이름붙일 수 있는 것이라면, 순전한 논리적 판단의 뿌리에도 순수경험의 사실이 있다고 말할 수 있는 것이다. 또한 추론의 결과로 생기는 판단을 살피더라도, 로크가 논증적 지식에 있어서도 한 걸음 한 걸음 직각적 증명이 없어서는 안 된다고 했듯이(Locke, An Essay concerning Human Understanding, Bk. IV, Chap. II, 7) 연쇄되는 각 판단의 뿌리에는 언제나 순수경험의 사실이 있어야만 한다. 여러 방면의 판단들을 종합하여 단안을 내리는 경우에도, 설령 전체를 통일하는 사실적 직각이 없을지라도 모든 관계를 종합・통일하는 논리적 직각이 작용하고 있다(이른바 사상의 3법칙[7]과 같은 것도 일종의 내면적 직각이다). 예컨대 갖가지 관찰로부터 추론하여 지구가 움직이지 않을 수 없다고 말하는 것 또한 일종의 직각에 기초한 논리법을 따라 판단한 것이다.

이제까지 전통적으로 사유와 순수경험은 완전히 그 종류를 달리하는 정신작용이라고 생각되어왔다. 그러나 지금 모든 독단을 버리고 직접적으로 사고하면서, 제임스가 「순수경험의 세계」라고 제목을 단 소논문에서 말했듯이 관계의 의식마저도 경험 속에 넣어 생각해 본다면 사유의 작용 또한 순수경험의 일종이라고 할 수 있을 것이다. 지각과 사유의 요소인 심상心像이란, 바깥쪽에서 보면 지각은 외부 사물로부터 오는 말단신경의 자극에 기초해 있고 사유는 뇌 피질의 자극에 기초해 있다는 식으로 구별될 수 있는 것이며, 또 안쪽에서 보더라도 우리는 일반적으로 지각과 심상을 구별하지 혼동하는 것은 아니다. 그러나 그 둘을 순전히 심리적으로 사고하여 어디서나 엄밀히 구별시킬 수 있는 것인지에 대해 말한다면, 그것은 대단히 어려운 것으로, 곧 강도의 차이라든가 그 밖에 여러 관계들의 차이로부터 오는 구별이지 절대적인 구별은 아닌 것이다(꿈, 환각 등에서 우리는 자주 심상을 지각과 혼동할 때가 있다). 원시적 의식에서 그런 구별이 있었던 게 아니라 단지 여러 관계들 속에서 구별하게 되었을 것이다.

또한 언뜻 지각은 단일한 것이고 사유는 복잡한 과정인 것처럼 보이지만 지각이라고 해서 반드시 단일한 것은 아닌바 그런 지각 또한 구성적 작용이다. 사유라고 할지라도 그 통일의 방면에서 보면 하나의 작용이다. 어떤 통일자의 발전이라고 볼 수 있는 것이다.

이렇게 사유와 지각적 경험 같은 것을 동일한 종류로 보는 것에 대해서는 여러 이견들이 있으므로, 지금부터 나는 그것들에 대해 조금 논해보려고 한다. 흔히들 지각적 경험과 같은 것은 수동적이고 그 작용이 모두 무의식적인데 반해 사유는 능동적이고 그 작용이 모두 의식적이라고 여긴다. 그러나 그렇게 명확한 구별은 어디에 있는 것일까. 사유라고 하더라도 그것이 자유로이 활동하고 발전할 때에는 거의 무의식적인 주의기울임 아래에서 행해지는 것이고 의식적으로 되는 것은 오히려 그런 진행이 방해를 받을 경우이다. 사유를 진행시키는 것은 우리의 임의적 작용이 아니다. 사유는 자기 자신에서 발전하는 것이다. 전적으로 자기를 버리고 사유의 대상, 곧 문제와 순연한 하나가 되었을 때에, 적당히 말하자면 자기를 그 문제 속에 몰입시켰던 때에 우리들은 비로소 사유의 활동을 보게 되는 것이다. 사유에는 스스로의 사유 법칙이 있고 자기 스스로 활동하는 것이지 우리들의 의지에 따르는 것이 아니다. 대상과 순연한 하나가 되는 것, 즉 주의를 기울이는 것을 행위자의 의지에 따른 것이라고 한다면 그럴 수도 있겠지만, 그 점에서는 지각도 동일할 것이다. 우리는 보고자 하는 사물에 자유로이 주의를 기울여 볼 수가 있는 것이다. 물론 사유에서는 지각의 경우보다 통일이 느슨하며 그 추이가 의식적인 것으로 여겨지기에, 앞에서 그 점을 사유의 특징으로 지적해 놓았던 것이지만, 엄밀히 생각해보면 그런 구별도 상대적인 것으로서 사유 또한 한 표상에서 다른 표상으로 변해가는 순간에는 의식이 없다. 통일작용이 현실에서 운동하고 있는 동안에는 무의식이지 않으면 안 되는 것이다. 그것을 대상으로 의식할 때에는 이미 그 작용은 과거에 속하는 것이다. 이렇게 사유의 통일작용은 전적으로 의지 바깥에 있는 것이지만, 단지 우리가 어떤 문제를 사고할 때 여러 방향들이 있어 그 취사선택이 자유로운 것처럼 여겨지는 것이다. 그러나 그런 현상이 지각의 경우에도 없는 것은 아니다. 좀 복잡한 지각에선 어떻게 주의를 기울일 것인가의 문제는 자유인데, 예컨대 한 폭의 그림을 보면서도 그 형식에 주의를 기울일 수도 색채에 주의를 기일 수도 있다. 이외에도 흔히들 지각의 차원에서 우리는 외부에 의해 움직여지고 사유의 차원에서 우리는 내부에 의해 움직인다고들 하지만, 안과 밖의 구별이라는 것도 요컨대 상대적인 것에 지나지 않는바, 단지 사유의 재료인 심상은 비교적 변동이 쉽고 자유롭기에 그렇게 보이는 것이다.

다음으로 흔히들 지각은 구체적 사실의 의식이고 사유는 추상적 관계의 의식이라서 둘은 완전히 그 종류를 달리하는 것처럼 여겨진다. 그러나 순수하게 추상적인 관계라는 것은 우리가 의식할 수 없는 것이며 사유의 운행도 어떤 구체적 심상을 빌어 행해지는 것이므로 심상 없이 사유는 성립하지 않는다. 예컨대 삼각형의 모든 내각의 합은 180도라는 것을 증명하는 데에도 어떤 특수한 삼각형의 심상을 따르지 않으면 안 되는바, 사유는 심상을 떠나 독립한 의식이 아니라 심상에 수반되는 하나의 현상인 것이다. 빌리어드 고어는 심상과 그 의미 간의 관계가 자극과 그 반응 간의 관계와 같다고 설명한다(Dewey, Studies in Logical Theory). 사유는 심상에 대한 의식의 반응이고 그리하여 또한 심상은 사유의 단서이므로 사유와 심상은 별개의 것이 아니다. 그 어떤 심상이라 할지라도 결코 독립적인 것이 아니며 반드시 의식 전체와 어떻게든 관계를 맺으면서 드러나는바, 그런 관계 맺기의 방면이 사유의 차원에서는 관계의 의식이며 순수한 사유라고 여겨지는 것도 다만 그런 방면에서 두드러진 것에 지나지 않는다. 그럼 심상과 사유의 관계를 그렇게 생각한다고 해서 지각의 차원에서 그런 사유적 방면이 없는가하면 결코 그렇지 않다. 모든 의식현상과 같이 지각 또한 하나의 체계적 작용이고, 지각에서 그 반응은 오히려 현저하여 의지가 되고 동작이 되어 드러나는 것이지만, 심상에서는 단지 사유로서 내면적 관계에 머무는 것이다. 그렇기에 사실상의 의식에서는 지각과 심상의 구별은 있지만 구체와 추상의 다름은 없다. 사유는 심상들 간의 사실의 의식이고, 앞서 말했듯 지각과 심상의 다름도 엄밀한 순수경험의 입각지에서 보면 어디까지나 구별될 수 없는 것이다.

여기까지는 심리학의 관점에서 사유도 순수경험의 한 종류임을 논한 것이지만, 사유는 단지 개인적 의식상의 사실이 아니라 객관적 의미를 지니고 있는 것이고 그런 사유가 본령으로 삼는 것은 진리를 드러내는 것인바, 자기 스스로 자신의 의식현상을 직각하는 순수경험의 경우에는 참과 거짓의 구별이 없지만 사유의 경우에는 그런 분별이 있다고 할 수 있다. 이런 점들을 명확히 하기 위해선 이른바 객관, 실재, 진리 등의 의의를 자세히 논할 필요가 있겠지만 그것들을 극히 비평적으로 생각해보면 순수경험의 사실 바깥에 실재란 없으며, 그것들의 성질 또한 심리적으로 설명할 수 있을 것이다. 앞에서도 말했듯이 의식의 의미라는 것은 다른 것과의 관계에 의해 생겨나는 것으로, 바꿔 말하자면 그 의식이 파고 들어가는 체계에 의해 정해진다. 동일한 의식이라 하더라도 그것이 인입하는 체계의 다름에 따라 갖가지 의미가 생겨나게 되는 것이다. 예컨대 의미의 의식인 어떤 심상이라고 해도 별다른 관계맺음 없이 다만 그 자체로 볼 때에는 아무 의미도 지니지 않는 순수경험의 사실일 뿐이다. 이와 반대로 사실의 의식인 어떤 지각도 의식체계 위에서 다른 것과 관계 맺는다는 점에서 본다면 의미를 지니고 있는바, 다만 많은 경우에 그 의미는 무의식적인 것이다. 그러면 어떤 사상이 참이고 어떤 사상이 거짓인가를 말하자면, 우리들은 언제나 의식체계 속에서 가장 유력한 것, 즉 가장 크고 가장 깊은 것을 객관적 실재라고 믿으면서 그것과 합쳐졌을 때를 진리라고 생각하고 그것과 충돌했을 때를 거짓이라고 생각한다. 그런 관점에서 본다면 지각에도 옳음이나 틀림이 있는 것이다. 곧 어떤 체계의 관점에서 보면 그 목적에 알맞게 합쳐질 때가 옳고 그것을 거스를 때가 틀린 것이다. 물론 그런 체계들 속에는 여러 의미들이 있으므로, 지각의 배후에서 체계는 대개 실천적인 데에 비해 사유의 체계는 순전히 지식적인 것이라고 구별할 수도 있을 것이다. 그러나 나는 지식의 궁극적 목적이 실천적인 것이듯이 의지의 뿌리에는 이성이 잠재해 있다고 할 수 있지 않을까 한다. 이는 의지를 다루는 곳에서 이후에 논할 생각이지만, 일단 그러한 체계의 구별도 절대적인 것이라고는 할 수 없다. 또 동일한 지식적 작용이라고 할지라도 연상이라든가 기억과 같은 것은 단지 개인적 의식

안에서의 관계통일인데 비해 사유만은 초개인적이며 일반적인 것이라고도 할 수 있을 것이다. 그러나 그러한 구별도 우리들 경험의 범위를 무리하게 개인적인 것으로 한정함으로써 일어나는 것이므로 순수경험 앞에서 개인은 없다는 생각에는 도저히 미치지 못한다(의지는 의식통일의 작은 요구이며 이성은 그 심원한 요구이다).

여기까지 사유와 순수경험을 비교하면서 언급한 것은 그 둘이 완전히 종류를 달리한다는 흔한 생각들이 있지만 깊이 생각해보면 그 둘의 일치점을 발견할 수 있다는 것이었다. 지금부터는 사유의 기원 및 귀추에 대해 좀 더 논함으로써 다시 한 번 그 둘의 관계를 밝혀보려고 한다. 우리들 의식의 시원적 상태 또는 발달된 의식에서도 그 직접적 상태가 언제나 순수경험의 상태임은 누구라도 허용할 것이다. 거기서 반성적 사유의 작용은 부차적으로 생겨난다. 왜 그런 작용이 생겨나는가를 말하자면, 앞서 서술했듯이 의식은 원래 하나의 체계이고 스스로 자기를 발전·완성시키는 것이 그것의 자연적 상태이며 더욱이 그 발전의 행로에서는 여러 체계의 모순·충돌이 일어나는 것인바, 바로 그런 경우에 반성적 사유라는 것이 드러난다. 그러나 한쪽에서 보자면 모순·충돌이겠지만 다른 한쪽에서 보면 곧바로 한층 더 큰 체계적 발전의 단서, 바꿔 말해 더 큰 통일의 미완 상태라고도 할 수 있는 것이다. 예컨대 행위에서도 또 지식에서도 우리들의 경험이 복잡하게 되고 여러 연상들이 떠올라 그 자연의 행로를 방해할 때에 우리는 반성적으로 된다. 이 모순·충돌의 이면에서는 암암리에 통일의 가능성이 의미되고 있는 것이며, 의지의 결정 혹은 해결의 때에 이미 더 큰 통일의 단서가 성립하는 것이다. 그러나 우리는 결코 단순히 의지의 결정이나 해결 같은 내면적 통일의 상태에만 머무는 것은 아닌데, 의지의 결정은 말할 것도 없이 실행이 뒤따르는 것이고 무언가 실천적 의미를 지니고 있는 사상 또한 반드시 실행으로 드러나지 않으면 안 되는, 곧 순수경험의 통일에 도달하지 않으면 안 되는 것이기 때문이다. 사정이 그렇다면 순수경험의 사실이란 우리들 사상의 알파이자 오메가인 것이다. 요컨대 사유는 큰 의식체계가 발전하고 실현되는 과정에 지나지 않으며, 더 큰 의식통일 속에서 본다면 사유라는 것도 커다란 하나의 직각 위에서의 파란에 지나지 않는 것이다. 예컨대 우리가 어떤 목적에 대해 고려할 때, 목적이 된 통일적 의식은 언제나 그런 고려 배후에 직각적 사실로서 작용하고 있다. 그래서 사유라고 할지라도 순수경험과는 특별히 다른 내용이나 형식을 갖지 않으며 단지 깊고 크지만 미완의 상태일 따름인 것이다. 다른 측면에서 보자면 참된 순수경험이란 단순히 피동적이지 않으며 오히려 구성적이고 일반적인 방향을 지니고 있는 것이다. 곧 사유를 내포하고 있다고 해도 좋은 것이다.

순수경험과 사유는 원래 동일한 사실에 대해 관점을 달리하여 본 것이다. 일찍이 헤겔이 힘이라는 것을 더없이 강조했던 것과 같이 사유의 본질이 추상적인 데에 있는 것이 아니라 오히려 구체적인 데에 있다고 한다면, 사유는 내가 위에서 말한 뜻에서의 순수경험과 거의 동일하게 될 것이므로 순수경험은 곧바로 사유라고 말해도 좋다. 구체적인 사유로부터 보자면 개념의 일반성이라는 것은 흔히들 말하는 유사의 성질을 추상한 것이 아니라 구체적 사실의 통일력統一力이고, 헤겔도 일반적인 것이란 구체적인 것의 혼이라고 말하고 있다(Hegel, Wissenschaft der Logik, III, s. 37). 그리하여 우리들의 순수경험은 체계적 발전이기에 그 근저에서 작용하고 있는 통일력은 곧바로 개념의 일반성 그 자체이지 않으면 안 되고 경험의 발전은 곧바로 사유의 진행이 되는바, 곧 순수경험의 사실이란 소위 일반적인 것이 자기 자신을 실현하고 있는 것이라고 할 수 있다. 감각 혹은 연상과 같은 것까지도 그 배후에서는 잠재적 통일작용이 이뤄지고 있다. 이에 반해 사유에서 통일이 작용하는 순간에는 앞에서 말했듯 그 통일 자신은 무의식적인 것이다. 그런 통일이 추상되어 대상화된 때에는 다른 의식이 되어 드러나지만 이미 그때는 통일의 작용을 잃고 있는 것이다. 순수경험이란 단일하다거나 피동적이라는 뜻에서라면 사유와 상반되는 것이기도 하지만, 경험이라는 것이 있는 그대로를 안다는 것을 뜻한다면 단일하다든가 피동적이라는 것은 순수경험의 상태라고 할 수 없는바, 참으로 직접적인 상태란 구성적이고 능동적이다.

우리는 흔히 사유에 의해 일반적인 것을 알고 경험에 의해 개별적인 것을 안다고 여긴다. 그러나 일반적인 것은 개체를 떠나 있지 않는데, 참으로 일반적인 것은 개체적 현실 배후의 잠재적 힘의 형세潛勢力로서 개체 속에서 그 개체를 발전시키는 힘, 예컨대 식물의 씨앗과 같은 것이기 때문이다. 만약 개체로부터 추상된 다른 특수한 것과 대립하는 것이라면 그것은 진정으로 일반적인 것이 아니라 그 역시 특수한 것인바, 그 경우 일반은 특수 위에 자리하는 것이 아니라 그것과 동렬에 있는 것으로, 예컨대 색깔이 있는 삼각형을 삼각형의 관점에서 보면 그 색깔이 특수이겠지만 색깔의 관점에서 보면 그 삼각형이 특수가 되는 것이다. 그렇게 추상적이고 무력한 일반이라면 추리나 종합의 뿌리가 될 수 없다. 그래서 사유의 활동에서 통일의 뿌리가 되는 진정으로 일반적인 것은 개체적 현실과 그 내용을 같이 하는 잠재적 힘의 형세여야 하며 오직 함축적으로 되거나 현현적으로 되거나에 따라 달라지는 것인 데 비해 개체란 일반적인 것이 한정된 것이다. 개체와 일반의 관계를 그렇게 생각하면 논리적으로도 사유와 경험 간의 차이 · 구별이 없어진다. 우리가 현재의 개체적 경험이라고 말하는 것도 실제로는 발전의 도중에 있는 것이라고 볼 수 있는바 여전히 섬세하게 한정되어야할 잠재적 힘의 형세를 지니고 있는 것이다. 예컨대 우리의 감각과 같은 것도 여전히 분화 · 발전의 여지가 있는 것이며, 그 점에서 보면 여전히 일반적인 것으로 되는 일 또한 가능하다. 이에 반해 일반적인 것에서도 발전을 한 지점에 한정시켜보면 개체적이라고 할 수도 있을 것이다. 흔히들 공간 · 시간상으로 한정된 것만을 개체적이라고 말하지만 그런 한정은 단지 외면적인 것으로, 참된 개체란 그 내용에 있어 개체적이지 않으면 안 되는, 곧 유일한 특색을 구비한 것이지 않으면 안 되는바 일반적인 것이 발전의 극한에 도달한 곳이 개체이다. 그런 뜻에서 본다면 흔히들 감각 혹은 지각이라고 말하는 것은 내용적으로 극히 결핍되어 있는 일반적인 것으로서, 깊은 의미로 충만한 화가의 직각과 같은 것이 오히려 진정으로 개체적이라고 할 수 있을 것이다. 모든 시공간상에서 한정되어 있는 단순히 물질적인 것만이 개체적인 것을 이룬다는 생각의 근저에는 유물론적 독단이 있을 것이다. 순수경험의 입각지에서 본다면 경험을 비교하는 것은 그 내용을 통해서 행해야만 하는 것이다. 시공간과 같은 것도 그 내용에 근거하여 경험들을 통일하는 가장 천박한 형식[8]에 지나지 않는 것이다. 어쩌면 감각적 인상의 강렬한 선명함이나 우리들 감정·의지와의 밀접한 관계 등이 개체적인 것이라고 생각하게 되는 한 가지 원인이 되기도 하겠지만, 이른바 사상과 같은 것이 결코 그러한 감정·의지와 관계 맺지 않는 것은 아니다. 감정·의지를 강렬하게 움직이게 하는 것이 특별히 개체적인 것으로 여겨지는 것은 감정·의지가 지식에 비해 우리들의 목적 그 자체이고 또 발전의 극치에 가깝다고 여겨지기 때문일 것이다.

이를 요약하면 사유와 경험은 동일한 것이며 그 둘 사이에서 상대적인 차이를 볼 수는 있겠지만 절대적인 구별은 없다고 할 수 있을 것이다. 그러하되 나는 그런 까닭으로 사유를 단순히 개인적이고 주관적인 것이라고 말하는 것은 아닌데, 앞서도 말했듯이 순수경험이란 개인의 상위로 초월할 수 있는 것이다. 이렇게 말하면 몹시 이상하게 들리겠지만, 경험은 시간·공간·개인을 알고 있기에 시간·공간·개인 이상이며, 개인이 있어 경험이 있는 것이 아니라 경험이 있어 개인이 있는 것이다. 개인적 경험이란 경험 속에서 한정되는 경험의 특수한 작은 한 범위에 지나지 않는다.

제3장

의지

이제 나는 순수경험의 입각지에서 의지의 성질을 논하고 앎知과 뜻意의 관계를 밝히고자 한다. 의지는 많은 경우에 동작을 목적으로 하고 또 동작을 수반하는 것이지만 의지는 정신현상이기에 외부 세계의 동작과는 자연히 다른 무엇이다. 동작이 반드시 의지의 요건인 것은 아니며, 어떤 외부 세계의 사정 때문에 동작이 일어나지 않았다고 하더라도 의지는 의지인 것이다. 심리학자가 말하듯이 우리가 운동하고자 의지하는 데에는 단지 과거의 기억을 상기하면 족하다. 곧 그것에 주의를 기울이면 되는 것으로 운동은 자연히 그것에 수반되는 것이다. 그런데 운동 그 자체도 순수경험에서 보자면 운동감각의 연속에 지나지 않는다. 모든 의지의 목적이라는 것도 그것을 직접 보자면 역시나 의식 내부의 사실이고 우리는 언제나 자기의 상태를 의지하는 것인바, 의지에 내면적인 것과 외면적인 것의 구별은 없는 것이다.

의지라고 하면 무언가 특별한 힘이 있는 것처럼 생각되지만 실은 하나의 심상에서 다른 심상으로 이동하는 추이의 경험에 지나지 않는다. 무언가를 의지한다고 하는 것은 곧 그것에 주의를 기울인다는 것이다. 이는 무엇보다 명확히 이른바 무의지적인 행위와 같은 것에서 볼 수 있으며, 앞서 말했던 지각의 연속과 같은 경우에서도 주의기울임의 추이와 의지의 진행이 완전히 일치한다. 물론 주의기울임의 상태는 의지의 경우에 한정되는 것은 아니며, 의지라는 것은 그 범위가 넓은 것 같지만 일반적으로 운동표상의 체계에 대한 주의기울임의 상태이다. 바꿔 말하면 그 체계가 의식을 점령하고 우리들이 그것에 순일하게 되는 경우를 말하는 것이다. 어쩌면 단지 하나의 표상에 주의를 기울이는 것과 그것을 의지의 목적으로 보는 것이 서로 다르다고 여길 수도 있겠지만, 그것은 그런 표상에 속하는 체계의 차이인 것이다. 모든 의식은 체계적이며 표상 또한 결코 고독하게 발생하지는 않는바 반드시 어떤 것의 체계에 속해 있다. 동일한 표상이라 할지라도 그것이 속하는 체계에 따라 지식의 대상이 되기도 하고 의지의 목적이 되기도 하는 것이다. 예컨대 물 한잔을 상기하더라도 그것을 단지 외부 세계의 사정이라고 연상할 때에는 지식의 대상이지만 자기의 운동이라고 연상될 때에는 의지의 목적이 되는 것이다. 괴테가 '의욕하지 않는 하늘의 별은 아름답다'[9]고 했듯이 어떤 것도 자기운동의 표상 계통에 들어오지 않는 것은 의지의 목적이 될 수 없다. 우리들의 욕구 일체가 과거 경험의 상기에 기인하여 성립하는 것은 분명한 사실이다. 그런 욕구의 특징인 강한 감정과 긴장된 감각 중에서 전자는 운동표상의 체계가 우리들의 가장 강한 생활본능에 근거하는 것이고 후자는 운동에 수반되는 근육 감각에 다름 아닌 것이다. 또한 단순히 운동을 상기하는 것만으로는 아직 즉각적으로 그것을 의지한다고까지는 말할 수 없을 것인데, 이는 아직 운동표상이 의식 전체를 점령하지 않았기 때문인바 그것에 참으로 순연하게 일치하게 되면 그 즉시 의지의 결행이 되는 것이다.

그렇다면 운동표상의 체계와 지식표상의 체계에는 어떤 차이가 있는 것일까. 의식 발달의 시초로 거슬러 올라가보면 그 둘은 구별되지 않는 것이다. 우리들의 유기체는 원래 생명 보존을 위해 갖가지 운동을 하도록 만들어져 있고 의식은 그러한 본능적 동작에 부응하여 발생하는 것으로서 지각적이라기보다는 충동적인 것이 그것의 원시적 상태이다. 그런데 경험의 축적에 따라 여러 연상들이 가능하기에 마침내 지각중추를 뿌리로 하는 것과 운동중추를 뿌리로 하는 것이라는 두 종류의 체계가 이뤄지게 된다. 그러나 그 두 체계가 어떻게 분화되었다고 하더라도 서로 완전히 다른 종류가 되는 것은 아닌바, 순수한 지식일지라도 어딘가 실천적 의미를 지니고 있으며 순수한 의지일지라도 어떤 지식에 기초하고 있다. 구체적 정신현상은 반드시 그러한 두 방면을 모두 지니고 있는데, 지식과 의지는 동일한 현상을 각 방면의 현저함에 따라 구별한 것에 지나지 않는다. 곧 지각은 일종의 충동적 의지이고 의지는 일종의 상기이다. 뿐만 아니라 기억표상의 순수 지식적인 것일지라도 반드시 다소간의 실천적 의미를 지니고 있지 않는 것은 아니며, 이에 반해 우연히 일어나는 것으로 여겨지는 의지일지라도 무언가의 자극에 기초하고 있는 것이다. 의지는 대개 내부로부터의 목적으로 진행된다고들 하지만 지각이라 할지라도 미리 목적을 설정하여 그 목적에 감각기관을 향하게 할 수도 있는바, 특히 사유와 같은 것은 모조리 의지적인 것이라고 해도 좋다. 이에 반해 충동적 의지와 같은 것은 모두 수동적이다. 그렇게 생각하면 운동표상과 지식표상은 모두 그 종류를 달리하는 것이 아니며 의지와 지식의 구별 또한 단지 상대적인 것이라고 하지 않으면 안 되게 된다. 의지의 특징인 괴로움·즐거움의 감정 및 긴장된 감각도 그 정도는 약할지라도 반드시 지적인 작용에 수반되고 있다. 지식 또한 주관적으로 보자면 내면적인 잠재적 힘의 형세가 발전된 것으로 볼 수도 있으며, 이전에 말했듯이 의지도 지식도 잠재적인 어떤 것의 체계적 발전으로 간주할 수 있는 것이다. 물론 주관과 객관을 나누어 사고해보면, 지식에서 우리는 주관이 객관을 따르게 하지만 의지에서는 객관이 주관을 따르게 한다고 구별할 수도 있다. 이를 상세히 논하는 것에는 주객의 성질 및 관계를 명확히 할 필요도 있겠지만, 나는 그 지점에서도 지식과 의지 사이에 공통점이 있으리라고 생각한다. 지식의 작용에 있어 우리는 미리 하나의 가정을 갖고서 그것을 사실에 비추어본다. 어떠한 경험적 연구일지라도 우선 반드시 가정을 갖지 않으면 안 되며, 그 가정이 이른바 객관과 일치할 때 그것을 진리라고 믿는 것이다. 즉 진리를 알게 되는 것이다. 의지적 동작에 있어서도 우리가 가진 하나의 욕구가 곧바로 의지의 결행이 되는 것은 아니며, 그것이 객관적 사실에 비추어 적절하고도 가능한 것임을 알았을 때에야 비로소 실행에 옮기는 것이다. 지식의 작용에 있어 우리는 주관이 전적으로 객관을 따르게 하지만 의지적 동작에 있어서는 객관이 주관을 따르게 한다고 할 수 있는 것일까. 욕구는 능히 객관과 일치함으로써만 실현될 수 있다. 의지는 객관에서 멀어지면 멀어질수록 무효가 되고 가까우면 가까울수록 유효하게 되는 것이다. 현실과 유리된 높은 목적을 실행하려고 할 때 우리는 갖가지 수단들을 생각하고 그에 따라 한 걸음 한 걸음 나아가지 않으면 안 되는바,

수단에 관해 그렇게 생각하는 것은 곧 객관과의 조화를 구하는 것이고 그것에 따르는 것이다. 혹여 도저히 그런 수단을 발견할 수 없게 된다면 목적 그 자체를 변경할 수밖엔 없을 것이다. 이에 반해 목적이 지극히 현실에 가까울 때에는 먹고 마시고 일어나고 눕는 일상의 관습적 행위와 같이 욕구는 그 즉시 실행이 되는 것이며, 그런 경우는 주관으로부터 움직이는 것이 아니라 오히려 객관으로부터 움직이는 것으로 보일 수도 있을 것이다.

그렇게 의지에 있어 객관이 전적으로 주관을 따른다고 할 수 없는 것처럼 지식에 있어 주관이 객관을 따른다고 할 수는 없다. 자기의 사상이 객관적 진리가 되었을 때, 즉 그것이 실재의 법칙이고 실재는 그것에 따라 움직인다는 것을 알았을 때 우리는 우리의 이상을 실현했다고 말할 수 없는 것일까. 사유 또한 일종의 통각작용이고 지식적인 요구에 근거한 내면적 의지이다. 우리들이 사유의 목적을 달성한 것은 일종의 의지 실현이 아닐 것인가. 다만 사유와 의지가 다른 점은 사유가 자기의 이상에 따라 객관적 사실을 변경하는 것에 비해 의지는 객관적 사실에 따라 자기의 이상을 변경한다는 데에 있는 것이다. 그러나 우리들이 진리라고 말하고 있는 것은 과연 온전히 주관을 떠나 존재하는 것일 수 있겠는가. 순수경험의 입각지에서 보면 주관을 떠난 객관이란 없다.

진리란 우리들의 경험적 사실을 통일한 것이며 가장 유력하면서도 통괄적인 표상의 체계가 객관적 진리이다. 진리를 안다거나 진리에 따른다고 하는 것은 자기의 경험을 통일한다는 뜻이고 작은 통일에서 큰 통일로 나아간다는 것이다. 그렇게 우리들의 참된 자기가 통일작용 그 자체에 다름 아니라고 한다면 진리를 안다고 하는 것은 큰 자기에 따른다는 것, 큰 자기의 실현인 것이다(헤겔이 말했듯이 모든 학문의 목적은 정신이 천지간의 만물 속에서 자기 자신을 안다는 데에 있는 것이다). 지식이 심원해짐에 따라 자기의 운동이 커지고 그때까지 비非자기였던 것도 자기의 체계 속으로 들어오게 된다. 우리들은 언제나 개인적 요구를 중심으로 사고하기에 지식의 차원에서는 수동적인 것처럼 느껴지지만, 만약에 그 의식적 중심을 이른바 이성적 요구로 바꿔놓으면 우리들은 지식에 있어서도 능동적으로 되는 것이다. 스피노자가 말했듯이 앎은 힘이다. 우리들은 늘 과거의 운동표상이 환기됨에 따라 신체를 자유로이 움직일 수 있다고 믿는다. 그러나 우리들의 신체도 물체이며 그 점에서 본다면 다른 물체들과 다르지 않다. 시각으로 외부 사물의 변화를 아는 것도, 근육감각으로 자기 신체의 운동을 감지하는 것도 마찬가지이다. 외부 세계라고 한다면 그 둘 모두는 외부 세계이다. 그런데 어째서 다른 물체와는 달리 자기 신체만은 자기가 자유로이 지배할 수 있다고 여기는 것일까. 우리들은 흔히 운동표상을 두고 한편으로 우리의 심상이자 동시에 다른 한편으로 외부 세계의 운동을 일으키는 원인이 된다고 생각하지만, 순수경험의 입각지에서 보면 운동표상에 따라 신체의 운동이 일어난다고 할지라도 그것은 어떤 예상된 운동표상에 곧바로 운동감각이 수반되는 것에 지나지 않는다. 그 점에서는 예상된 모든 외부 세계의 변화가 실현되는 것과 동일하다. 실제로 원시적 의식의 상태에서는 자기 신체의 운동과 외부 사물이 동일한 것이었다고 할 수 있으며, 그 둘은 단지 경험의 진도에 따라 분화한 것이다. 곧 여러 약속들 아래에서 일어나는 것이 외부 세계의 변화로 보이고, 예상된 표상에 곧바로 뒤따르는 것이 자기의 운동이라고 여겨지게 된 것이다. 그러나 애초에 그런 구별은 절대적이지 않으므로 자기의 운동이라고 해도 좀 더 복잡한 것은 예상된 표상에 곧바로 뒤따르지 않으며, 그 경우 의지의 작용은 현저하게 지식의 작용에 가까워지는 것이다. 요컨대 외부 세계의 변화라는 것도 실제로는 우리의 의식계 곧 순수경험 속에서의 변화이고 또 약속의 있고 없음이라는 것도 정도의 차이라고 한다면, 지식적 실현과 의지적 실현은 필경 동일한 성질을 갖게 되는 것이다. 어쩌면 의지적 운동에 있어 예상된 표상은 단지 그 운동에 앞서는 것이 아니라 그 자체가 곧 운동의 원인이 되는 것이겠지만, 외부 세계의 변화에 있어서는 지식적 예상표상 그 자체가 변화의 원인이 되는 것은 아니더라도 원래 원인·결과란 의식현상의 불변적 연속인 것이다. 가령 의식을 떠나 완전히 독립한 외부 세계라는 것이 있다고 한다면 의지에 있어서도 의식적인 예상표상이 곧바로 외부 세계에서의 운동의 원인이라고는 할 수 없을 것인바, 단지 두 현상이 평행하는 것이라고만 말할 수 있을 것이다. 그렇게 보면 운동에 대한 의지적 예상표상의 관계는 외부 세계에 대한 지식적 예상표상의 관계와 동일하게 된다. 실제로 의지적 예상표상과 신체의 운동은 언제나 꼭 서로를 동반하는 것은 아니며 역시 어떤 약속 아래에서 서로를 동반하는 것이다.

또한 우리는 흔히 의지는 자유라고 말한다. 그러나 이른바 자유란 무엇을 말하는 것일까. 원래 우리의 욕구는 우리에게 주어진 것이므로 자유로이 생겨나게 할 수는 없는 것이다. 단지 주어진 어떤 최심부의 동기를 따라 움직였을 때에 능동적이고도 자유로웠다고 느끼게 되는 것이며, 이에 반해 그러한 동기를 거슬러 움직였을 때에 강박을 느끼게 되는 것이다. 이것이 자유의 참된 의의이다. 그리고 그런 뜻에서의 자유란 단순히 의식의 체계적 발전과 동의어이고 지식의 차원에서도 마찬가지의 경우에는 자유라고 할 수 있는 것이다. 우리들은 어떤 것도 자유로이 원할 수 있다고 여기지만 그것은 단지 가능하다는 것에 머물 따름인바 바로 그때 실제의 욕구가 주어지는 것이다. 어떤 동기 하나가 발전한 경우에는 그것에 이어지는 욕구가 무엇인지를 미리 알 수 있을지도 모르겠지만, 그렇지 않다면 다음 순간에 자기가 무엇을 욕구하는지를 미리 알 수는 없다. 요컨대 우리가 욕구를 생겨나게 하는 것이라기보다는 오히려 현실의 동기가 곧 우리인 것이다. 흔히들 욕구의 바깥에 초연한 자기가 있어 자유로이 동기를 결정하는 것처럼 말하지만 그런 신비한 힘이 있을 수 없다는 것은 말할 것도 없으며, 혹여 그런 초연한 자기의 결정이 있다고 할지라도 그것은 우연의 결정이지 자유의 결정이라고는 할 수 없는 것이다.

이제까지 논했듯이 의지와 지식 간에는 절대적 구별이 있는 것이 아니며, 이른바 그런 구별이란 대개 바깥에서 주어진 독단에 지나지 않는 것이다. 순수경험의 사실로서는 의지와 지식 간의 구별이란 없다. 그 둘은 일반적인 어떤 것이 체계적으로 자기를 실현하는 과정이고 그 통일의 극치가 진리이며 겸하여 또한 실행인 것이다. 앞서 말했던 지각의 연속과 같은 것은 아직 앎과 의지가 분리되지 않은, 참으로 앎이 곧 실행인 경우이다. 다만 의식의 발전에 따라 한쪽에서 보면 여러 체계들의 충돌로 인하여 또 다른 한쪽에서 보면 더 큰 통일로 나아가기 위하여 이상과 사실 간의 구별이 가능한 것이며 그렇게 주관계와 객관계가 분리되는 것이다. 주관에서 객관으로 가는 것이 의지이고 객관으로부터 주관으로 오는 것이 앎이라는 사고방식도 그런 분리로부터 나온다. 앎과 의지의 구별은 주관과 객관이 서로 떨어져 순수경험의 통일된 상태를 잃어버린 경우에 생겨나는 것이다. 의지에 있어서의 욕구도, 지식에 있어서의 사상도 모두 이상이 사실과 떨어져 있는 불통일의 상태이다. 사상이라는 것도 객관적 사실에 대한 우리들의 일종의 요구이며, 이른바 진리란 사실에 들어맞게 실현될 수 있어야 하는 사상일 것이다. 그런 점에서 보면 진리는 사실에 들어맞게 실현될 수 있어야 할 욕구와 동일한 것이라고 해도 좋은데, 다만 진리는 일반적이고 욕구는 개인적이라는 차이가 있는 것이다. 그래서 의지의 실현이라거나 진리의 극치라는 것은 그런 불통일의 상태로부터 순수경험의 통일 상태로 도달한다는 뜻이다. 의지의 실현에 관한 그런 생각은 명확한 것이지만 진리까지도 그렇게 생각하는 것에는 얼마간의 설명을 필요로 하는 것이다. 어떤 것이 진리인가라는 물음에 대해서는 여러 논의들이 있겠지만, 나는 무엇보다도 구체적인 경험의 사실에 근접해 있는 것이 진리라고 생각한다. 때때로 진리를 두고 일반적인 것이라고 말하고 그 일반적인 것이 혹여 단순히 추상적 공통을 뜻한다고 한다면, 그것은 오히려 진리와 멀리 떨어진 것이다. 진리의 극치는 여러 방면들을 종합하는 가장 구체적인 직접적 사실 그 자체이지 않으면 안 된다. 그런 사실이 모든 진리의 뿌리이고, 이른바 진리란 그것으로부터 추상되어 구성된 것이다. 진리는 통일에 있는 것이되 그 통일이란 추상적 개념의 통일을 말하는 것이 아닌바, 진리의 통일은 그와 같은 직접적 사실에 있는 것이다. 완전한 진리는 개인적이고 현실적이다. 그런 까닭에 완전한 진리는 언어로 손쉽게 드러낼 수 있는 것이 아니며, 이른바 과학적 진리와 같은 것은 완전한 진리라고 할 수 없는 것이다.

모든 진리의 표준은 바깥에 있는 것이 아니라 오히려 우리들의 순수경험의 상태에 있으며 진리를 안다는 것은 그런 상태에 일치한다는 것이다. 수학 같은 추상적 학문으로 불리는 것에서도 그 기초가 되는 원리는 우리들의 직관 곧 직접경험에 있는 것이다. 경험에는 여러 단계들이 있는바, 앞서 말했듯이 관계의 의식까지도 경험 속에 넣어 사고해보면 수학적 직관과 같은 것도 일종의 경험이다. 이렇게 여러 가지 직접경험이 있다면 무엇에 따라 그 진위를 정할 것인지 의문이 생길 터인데, 이는 두 가지 경험이 제3의 경험 속에 포용되게 될 때 그 제3의 경험에 따라 결정할 수 있는 것이다. 어쨌든 직접경험의 상태에 있어 주관과 객관의 상호간 경계가 없는, 천지 유일의 현실, 의심하려해도 의심할 수 없는 곳에 진리의 확신이 있는 것이다. 한편에서 의지의 활동이라는 것을 생각해보면, 그것은 역시 직접경험의 현전 곧 의식통일의 성립을 말하는 것에 불과하다. 한 가지 욕구의 현전이란 단순히 표상의 현전과 같이 직접경험의 사실이다. 여러 욕구들의 투쟁 이후에 하나의 결단이 가능한 것은 여러 사려들 이후에 하나의 판단이 가능한 것처럼 하나의 내면적 통일이 성립한 것이다. 의지가 외부 세계에서 실현되었다고 하는 것은 학문상 자기의 생각이 실험에 따라 증명되는 경우와 같이 주객의 분별을 타파하는 가장 통일된 직접경험이 현전한 것이다. 흔히 의식 내부의 통일은 자유이지만 외부 세계와의 통일은 자연에 따라야 한다고들 하는데, 내부 세계의 통일일지라도 반드시 자유인 것은 아니다. 통일은 모두 우리들에게 주어지는 것인바, 순수경험에서 보자면 안과 밖의 구별도 상대적인 것이다. 의지의 활동이란 단순히 희망의 상태가 아니며 희망은 의식이 통일되지 않은 상태로서 오히려 의지의 실현이 방해받고 있는 경우이다. 오직 의식의 통일이 의지활동의 상태이다. 설령 현실이 자기 진실의 희망에 반대된다고 하더라도 그 현실에 만족하고 그것에 순일하게 될 때에는 그 현실이 곧 의지의 실현이다. 이에 반해 아무리 완비된 경우일지라도 여러 희망들이 달리 있어서 현실이 통일되지 않는 상태일 때에는 의지가 방해받고 있는 것이다. 의지의 활동인지 아닌지는 그러한 순일함과 불순일, 곧 통일과 불통일에 관계된 것이다.

예컨대 여기 펜 한 자루가 있다. 이를 본 순간은 앎이라고도 할 수 없고 의지라고도 할 수 없는 다만 하나의 현실일 따름이다. 이에 관해 여러 연상들이 일어나고 의식의 중심이 변화해 가면서 앞선 의식이 대상화될 때 그 의식은 단지 지식적인 것이 된다. 이에 반해, 펜은 문자를 써야하는 것이라는 연상이 일어나고 그 연상이 앞선 의식의 가장자리로서 여전히 그것에 소속되어 있을 때는 지식적이지만 그 연상적 의식 자체가 독립적으로 흐를 때, 그러니까 의식의 중심이 그 자신에게로 옮아가려할 때는 욕구의 상태가 된다. 그렇게 연상적 의식이 마침내 독립한 현실이 되었을 때가 의지이고 또한 동시에 참으로 그것을 알았다고 하는 것이다. 무엇이든 현실에서 의식체계의 발전 중인 상태를 가리켜 의지의 작용이라고 하는 것이다. 사유의 경우에도 어떤 문제에 주의를 집중하여 해결을 구하는 것은 의지이다. 이에 반해 차를 마시거나 술을 마신다는 것은 다만 그것뿐인 현실이라면 의지이겠지만, 차와 술의 맛을 본다는 의식이 생겨나와 그것이 중심이 되면 지식이 된다. 이 맛봄이라는 의식 그 자체가 이 경우에는 의지인 것이다. 의지라는 것은 보통의 지식보다도 한층 근본적인 의식체계이며 통일의 중심이 되는 것이다. 지식과 의지

간의 구별은 의식의 내용에 있는 것이 아니라 그 체계 내부의 지위에 따라 정해지는 것이라고 할 수 있는 것이다.

이성과 욕구는 언뜻 서로 충돌하는 것처럼 보이지만 실제로는 서로가 동일한 성질을 갖는데, 단지 거기에는 크고 작음과 깊고 얕음의 차이만이 있을 것이다. 우리가 이성의 요구라고 말하는 것은 더 큰 통일의 요구, 곧 개인을 초월하는 일반적 의식체계의 요구이며 초개인적인 큰 의지의 발현이라고도 볼 수 있다. 의식의 범위는 이른바 개인 속에 결코 한정되지 않는다. 개인이란 의식 속의 한 작은 체계에 지나지 않는다. 우리는 보통 육체의 생존을 핵으로 하는 작은 체계를 중심으로 하고 있지만, 만약 더 큰 의식체계를 중추로 사고해보면 그 큰 의식체계가 자기이고 그것의 발전이 자기의 의식실현인 것이다. 이는 예컨대 열심을 다하고 있는 종교가 · 학자 · 미술가와 다르지 않은 것이다. '이렇게 하지 않으면 안 된다'는 이성의 법칙과 단순히 '나는 이렇게 원한다'는 의지의 경험은 서로 완전히 다르게 보이지만, 깊게 생각해보면 그 근저는 동일한 것이라고 할 수 있다. 무릇 이성이라거나 법칙이라고 말하는 것의 근저에는 의지의 통일작용이 이뤄지고 있다. 실러 등이 논하고 있듯이 자명한 공리(axiom)와 같은 것도 원래 실용적 차원에서 발달한 것이고, 그 발생의 방법에 있어서는 단순히 우리의 희망과 다르지 않은 것이다(Sturt,

Personal Idealism, p. 92). 뒤집어서 우리들 의지의 경향을 보면, 그것은 무법칙적인 것 같지만 스스로 필연의 법칙에 지배되도록 하고 있는 것이다(개인적 의식의 통일이다). 그 둘[이성의 법칙과 의지의 경험]은 동시에 의식체계의 발전법칙이고, 다만 그 효력의 범위를 달리하는 것일 뿐이다. 또 의지는 맹목적이기에 이성과 구별하는 사람들도 있지만, 우리에게 직접적 사실인 것은 설명될 수 없는 것이다. 이성일지라도 그 근본에 있는 직관적 원리의 설명은 불가능하다. 설명이란 하나의 체계 속에 다른 것을 포용할 수 있음을 말한다. 통일의 중추가 되는 것은 설명될 수 없다. 그 경우 그것은 어찌되었든 맹목이다.

제4장

지적인 직관

내가 여기서 지적인 직관(intellektuelle Anschauung)이라고 말하는 것은 소위 이상적인, 흔히들 경험 이상의 것이라고 말하는 직각이며 변증적으로 알아야 하는 것을 직각하는 것으로, 예컨대 미술가나 종교가의 직각 같은 것을 가리킨다. 직각이라는 점에서는 보통의 지각과 동일하지만 그 내용에 있어서는 그런 지각보다 훨씬 더 풍부하고 심원한 것이다.

지적 직관이라는 것은 어떤 사람에겐 일종의 특별한 신비적 능력인 것처럼 여겨지고, 다른 사람에겐 전적으로 경험적 사실 바깥에 있는 공상 같이 여기지고 있다. 그러나 나는 지적 직관과 일반적인 지각은 동일한 종류이고 그 둘 사이에는 확연한 분계선을 그을 수 없다고 믿는다. 앞서 말했듯이 일반적인 지각일지라도 결코 단순하지 않으며 반드시 구성적이고 이상적인 요구를 함유하고 있다. 내가 현재에 보고 있는 것은 현재 그대로를 보고 있는 것이 아니라 과거 경험의 힘에 따라 설명적으로 보고 있는 것이다. 그런 이상적인 요소는 단지 바깥에서 더해진 연상 같은 것이 아니라 지각 그 자체를 구성하는 요소가 되고 있으며 지각 그 자체가 그런 구성 요소에 따라 변화되는 것이다. 그런 직각의 근저에 잠재하는 이상적 요소는 어디까지나 풍부하고 심원하게 될 수 있는 것이다. 그것은 각자의 천품에 따라, 또 동일한 사람일지라도 그 경험의 진도에 따라 달라지는 것이다. 처음에는 경험할 수 없었던 것 또는 변증적으로 점차 알 수 있게 되는 것도 경험의 진도에 따라 직각적 사실로서 드러나며, 그 범위는 현재의 자기 경험을 표준으로 하여 한정할 수 없다. 자신이 할 수 없기에 타인도 할 수 없다는 말은 틀렸다. 모차르트는 악보를 지을 때에 긴 악보에서도 입체적인 면이나 형상처럼 그 전체를 직관할 수 있었다고 말한다. 단지 수량적으로 확대되는 것이 아니라 성격적 · 질적으로 심원하게 되는 것인바, 예컨대 우리의 사랑에 따라 상호간 합일의 직각을 얻을 수 있는 종교가의 직각 같은 것은 그런 심원함의 극치에 도달한 것일 수 있다. 범상함을 초월하는 어떤 사람의 직각이 단순한 공상인지, 아니면 참으로 실재의 직각인지는 다른 것과의 관계 즉 그 효과 여하에 따라 정해진다. 직접경험에서 보자면 공상도 참된 직각도 동일한 성질을 갖고 있으며 단지 그 통일의 범위에 있어 크고 작음의 구별만이 있을 따름이다.

어떤 사람은 지적 직관이 그 시간 · 공간 · 개인을 초월하여 실재의 진상을 직시한다는 점에서 일반적인 지각과는 다른 종류라고 생각한다. 그러나 앞에서도 말했듯이 엄밀한 순수경험의 입장에서 보면 경험은 시간 · 공간 · 개인 등의 형식에 구속되는 것이 아닌바 그것들의 차이 · 구별은 오히려 그것들을 초월하는 직각에 따라 구성되는 것이다. 또 실재를 직시한다는 것도 모든 직접경험의 상태에서는 주객 구별 없이 실재와 제각기 마주 대하는 것으로서, 이는 오직 지적 직관의 경우에만 한정되는 것은 아니다. 셸링의 Identität[동일성][10]는 직접경험의 상태이다. 주객의 구별은 경험의 통일을 잃었을 때 일어나는 상대적 형식으로, 그 각각을 서로 독립된 실재로 간주하는 것은 독단에 지나지 않는다. 쇼펜하우어의 의지 없는 순수직각이라는 것도 천재의 특수한 능력이 아니라 우리들의 무엇보다 자연스럽고도 통일된 의식상태를 말한다. 천진난만한 갓난아기의 직각은 온전히 그런 종류에 속하는 것이다. 지적 직관이란 우리들 순수경험의 상태를 한층 더 깊고 크게 하는 것에 지나지 않는 것이다. 그것은 곧 의식체계의 발전에 있어 커다란 통일의 발현을 말한다. 학자가 새로운 사상을 얻는 것도, 도덕가가 새로운 동기를 얻는 것도, 미술가가 새로운 이상을 얻는 것도, 종교가가 새로운 각성을 얻는 것도 모두가 그러한 통일의 발현에 기초하고 있는 것이다(따라서 그들은 모든 신비적 직각에 기초하고 있는 것이다). 우리의 의식이 단순히 감각기관적 성질을 띤 것이라면 보통의 지각적 직각 상태에 머무는 것이겠지만, 이상적인 정신은 무한한 통일을 구하는바 그렇게 그 통일은 이른바 지적 직관의 형상으로 주어지는 것이다. 지적 직관이란 지각과 같이 무엇보다 통일된 의식의 상태이다.

보통의 지각이 단지 수동적이라고 여겨지고 있듯이 지적 직관도 역시 한갓 수동적 관조의 상태로 여겨지고 있다. 그러나 참된 지적 직관이란 순수경험에서의 통일작용 그 자체이며 생명의 포착이다. 그것은 곧 기술의 뼈대와 같은 것, 한층 깊게 말하자면 미술의 정신과 같은 것이다. 예컨대 화가의 흥취 속에서 붓이 스스로 움직이는 것과 같이 복잡한 작용의 배후에는 통일적인 어떤 것이 작용하고 있다. 그 변화는 무의식의 변화가 아니라 한 사물의 발전・완성이다. 그런 한 사물에 대한 터득이 지적 직관이다. 그런 직각은 오직 고상한 예술의 경우만이 아니라 우리의 모든 숙련된 행동들에서도 보이는 지극히 일반적인 현상이다. 이를 보통의 심리학은 관습이라거나 유기적 작용이라고 말하겠지만, 순수경험설의 입장에서 보면 그것은 실로 주객의 합일, 지식과 의지의 융합 상태이다. 사물과 내가 서로를 잊은, 사물이 나를 움직이는 것도 아니고 내가 사물을 움직이는 것도 아닌, 다만 하나의 세계, 하나의 광경일 따름인 것이다. 지적 직관이라고 하면 주관적 작용인 것처럼 들리지만 실은 주객을 초월한 상태이며, 주객의 대립은 오히려 그런 통일에 따라 성립한다고 해도 좋다. 예술에서의 신들림神來 같은 것은 모두 그런 경지에 도달한 것이다. 또한 지적 직관은 사실을 떠난 추상적 일반성의 직각을 말하는 것이 아니다. 그림의 정신은 묘사된 개별 사물과 다르다고 할지라도 그 사물을 떠나 있는 것이 아니다. 앞서 말했듯이 참으로 일반적인 것과 개성이라는 것은 서로 반대되는 것이 아니며 개성적 한정에 따라 오히려 참된 일반을 드러낼 수 있는 것이다. 예술가의 정교한 한 칼 한 획은 전체의 진의를 드러내고 있기 때문이다.

지적 직관을 위와 같이 사고한다면 사유의 근저에 지적 직관이 가로놓여 있다는 것은 명확하다. 사유는 일종의 체계이고 체계의 근저에는 통일의 직각이 없어선 안 된다. 이를 작게 좁히면, 제임스가 '의식의 흐름'에 대해 말했듯이 '카드 한 묶음이 책상 위에 있다'는 의식에서 주어가 의식될 때 그것에 객어가 은연중에 포함되고 객어가 의식될 때 그것에 주어가 은연중에 포함되어 있는바, 곧 그 근저에는 하나의 직각이 작용하고 있는 것이다. 나는 그런 통일적 직각이 기술의 뼈대와 동일한 성질을 띤 것이라고 생각한다. 그것을 크게

넓히면 플라톤·스피노자의 철학과 같은 모든 위대한 사상의 배후에는 커다란 직각이 작용하고 있다고 할 수 있다. 사상에 있어서는 천재의 직각이라는 것도 보통의 사유라는 것도 양적 차원에서 다른 것이지 질적 차원에서 다른 것은 아니다. 천재의 그것은 새롭고 심원한 통일의 직각에 지나지 않는 것이다. 모든 관계의 뿌리에는 직각이 있으며, 관계는 그것에 따라 성립한다. 우리가 아무리 종횡으로 사상을 내달리게 할지라도 근본적 직각을 초월해 나갈 수는 없는바, 사상은 그런 직각 위에 성립하는 것이다. 사상은 어디까지나 설명될 수 없는 것이며 그 근저에는 설명될 수 없는 직각이 있다. 모든 증명은 그런 직각 위에 쌓아올려진 것이다. 사상의 근저에는 언제나 신비적인 어떤 것이 잠재해 있는 것이다. 기하학의 공리와 같은 것조차 사상의 일종이다. 때로 사상은 설명될 수 있지만 직각은 설명될 수 없다고들 하는데, 설명이라는 것은 더욱 근본적인 직각에 포섭·귀속될 수 있음을 뜻하는 것일 따름이다. 사상의 근본적 직각이라는 것은 한편에선 설명의 근저가 되는 동시에 다른 한편에선 단순한 정학적靜學的 사상 형식이 아니라 사유의 힘이 되는 것이다.

사유의 근저에 지적 직관이 있듯이 의지의 근저에도 지적 직관이 있다. 우리가 무언가를 의지한다는 것은 주객합일의 상태를 직관하는 것으로, 의지는 그런 직관에 따라 성립하는 것이다. 의지의 진행이란 그런 직관적 통일의 발전·완성이고 그 근저에는 처음부터 끝까지 그 직관이 작용하고 있다. 그렇게 완성된 것이 의지의 실현이 되는 것이다. 우리가 의지의 차원에서 자신이 활동 중에 있다고 생각하는 것은 그런 직관이 있기 때문이다. 자기라고 해서 홀로 따로 있는 것이 아니다. 참된 자기란 그런 통일적 직관을 말하는 것이다. 그렇기에 옛사람도 하루 종일 행하였음에도 행한 것이 없다고 말했던 것인데[11], 그러한 직관에서 보자면 동적인 움직임 속에도 고요함이 있을 수 있고 행하였음에도 행하지 않을 수 있는 것이다. 그렇게 앎과 의지를 초월하고, 나아가 그 둘의 근본이 되는 직관의 차원에서 앎과 의지 간의 합일을 발견해 낼 수도 있는 것이다.

참된 종교적 깨달음이란 사유에 기초한 추상적 지식이 아니며 단순한 맹목적 감정도 아니다. 그것은 지식 및 의지의 근저에 가로놓인 심원한 통일을 스스로 얻는 것이며 지적 직관의 일종이고 깊은 생명의 포착이다. 따라서 어떤 논리의 칼날도 그것에 대항할 수 없으며 어떤 욕구도 그것을 움직일 수 없는, 모든 진리 및 만족의 근본이 되는 것이다. 그 모습은 여럿일지라도 모든 종교의 뿌리에는 그런 근본적 직관이 없어서는 안 될 것이다. 학문과 도덕의 뿌리에는 종교가 없어서는 안 된다. 학문과 도덕은 종교에 따라 성립하는 것이다.

제2편

실재

제1장

고찰의 출발점

세계는 이러이러한 것이고 인생은 이러이러한 것이라는 철학적 세계관 및 인생관과, 인간은 이러이러해야 하고 그 속에서 안심하지 않으면 안 된다는 도덕 · 종교의 실천적 요구는 서로 밀접한 관계를 맺고 있다. 서로를 용인하지 않는 지식적 확신과 실천적 요구로 사람은 만족하지 못한다. 예컨대 고상한 정신적 요구를 가지고 있는 사람은 유물론에 만족할 수 없고 유물론을 믿고 있는 사람은 어느 샌가 고상한 정신적 요구에 의심을 품게 된다. 원래 진리는 하나이다. 지식에서의 진리는 즉시 실천상의 진리이고 실천상의 진리는 즉시 지식에서의 진리이지 않으면 안 된다. 깊이 사고하는 사람, 진지한 사람은 반드시 지식과 감정 · 의지의 일치를 구하게 된다. 우리는 무엇을 해야 하고 어디서 안심해야 하는가의 문제를 논하기에 앞서 하늘 · 땅 · 사람 · 삶生[생명]의 진상은 어떤 것인지, 참된 실재란 어떤 것인지를 분명히 하지 않으면 안 된다.

철학과 종교가 무엇보다 능히 일치되었던 것은 인도의 철학종교에서였다. 거기선 앎이 곧 선이고 미혹됨이 곧 악이다. 우주의 본체는 브라만(Brahman)이고 브라만은 우리의 마음 곧 아트만(Atman)이다.[12] 브라만 즉 아트만임을 아는 것이 철학 및 종교의 심오한 뜻이었다. 그리스도교는 처음에는 온전히 실천적이었지만 지식적 만족을 구하는 사람들 마음의 요구는 억제되기 어려운 것으로서 마침내 중세에 그리스도교 철학으로 되는 것이 발달하였다. 지나[중국]의 도덕에는 철학적 방면의 발달이 매우 부족했었지만 송나라 이후의 사상은 그런 발달의 경향이 대단히 강했다. 이러한 사실들은 모두 사람들 마음의 근저에 지식과 감정・의지의 일치를 구하는 깊은 요구가 있음을 증명하는 것이다. 유럽에서의 사상 발달을 살펴보면 고대의 철학에서는 소크라테스・플라톤을 위시해 교훈의 목적이 주를 이루고 있다. 근대에 특히 지식 쪽이 장족의 발전을 이룸과 동시에 지식과 감정・의지의 통일이 곤란하게 되고 그 두 방면이 서로 분리되는 경향이 생겼다. 그러나 그것은 사람들 마음 본래의 요구에 들어맞는 것이 아니다.

혹시 지금 참된 실재를 이해하고 하늘・땅・사람・삶의 진면목에 대해 알고자 한다면, 의심할 수 있는 만큼 의심하고 모든 인공적 가정들을 제거함으로써 의심하려해도 더 이상 의심할 수 없는 직접적 지식을 뿌리로 삼아 출발하지 않으면 안 된다. 우리들의 상식 속에선 의식을 떠나 외부 세계에 사물이 존재하고 의식의 배후에는 마음이 있어 여러 가지 작용을 하는 것처럼 생각되고 있다. 또한 그런 생각이 모든 사람들의 행위의 기초가 되고 있기도 하다. 그러나 사물과 마음物心 각각의 독립적 존재라는 것은 우리들 사유의 요구에 따라 가정된 것일 뿐 의심하려 들면 얼마든지 의심할 수 있는 여지가 있는 것이다. 그 밖에 학문과 같은 것들도 무언가 가정적 지식 위에 쌓아올려진 것으로서 실재에 대한 무엇보다 깊은 설명을 목적으로 한 것은 아니다. 그런 목적을 띠고 있는 철학 또한 충분히 비판적이지 못하며 이전부터 있어왔던 가정을 기초로 하고 있을 따름이기에 깊이 의심하지 않는 것이 많다.

사물과 마음의 독립적 존재라는 것이 직각적 사실인 것처럼 흔히들 여겨지고 있지만 조금만 돌이켜 성찰해 보면 즉시 그렇지 않다는 것이 분명해진다. 여기 눈앞에 있는 책상이란 무엇인가. 그 색과 그 형태는 눈의 감각이고 책상에 닿아 저항을 느끼는 것은 손의 감각이다. 물체의 형상, 크기, 위치, 운동 등은 물론 우리가 직각하는 모든 것은 사물 그 자체의 객관적 상태가 아니다. 의식을 떠나 사물 그 자체를 직각하는 것은 도저히 불가능하다. 자기의 마음 그 자체를 보아도 마찬가지이다. 우리가 아는 바는 지 · 정 · 의의 작용이지 마음 그 자체가 아니다. 동일한 자기가 따로 있어 처음부터 끝까지 일관되게 움직이는 것처럼 여기는 것도 심리학의 관점에서 보면 동일한 감각 및 감정의 연속에 지나지 않으며, 우리가 직각적 사실로 간주하고 있는 사물도 마음도 단지 유사한 의식현상의 불변적 결합임에 지나지 않는다. 우리로 하여금 사물과 마음 그 자체의 존재를 믿게 만드는 것은 인과율의 요구일 따름이다. 그러나 과연 인과율에 따라 의식 바깥의 존재를 헤아릴 수 있는 것인지 아닌지 그것이 먼저 규명되어야 할 문제이다.

그렇다면 의심하려해도 의심할 수 없는 직접적 지식이란 무엇인가. 그것은 다만 우리들의 직각적 경험의 사실 곧 의식현상에 대한 지식일 따름이다. 현전적인 의식현상과 그것을 의식한다는 것은 그 즉시 동일하며 둘 사이에서 주관과 객관을 나눌 수도 없다. 사실과 인식 사이에 털 하나의 간극도 없는바 진정 의심하려해도 의심할 수가 없는 것이다. 물론 의식현상일지라도 그것을 판정한다든가 그것을 상기하려는 경우에는 오류에 빠지기도 한다. 그러나 그때는 이미 더 이상 직각이 아니라 추리이다. 뒤의 의식과 앞의 의식은 서로 다른 의식현상이다. 직각이라는 것은 앞의 의식을 뒤의 의식의 판단으로 보는 것이 아니라 오직 있는 그대로의 사실을 아는 것이다. 틀렸다거나 틀리지 않았다는 것은 의미가 없다. 이와 같이 직각적 경험이 기초가 되어 그 위에 우리의 모든 지식이 축조되지 않으면 안 되는 것이다.

전해져오던 가정을 벗어난 철학이 새로이 확고한 기초를 구할 때에는 언제나 그러한 직접적 지식으로 돌아온다. 근세철학의 시초에 베이컨이 경험을 모든 지식의 뿌리로 삼았던 것도, 데카르트가 '나는 생각한다, 고로 존재한다'는 명제를 뿌리로 하여 그처럼 명료한 것을 진리라고 한 것도 그런 사정에 따른 것이다. 그러나 베이컨이 경험이라고 했던 것은 순수한 경험이 아니라 우리가 경험으로 의식 바깥의 사실을 직각할 수 있다는 독단이 수반되어 있는 경험이었다. 데카르트의 명제는 더 이상 직접경험의 사실이 아니라 이미 내가 존재하고 있음을 추리하고 있는 것이다. 또한 명료한 사유가 사물의 본체를 알 수 있다고 하는 것은 독단이다. 이는 칸트 이후의 철학에선 의심할 수 없는 진리로 즉각 수취할 수는 없는 것들이다. 내가 여기서 직접적 지식이라고 말하는 것은 모두 그런 독단들을 제거하고 단지 직각적 사실로서 승인할 따름인 것이다(물론 헤겔을 위시한 여러 철학사가들이 말하고 있듯이 데카르트의 cogito ergo sum이 추리가 아니라 실재와 사유가 합일된 직각적 확실성을 표현한 것이라고 한다면 그것과 나의 출발점은 동일하게 된다).

의식상에서의 사실의 직각 즉 직접경험의 사실을 모든 지식의 출발점으로 삼는 것에 반대해 사유를 가장 확실한 표준으로 삼는 사람들이 있다. 그들은 사물의 진상과 가상을 나누고 우리가 직각적으로 경험하는 사실은 가상이며 오직 사유의 작용에 따라서만 진상을 밝힐 수 있다고 말한다. 물론 그 중에서도 상식 또는 과학이 말하는 것은 직각적 경험을 완전히 배제하는 것은 아니지만, 어떤 경험적 사실에 대해서는 사물의 진상이라고 말하고 다른 경험적 사실에 대해서는 거짓이라고 말한다. 예컨대 해・달・별은 작게 보이지만 실제로는 대단히 크다거나 천체가 움직이는 것처럼 보여도 실제로는 지구가 움직인다는 식으로 말이다. 그러나 그런 생각은 어떤 약속 아래에서 일어나는 경험적 사실을 통해 다른 약속 아래에서 일어나는 경험적 사실을 헤아림으로써 일어나는 것이다. 그것들은 각각의 약속 아래에선 움직일 수 없는 사실인 것이다. 동일한 직각적 사실임에도 어째서 하나는 참이고 다른 하나는 거짓인가. 그러한 생각이 일어나는 것은 다름 아닌 촉각이 다른 감각에 비해 일반적이고 또 실제로 가장 중요한 감각이기에 그 감각을 통해 전해져오는 것이 사물의 진상이라고 말하는 것으로, 조금만 생각해보면 곧바로 수미일관되지 못하다는 것이 밝혀지게 된다. 이와 달리 어떤 일파의 철학자들에 이르러서는 경험적 사실은 전적으로 가상이며 사물의 본체는 오직 사유에 따라서만 알 수 있다고 주장된다. 그러나 설령 우리가 경험할 수 없는 초경험적 사실이 있다고 할지라도 그것을 어떻게 사유에 따라 알 수 있을 것인가. 우리들 사유의 작용이라는 것 역시 의식의 차원에서 일어나는 의식현상의 일종이라는 것은 누구도 거부할 수 없다. 혹시 우리의 경험적 사실이 사물의 본체를 알 수 없다고 말한다면 동일한 현상인 사유 또한 역시 그럴 수 없을 것이다. 어떤 사람은 사유의 일반성 · 필연성을 참된 실재를 알기 위한 표준으로 삼지만 그것들의 성질 또한 결국 우리가 자기의 의식상에서 직각하는 일종의 감정이며 역시 의식상의 사실인 것이다.

우리들의 감각적 지식을 모두 그릇된 것으로 보고

> 오직 사유를 통해서만 사물의 진상을 알 수 있다고 하는 것은 엘레아학파[13]에서 시작해 플라톤에서 그 정점에 이르렀다. 근세철학에서는 데카르트 학파의 사람들 모두가 명확한 사유에 따라 실재의 진상을 알 수 있다고 믿었다.

사유와 직각은 전혀 다른 작용인 것처럼 여겨지지만 단지 그것을 의식상의 사실로 볼 때 그 둘은 동일한 종류의 작용이다. 흔히들 직각이라거나 경험이라는 것은 개개의 사물을 다른 것들과 관계없이 그 자체 그대로 지각하는 순수한 수동적 작용이고 그에 반해 사유란 사물을 비교하고 판단하여 그 관계를 정하는 능동적 작용이라고 여기지만, 실제로 의식작용에 있어 전적으로 수동적인 작용이라는 것은 없다. 직각은 그 즉시 직접적 판단이다. 내가 앞에서 가정 없는 지식의 출발점으로서 직각이라고 말한 것은 바로 그런 의미로 사용했던 것이다.

> 이제까지 직각이라고 말한 것은 단지 감각의 작용 같은 것들만을 말하는 것이 아니다. 사유의 근저에도 언제나 통일적인 무언가가 있다. 그것은 직각해야만 하는 것이다. 이에 대한 분석으로부터 판단이 일어나는 것이다.

제2장

의식현상이 유일한 실재다

조금의 가정도 하지 않는 직접적 지식에 기초해서 보면, 실재란 다만 우리의 의식현상 곧 직접경험의 사실일 따름이다. 그 바깥에서 실재라는 것은 사유의 요구로부터 나온 가정에 지나지 않는다. 이미 의식현상의 범위를 벗어나지 않는 사유의 작용에 경험 이상의 실재를 직각하는 신비적 능력이 없다는 것은 말할 것도 없는바, 그런 가정들이란 결국 사유가 직접경험의 사실을 계통적으로 조직하기 때문에 생긴 추상적 개념인 것이다.

모든 독단을 배제하고 무엇보다 의심 없는 직접적 지식에서 출발하려는 지극히 비판적인 사고와 직접경험의 사실 이외에 실재를 가정하는 사고는 어찌하더라도 양립될 수 없는 것이다. 로크 · 칸트와 같은 큰 철학자라도 그런 두 주장의 모순을 피할 수는 없다. 나는 지금 모든 가정적 사상을 버리고 엄밀하게 첫 번째 주장을 취하려는 것이다. 철학사 위에서 보자면 버클리 · 피히테 같은 이들은 그런 주장을 취했던 이들이라 하겠다.

일반적으로 우리의 의식현상이라는 것은 물체의 세계 속에서 특히 동물의 신경계통에 수반되는 한 종류의 현상으로 여겨지고 있다. 그러나 조금만 되돌려 살펴보면 우리에게 무엇보다 직접적인 원시적 사실은 의식현상이지 물체현상이 아니다. 우리의 신체도 역시 우리들 의식현상의 일부에 지나지 않는다. 의식이 신체 속에 있는 것이 아니라 신체가 오히려 자기의 의식 속에 있는 것이다. 신경중추의 자극에 의식현상이 뒤따르는 것은 어떤 종류의 의식현상에 수반되어 일어나는 것일 따름이다. 혹여 우리가 직접적으로 자기 뇌 속의 현상을 알 수 있다고 한다면, 이른바 의식현상과 뇌 속의 자극이 맺는 관계란 마치 귀에는 소리로 느껴지는 것이 눈이나 손에는 한 가닥 실의 진동으로 느껴지는 것과 동일할 것이다.

우리들은 의식현상과 물체현상이라는 두 종류의 경험적 사실이 있는 것처럼 여기지만 실제로는 오직 한 종류만이 있을 뿐이다. 곧 의식현상이 있을 뿐인 것이다. 물체현상이라는 것은 그 속에서 각각의 사람들에게 공통으로 불변적 관계를 가진 것을 추상한 것에 지나지 않는다.

또 흔히들 의식 바깥에 어떤 정해진 성질을 지닌 사물의 본체가 독립적으로 존재하며 의식현상은 그것에 기초하여 일어나는 현상에 지나지 않는다고 여긴다. 그러나 의식 바깥에 독립 · 고정된 사물이란 어떤 것인가. 엄격하고 촘촘하게 의식현상을 떠나서는 사물 그 자체의 성질을 상상하는 것이 불가능하다. 그때 그것은 단지 어떤 일정한 약속 아래에서 일정한 현상을 일으키는 알 수 없는 어떤 것이라고 할 수밖엔 없다. 곧 우리들 사유의 요구에 따라 상상한 것일 따름인 것이다. 그렇다면 사유는 어째서 그런 사물의 존재를 가정하지 않으면 안 되는가. 사물은 단지 유사한 의식현상이 결합하여 발생하는 것일 따름이다. 우리가 사물이라고 말하고 있는 것의 참된 의의가 그와 같다. 순수경험 위에서 보자면 의식현상의 불변적 결합이라는 것이 근본적 사실이고 사물의 존재란 설명을 위해 설정된 가정에 지나지 않는다.

이른바 유물론자라는 사람들은 사물의 존재라는 것을 의심 없이 직접적이고 자명한 사실인 것처럼 여기고, 그런 생각을 통해 정신현상까지 설명하려고 한다. 그러나 조금만 사고해보면 그것은 본말을 전도하고 있는 것이다.

그러므로 순수경험 위에서 엄밀히 생각해보면 우리의 의식현상 바깥에 독립되어 스스로 완전한獨立自全 사실은 없으며, 버클리가 말했듯이 진실로 존재하는 것은 다름 아닌 앎有卽知(esse=percipi)[14]이다. 우리의 세계는 의식현상의 사실로부터 조립되어 있다. 여러 종류의 철학이나 과학도 모두 그런 사실의 설명에 지나지 않는다.

내가 여기서 의식현상이라고 말하는 것은 어쩌면 오해를 낳을 우려가 있다. 의식현상이라고 하면 물체와 분리되어 정신만 존재하는 것으로 여겨질지도 모른다. 나의 본뜻에서 참된[진정한] 실재眞實在란 의식현상으로도 물체현상으로도 이름붙일 수 없는 것이다. 또한 존재하는 것은 다름 아닌 앎이라는 버클리의 명제 또한 나의 본뜻에 적합하진 않다. 직접적 실재는 수동적인 것이 아니라 독립되어 스스로 완전한 활동이다. 존재하는 것은 다름 아닌 활동有卽活動이라고 말하는 쪽이 더 좋겠다.[15]

위와 같은 생각은 우리가 깊이 성찰한 결과로 어찌해서든 도달하지 않으면 안 되는 지점이지만, 언뜻 보아 우리들의 상식과는 매우 다를 뿐만 아니라 그것을 따라 우주의 현상을 설명하려고 하면 여러 난문에 봉착하게 되는 것이기도 하다. 그러나 그런 난문들은 대개 순수경험의 입각지를 엄밀히 고수함으로써 일어나는 것이라기보다는 오히려 순수경험 위에 가해진 독단의 결과라고 할 수 있을 것이다.

그러한 난문 중 하나는, 만약 의식현상만을 실재로 간주한다면 세계는 모두 자기의 관념일 뿐이라는 독지론獨知論[유아론]에 빠지지 않겠는가라는 것이다. 또 설사 그렇지 않을지라도 각자의 의식이 서로 독립한 실재라면 어떻게 그것들 간의 관계를 설명할 수 있을 것인가라는 문제도 있다. 그러하되 의식이 반드시 누군가의 의식이지 않으면 안 된다는 것은 다만 의식에는 반드시 통일이 없으면 안 된다는 것을 뜻할 따름이다. 혹여 그 이상으로 의식의 소유자가 없으면 안 되는 것이라고 생각한다면 그것은 분명 독단이다. 그런데 그런 통일작용 즉 통각統覺이라는 것은 유사한 관념·감정이 중추가 되어 의식을 통일한다는 것일 따름인바, 그런 의식통일의 범위라는 것은 순수경험의 입장에서 볼 때 나와 남 사이의 절대적 분별을 이루는 것은 아니다. 혹여 개인적 의식에서 어제의 의식과 오늘의 의식이 독립한 의식이면서도 개인적 의식이라는 동일체계에 속하는 까닭에 하나의 의식이라고 생각할 수 있는 것이라면 자기와 타인의 의식 사이에서도 동일한 관계를 발견할 수 있을 것이다.

> 우리들 사상 · 감정의 내용은 모두 일반적이다. 몇 천 년을 경과하고 몇 천리를 떨어져 있어도 사상 · 감정은 서로 상통할 수 있다. 예컨대 숫자의 이치와 같은 것은 누가 언제 어디서 생각하더라도 동일하다. 따라서 위대한 사람은 수많은 사람들을 감화시켜 한 무리로 아우르며 동일한 정신으로 지배한다. 그럴 때 그 사람들의 정신을 하나로 간주할 수 있는 것이다.

다음으로 의식현상을 유일한 실재라고 하는 것에 대한 해석에서 곤혹스러운 것은, 우리의 의식현상이 고정된 사물이 아니라 처음부터 끝까지 변화하는 발생적 사건의 연속이라고 할 때 그런 의식현상들이 어디서 일어나고 어디로 사라지는가라는 문제이다. 그러나 그 문제 또한 결국 사물에는 반드시 원인과 결과가 있어야만 한다는 인과율의 요구로부터 발생하는 것이기에, 그 문제를 사고하기 전에 우선 인과율의 요구란 무엇인가를 깊게 탐구하지 않으면 안 된다. 흔히들 인과율은 곧바로 현상의 배후에 고정된 사물 그 자체의 존재를 요구하는 것처럼 여겨지고 있지만 그것은 잘못이다. 인과율의 정당한 의의는 흄이 말했듯이 어떤 현상이 일어나는 것에는 그에 앞서 어떤 일정한 현상이 있다는 것을 말할 따름인바, 인과율은 현상을 넘어 그 이상으로 사물의 존재를 요구하는 것은 아니다. 하나의 현상에서 다른 현상을 생기게 하는 것은 그 다른 현상이 하나의 현상 속에 포함되어 있었던 것도 아니고 또 어딘가 바깥에 잠재하고 있던 것이 끌어내졌던 것도 아니다. 그것은 단지 충분한 약속 곧 원인이 구비되었을 때에 반드시 어떤 현상 곧 결과가 생겨난다는 것이다. 약속이 아직 완비되지 않은 때에는 그에 수반되어야 할 어떤 현상 곧 결과라는 것은 어디에도 없는 것이다. 예컨대 돌을 쳐서 불을 피우기 이전엔 불은 그 어디에도 없는 것이다. 어쩌면 불을 생기게 하는 힘이 있다고 말할 수도 있겠지만, 앞서 언급했듯이 힘이라거나 [사]물이라는 것은 설명을 위해 설정된 가정이고 우리가 직접 아는 바로는 다만 불이라는 것과는 전혀 다른 어떤 현상이 있을 따름이다. 그래서 어떤 현상에 다른 어떤 현상이 수반된다는 것이 우리에게 직접 주어진 근본적 사실이고 인과율의 요구는 오히려 그런 사실에 기초하여 일어난 것이다. 그런데 그 근본적 사실과 인과율을 모순되는 것처럼 생각하는 것은 결국 인과율의 오해로부터 일어나는 것이다.

인과율이라는 것이 우리들 의식현상의 변화를 뿌리로 하여 거기로부터 일어난 사유의 습관이라는 것은, 그런 인과율에 따라 우주 전체를 설명하려고 할 때 곧바로 자가당착에 빠지는 것을 보아도 알 수 있다. 인과율은 세계에 시초가 없어서는 안 된다고 요구한다. 그러나 혹여 어딘가를 시초라고 정한다면 인과율은 거듭 그 원인은 무엇인가를 심문하는바, 곧 자기 스스로 자신이 불완전하다는 것을 분명히 하고 있는 것이다.

끝으로 무에서 유를 생겨나게 할 수는 없다는 인과율의 사고에 대해서도 한 마디 해두자. 일반적인 의미에서 사물이 없다고 말할지라도 주객의 분별을 타파한 직각 위에서 보자면 역시 무無의 의식이 실재하고 있는 것이다. 무라는 것을 그저 단어가 아니라 무언가 구체적인 의미를 부여하여 살펴보면, 한쪽에서 그것은 어떤 성질의 결핍이지만 다른 한쪽에서 그것은 어떤 적극적 성질을 띠고 있다(예컨대 심리학의 관점에서 말하자면 검은색 또한 일종의 감각이다). 그래서 물체의 세계에 있어 무에서 유를 생기게 한다고 여겨지는 것도 의식의 사실로서 보자면 그때의 무는 참된 무가 아니라 의식발전의 어떤 한 계기라고 할 수 있는 것이다. 그렇다면 의식에 있어서는 어떻게 무에서 유를 생기게 할 수 있는가. 의식은 때·장소·힘의 수량적 한정 아래에서 성립해야만 하는 것이 아니며 그렇기에 기계적 인과율의 지배를 받아야만 하는 것이 아니다. 그것들의 형식은 오히려 의식통일 위에서 성립하는 것이다. 의식에 있어선 모든 것이 성질적性質的이며 잠재적 힘을 지닌 일자一者가 자기 자신을 발전시키는 것이다. 의식은 헤겔이 말하는 이른바 무한(das Unendliche)이다.

> 여기 한 종류의 색깔에 대한 감각이 있더라도 그 속에는 무한한 변화가 포함되어 있다고 할 수 있다. 곧 우리의 의식이 정밀하게 되면 그 한 색깔 속에서도 무한한 변화를 감각하게 되는 것이다. 오늘 우리들 감각의 차이 · 구별이라는 것 또한 그렇게 분화되어 왔을 것이다. 분트는 감각의 성질을 차원에 따라 나열하고 있지만, 원래 감각은 일반적인 것 하나로부터 분화되어 이루어진 것이기에 그런 체계가 있는 것이라고 하겠다.

제3장

실재의 진경

우리에 의해 아직 사유의 세공이 가해지지 않은 직접적 실재란 어떤 것일까. 즉 참된 순수경험의 사실이란 어떤 것일까. 그때에는 아직 주객의 대립이 없고 지·정·의의 분리가 없는, 단지 독립되어 스스로 완전한 순[수] 활동이 있을 따름이다.

지식주의적 심리학자는 감각 및 관념을 정신현상의 요소로 삼아 모든 정신현상이 그것들의 결합에서 이뤄지는 것이라고 여긴다. 그렇게 생각하게 되면 순수경험의 사실이란 의식의 가장 수동적인 상태 즉 감각이라고 하지 않으면 안 된다. 그러나 그런 생각은 학문상 분석의 결과로서 이뤄진 것을 직접경험의 사실과 혼동한 것이다. 우리들 직접경험의 사실에 있어선 순[수] 감각이라는 것이 없다. 우리가 순[수] 감각이라고 하는 것도 이미 간단한 지각이다. 그리고 지각은 아무리 간단할지라도 결코 수동적이지 않으며 반드시 능동적인 즉 구성적인 요소를 포함하고 있다(이는 공간적 지각의 예를 보아도 분명하다). 연상이라거나 사유라는 것도 복잡한 지적 작용에 이르면 한층 더 그런 능동적 · 구성적 방면이 명료해지는 것으로, 흔히들 연상은 수동적이라고 말하지만 연상에서도 관념연합의 방향을 정하는 것은 단지 외부 세계의 사정만이 아니라 의식의 내면적 성질을 따르는 것이다. 연상과 사유 사이에는 다만 정도의 차이가 있을 따름이다. 원래 우리의 의식현상을 지 · 정 · 의로 나누는 것은 학문상의 편의에 따른 것으로 실제로는 그런 3중의 현상이 아닌바, 모든 의식현상은 그 세 방면을 구비하고 있는 것이다(예컨대 학문적 연구 같은 순수한 지적 작용일지라도 결코 감정 · 의지를 떠나서 존재할 수는 없다). 그러하되 의지는 그 세 방면 중에서 무엇보다 근본적인 형식이다. 의지주의적 심리학자가 말하듯이 우리의 의식은 처음부터 끝까지 능동적이며 충동으로 시작해 의지로 끝나는 것이다. 그래서 우리에게 무엇보다 직접적인 의식현상은 아무리 간단한 것일지라도 의지의 형태를 이루고 있는 것이다. 즉 의지가 순수경험의 사실이라고 하지 않으면 안 된다.

종래의 심리학은 대개 지식주의적이었지만 최근에는 점점 의지주의가 세력을 점하게 된 듯하다. 분트와 같은 이가 그 쪽의 거두이다. 의식은 아무리 단순할지라도 반드시 구성적이다. 내용의 대조라는 것은 의식성립의 한 가지 요건이다. 혹여 참으로 단순한 의식이 있다면 그것은 곧바로 무의식이 되는 것이다.

순수경험에서는 아직 지·정·의의 분리가 없는 오직 하나의 활동인 있듯이 또한 아직 주관·객관의 대립이라는 것도 없다. 주객의 대립은 우리들 사유의 요구로부터 나오는 것이므로 직접경험의 사실이 아니다. 직접경험 위에서는 단지 독립되어 스스로 완전한 하나의 사실이 있을 따름인바, 바라보는 주관이 없다면 보이는 객관도 없다. 마치 우리가 미묘한 음악에 마음을 빼앗겨 물아일체 속에서 천지가 오직 청량한 한 줄기 악기 소리가 되려는 그 찰나, 이른바 참된 실재가 현전하고 있다. 이를 공기의 진동이라거나 자기가 그것을 듣고 있다는 식의 생각은 우리가 실재의 진경을 떠나 반성하고 사유함으로써 일어나는 것으로, 그 때 우리는 이미 참된 실재를 떠나고 있는 것이다.

흔히들 주관과 객관을 각각 독립될 수 있는 실재인 것처럼 여기고 그 둘의 작용에 따라 의식현상이 생겨나는 것처럼 생각하고 있다. 따라서 정신과 물체라는 두 실재가 있다고 생각하는데 그것은 모두 잘못이다. 주관과 객관이란 하나의 사실에 대한 고찰의 관점이 서로 다른 것인바, 정신과 물체의 구별도 그런 관점의 상이함에서 생겨나는 것이지 사실 그 자체의 구별은 아니다. 사실상의 꽃은 결코 자연과학자가 말하는 순수한 물체적 꽃이 아니라 색깔이나 형태나 향기를 갖춘 아름다움이며 사랑하지 않을 수 없는 꽃인 것이다. 하이네가 고요한 밤하늘의 별을 올려다보면서 창공에 박혀있는 황금 못이라고 했을 때,[16] 천문학자는 그것을 시인의 잠꼬대라며 비웃을 테지만 별의 진상이란 오히려 시인의 그 한 구절에서 드러나고 있는 것일지도 모른다.

그렇게 아직 주객이 나눠지지 않고 독립되어 스스로 완전한 참된 실재는 지 · 정 · 의를 하나로 한 것이다. 참된 실재는 흔히들 생각하는 것처럼 냉정한 지식의 대상이 아니라 우리의 감정 · 의지로부터 성립하는 것이다. 곧 단순한 존재가 아니라 의미를 지닌 것이다. 그러므로 혹여 현실계에서 우리의 감정 · 의지를 제거한다면 참된 실재는 이미 구체적인 사실이 아니라 그저 추상적인 개념이 될 뿐이다. 물리학자가 말하는 세계는 넓이 없는 선, 두께 없는 평면과 같이 실제로 존재하는 것이 아니다. 이 점에서 보면 학자보다도 예술가 쪽이 실재의 진상에 도달하고 있다. 우리가 보는 것과 듣는 것 속에는 모두 우리의 개성이 함유되어 있다. 동일한 의식이라 할지라도 결코 진정으로 동일한 것은 아니다. 예컨대 동일한 한 마리 소를 보더라도 농부, 동물학자, 미술가에 따라 각기 그 심상이 다르게 마련이다. 동일한 풍경이라도 자기의 마음에 따라 선명한 아름다움으로도 또 음울하고 비참하게도 보이는 것이다. 불교에서 자신의 마음에 따라 이 세계가 천당도 되고 지옥도 된다고 하는 것처럼, 곧 우리의 세상은 우리의 감정 · 의지를 뿌리로 하여 조립되어 있는 것이다. 아무리 객관적 세계가 순[수] 지식의 대상이라 할지라도 그러한 관계적 상태를 면할 수는 없는 것이다.

흔히들 과학적으로 본 세계가 가장 객관적이며 그 속에는 우리들 감정 · 의지의 요소가 조금도 함유되어 있지 않은 것처럼 여긴다. 그러나 학문이라 할지라도 원래는 우리들 생존경쟁상의 실제적 요구로부터 생겨난 것으로, 결코 감정 · 의지의 요구를 떠나있는 관점이 아니다. 특히 예루살렘 등이 말하는 과학적 관점의 근본적인 의의라고 할 수 있을, 외부 세계에 여러 작용을 행하는 힘이 있다는 생각은 예루살렘 자신의 의지로부터 유추한 것이라고 간주하지 않으면 안 된다(Jerusalem, Einleitung in die Philosophie, 2. Aufl. §26). 그런 까닭에 태고의 모든 형상을 설명하는 것은 모두 의인적擬人的이었고, 오늘의 과학적 설명은 거기서부터 발달했던 것이다.

우리는 주관과 객관의 구별이 근본적이라고 생각하는 곳에서 지식 속에만 객관적 요소가 들어있다고, 감정 · 의지는 완전히 우리들의 개인적 · 주관적 사건일 뿐이라고 여긴다. 그런 생각은 이미 근본적인 가정부터 잘못되어 있다. 가령 주객의 상호작용에 따라 현상이 생겨나는 것이라고 할지라도 색깔과 형태 같이 지식의 내용도 주관적이라고 본다면 주관적이고 개인적이라고 본다면 개인적이다. 이에 반해 감정 · 의지라는 것도 외부 세계처럼 감정 · 의지를 일으키는 성질이 띤 것이라고 한다면 객관적인 근거를 갖게 되는바 감정 · 의지가 완전히 개인적이라고 하는 것은 잘못이다. 우리의 감정 · 의지는 서로 통하고 서로 감응하는 것이 가능하다. 곧 초개인적 요소를 함유하고 있는 것이다.

흔히들 개인이라는 것이 따로 있어 그것이 희로애욕의 감정 · 의지를 일으킨다고 여기는 까닭에 감정 · 의지가 순[수] 개인적이라는 생각 또한 생겨난다. 그러나 사람이 감정 · 의지를 갖고 있는 게 아니라 감정 · 정의가 개인을 만드는 것이다. 감정 · 의지는 직접경험의 사실이다.

모든 형상의 의인적 설명이라는 것은 태곳적 인간의 설명법이며, 또한 오늘날에도 순백의 천진난만한 아이의 설명법이다. 이를 두고 소위 과학자 일반은 가볍게 웃어버릴 것이다. 물론 그 설명법이 유치하긴 하지만 한편으로 보자면 실재의 진상인 설명법이다. 과학자의 설명법은 지식 한쪽에만 치우친 것이다. 실재의 완전한 설명을 위해서는 지식의 요구를 만족시킴과 동시에 감정 · 의지의 요구를 척도로 두지 않으면 안 된다.

그리스 인민에게 자연은 모두가 살아있는 자연이었다. 번개는 올림푸스산 정상 제우스신의 분노이고 두견새의 목소리는 필로메네 천고의 원한이었다(Schiller, Die Götter Griechenlands를 살펴볼 것[17]). 자연스런 그리스인의 눈에는 현재의 진의가 있는 그대로 드러나고 있던 것이다. 오늘날의 미술, 종교, 철학 모두는 그 진의를 드러내려고 노력하는 것이다.

제4장

참된 실재는 언제나 동일한 형식을 갖는다

앞에서 말한 것처럼 주객을 없앤 지·정·의 합일의 의식 상태가 참된 실재이다. 독립되어 스스로 완전한 참된 실재를 우리가 상기한다면 그것은 절로 그런 합일의 모습으로 드러나게 된다. 그렇게 실재의 진경은 오직 우리가 스스로 터득해야 하는 것이지 성찰하고 분석해 언어로 표출해낼 수 있는 것은 아니다. 우리들의 여러 차이·분별적 지식들이란 그러한 실재를 반성함으로써 생기는 것이므로, 지금부터는 유일한 실재가 성립하는 형식에 대해 생각함으로써 어떻게 그것에서 여러 차이·구별들이 생겨나는가를 밝히고자 한다.

> 참된 실재는 예술의 진의와도 같이 서로 간에 전달될 수 없는 것이다. 전달할 수 있는 것은 오직 추상적인 빈껍데기이다. 우리는 동일한 언어로 동일한 일을 이해하고 있다고 여기지만 그 내용에는 반드시 얼마간의

차이가 나고 있는 것이다.

독립되어 스스로 완전한 참된 실재가 어떻게 성립하는지 그 방식을 생각해보면, 그것은 모두 동일한 형식에 따라 성립하고 있다. 곧 다음과 같은 형식을 따르는 것이다. 우선 전체가 함축적(implicit)으로 드러나며, 그것에서 내용이 분화・발전한다. 그리고 그 분화・발전이 끝났을 때에 실재의 전체가 실현되고 완성되는 것이다. 한 마디로 말하자면 하나인 것이 자기 자신에게서 발전하고 완성되는 것이다. 이 방식은 우리의 활동적 의식작용에서 가장 명확하게 볼 수 있다. 의지에 대해 살펴보면 먼저 목적 관념이 있고, 그로부터 일의 형편에 응하여 그 목적을 실현하기에 적당한 관념이 체계적으로 조직되며, 그 조직이 완성되었을 때 행위가 되고, 그로부터 목적이 실현되며 의지의 작용이 종결되는 것이다. 단지 의지의 작용만이 아니라 이른바 지식의 작용인 사유・상상 등을 살펴보아도 마찬가지이다. 역시 먼저 목적 관념이 있으며 거기서 여러 관념연합이 생겨나고 정당한 관념결합을 얻을 때 그 작용이 완성되는 것이다.

제임스가 '의식의 흐름'에 대해 말했던 것처럼 모든 의식은 위와 같은 형식을 이루고 있다. 예컨대 한 문장을 의식 위로 상기해보라. 주어가 의식상에 드러날 때엔 이미 문장 전체가 암암리에 함유되어 있다. 다만 목적어가 드러나게 될 때 그 내용이 발전·실현되는 것이다.

의지, 사유, 상상 등 발달된 의식현상에 대해서는 위와 같은 형식이 명확하지만, 지각과 행동 같은 것은 언뜻 보아 곧바로 그 전체를 실현하는 것이기에 위와 같은 과정을 밟지 않는 것처럼 여겨진다. 그러나 앞서 말했듯이 의식은 어떠한 경우에도 결코 단순히 수동적이지 않으며 능동적이고 복합적인 것이다. 그렇기에 그 성립은 반드시 위와 같은 형식을 따른다. 의지주의적 학설이 말하듯이 의지가 모든 의식의 원형이므로 모든 의식은 아무리 간단할지라도 의지와 동일한 형식을 따라 성립하는 것이라고 하지 않으면 안 된다.

충동 및 지각과 의지 및 사유 간의 구별은 정도의 차이이지 종류의 차이가 아니다. 앞의 것들에 있어서는 무의식인 과정이 뒤의 것들에 있어서는 의식에 스스로를 드러내는 것이기에 우리는 뒤의 것들로부터 추측하여 앞의 것들도 동일한 구조를 갖지 않으면 안 된다는 것을 아는 것이다. 우리의 지각이라는 것도 그 발달로부터 생각해보면 여러 경험들의 결과로서 생겨나는 것이다. 예컨대 음악을 들어도 처음엔 아무 감응을 주지 않던 것이 점점 귀에 익게 되면 명료한 지각을 얻게 되는 것이다. 지각은 일종의 사유라고 해도 무방하다.

다음으로 수동적 의식과 능동적 의식의 구별에서 일어나는 오해에 대해서도 언급해 놓지 않으면 안 된다. 능동적 의식에서는 위와 같은 형식이 분명하지만 수동적 의식에서는 관념을 결합하는 것이 바깥쪽에 있고 그 관념은 그저 외부 세계의 사정에 따라 결합되는 것이기에, 어떤 완전한 것은 안쪽에서 발전·완성되지 않는 것처럼 보인다. 그러나 우리의 의식은 수동과 능동으로 엄격하게 구별될 수 없는 것이다. 그 또한 결국엔 정도의 차이이다. 연상 또는 기억과 같은 의식작용도 전혀 연상의 법칙 같은 외부 세계의 사정에 따라 지배되는 것이 아니라 사람 각각의 내면적 성질이 그 주된 동력인바, 역시 안쪽으로부터 통일적인 어떤 것이 발전한다고 볼 수 있을 것이다. 다만 이른바 능동적 의식에서는 그런 통일적인 어떤 것이 관념으로서 분명히 의식상에 떠오르지만 수동적 의식에서는 그것이 무의식이거나 일종의 감정이 되어 작용하는 것이다.

> 능동과 수동의 구별, 곧 정신이 안쪽에서 작용하는가 아니면 바깥쪽으로부터 작용을 받게 되는가의 구별은 사유에 따라 정신과 물체라는 독립적 존재를 가정하여 의식현상이 그런 정신과 외부 사물의 상호작용에 따라

일어난다는 생각에서 연원하는 것인바, 순수경험의 사실상에 있어서의 구별이 아니다. 순수경험의 사실상에서 능동과 수동의 구별은 단지 정도의 차이이다. 우리가 명료한 목적 관념을 갖고 있을 때에 능동이라고 여겨지는 것이다.

경험학파가 주장하는 바에 따르면 우리의 의식은 모두 외부 사물의 작용에 따라 발달하는 것이다. 그러나 아무리 외부 사물이 작용한다고 할지라도 내부에서 앞질러 그것에 응하고 있는 선재적 성질이 없다면 의식현상을 생겨나게 할 수는 없다. 이는 아무리 바깥쪽에서 배양시키더라도 씨앗 속에 이미 발생적 힘이 없었다면 식물이 발아할 수 없는 것과 마찬가지이다. 물론 반대로 씨앗만 있다고 해서 식물이 발생할 수 있는 것도 아닐 것이다. 요컨대 그 쌍방은 서로 한쪽만 보면서 다른 한쪽은 잊는 것이다. 참된 실재의 활동이란 유일한 것의 자기 발전 및 자기 전개이다. 이를 설명하기 위해 사유에 따라 구성된 것이 안쪽과 바깥쪽, 능동과 수동의 구별인 것이다.

모든 의식현상이 동일한 형식에 따라 성립한다고 여기는 것은 그리 어려운 일이 아니라고 믿지만, 거기서 한걸음 더 나아가 우리가 통상적으로 외부 세계의 현상이라고 말하는 자연계의 사건까지도 동일한 형식 아래에 넣으려는 것은 대단히 어려운 일로 여겨질지도 모르겠다. 그러나 앞서 말했듯이 의식을 떠난 순수물체의 세계 같은 것은 추상적 개념인바 참된 실재는 의식현상 바깥에 없다. 직접경험의 참된 실재는 언제나 동일한 형식에 의해 성립한다고 할 수 있는 것이다.

> 흔히들 고정된 물체라는 것이 사실로서 존재하는 것처럼 여긴다. 그러나 실제로 사실이란 언제나 발생적인 사건이다. 그리스의 철학자 헤라클레이토스가 만물은 유전[운동/변화]하므로 어떤 것도 멈춤이 없다(Alles fliesst und nichts hat Bestand)고 했듯이[18] 실재는 유전하며 잠시도 머물지 않는 사건의 연속이다.
>
> 우리가 외부 세계에서의 객관적 세계라고 말하는 것도 우리들 의식현상의 바깥에 있지 않으며 역시 일종의 통일작용에 따라 통일된 것이다. 다만 그 현상이 보편적일 때, 곧 개인의 작은 의식 이상의 통일을 유지할 때 우리로부터 독립된 객관적 세계로 보이는 것이다. 예컨대 여기 램프 하나가 보인다. 자기 자신에게만 보인다면 그것은 어쩌면 주관적 환각이라고도 할 수 있을 것이다. 다만 사람들 각각이 그것을 동일하게 인정함으로써만 객관적 사실이 된다. 객관적 독립의 세계라는 것은 그런 보편적 성질에서 생기는 것이다.

제5장

참된 실재의 근본적 방식

우리가 경험하는 사실은 여러 가지가 있겠지만 조금 생각해보면 그것들 모두는 동일한 실재이며 동일한 방식에 따라 성립하고 있다. 이제 모든 실재의 근본적 방식에 대해 이야기해보자.

우선 모든 실재의 배후에 통일적인 어떤 작용이 있음을 인정하지 않으면 안 된다. 어떤 학자는 참으로 단순하고 독립된 요소, 예컨대 원자론자의 원자와 같은 것이 근본적 실재라고 여긴다. 그러나 그런 요소는 설명을 위해 설정된 추상적 개념이지 사실상으로 존재할 수는 없는 것이다. 시험 삼아 생각하건대, 지금 이곳에 어떤 원자 하나가 있다고 한다면 그것은 반드시 어떤 성질을 띠거나 작용하는 것이지 않으면 안 된다. 아무 성질이나 작용이 없는 것은 무無와 다름없다. 그런데 하나의 물체가 움직이는 것은 반드시 다른 물체에 대하여 움직이는 것이다. 그렇기에 그런 움직임에는 반드시 그 두 물체를 결합하여 상호작용하게 하는 제3자가 없어서는 안 된다. 예컨대 한 물체의 운동이 다른 한 물체에 전달되는 것에는 그 두 물체 사이에 힘이라는 것이 없어서는 안 된다. 성질이라는 것 또한 마찬가지로 어떤 성질 하나가 성립하는 것은 반드시 다른 한 성질에 대하여 성립하는 것이다. 예컨대 색깔 중에 빨강색만 있다면 빨강이라는 색깔은 드러날 수 없다. 빨강이 드러나는 것에는 빨강색이지 않은 색깔이 있어야만 한다. 그리하여 하나의 성질이 다른 성질과 비교·구별되는 것에는 그 두 성질이 근저에서 동일하지 않으면 안 되는 것인바, 종류가 전혀 달라 그 사이에 무언가 공통점을 갖지 않는 것을 비교·구별할 수는 없다. 이와 같이 모든 사물이 대립에 따라 성립하는 것이라고 한다면 그 근저에는 반드시 통일적인 어떤 것이 잠재되어 있는 것이다.

그 통일적인 어떤 것이 물체현상에서는 이를 외부세계에 존재시키는 물질적 힘物力을 이루고 정신현상에서는 이를 의식의 통일력에 귀속시키는 것이지만, 앞서 말했듯이 물체현상이나 정신현상이라는 것도 순수경험 위에서는 동일한 것이기에 그 두 종류의 통일작용은 원래 동일한 종류에 속해야 하는 것이다. 우리들 사유의지의 근저에 있어서의 통일력과 우주현상의 근저에 있어서의 통일력은 즉시 동일한 것이다. 예컨대 우리의 논리, 수학의 법칙은 그것에 따라 즉시 우주현상이 성립될 수 있는 원칙이다.

실재의 성립에는 위에서 말한 근저에서의 통일이라는 것이 필요함과 동시에 상호 간에 일어나는 반대, 아니 차라리 모순이라는 것이 필요하다. 헤라클레이토스가 싸움은 만물의 아버지라고 했듯이[19] 실재는 모순에 따라 성립한다. 빨간 것은 빨갛지 않은 것에 반대하여, 작용하는 것은 작용을 받는 것에 반대하여 성립하는 것이다. 모순이 소멸함과 동시에 실재도 소실되고 만다. 원래 그런 모순과 통일은 동일한 사정을 두 방면에서 바라본 것에 지나지 않는바, 통일이 있기에 모순이 있고 모순이 있기에 통일이 있다. 예컨대 검은색과 흰색 같이 모든 점에서 공통되고 오직 한 점에서만 다른 것이 서로 간에 가장 반대되는 것이며, 이에 반해 덕성과 삼각형 같이 서로 간에 명료한 반대가 없는 것에는 명료한 통일 또한 없다. 무엇보다 유력한 실재란 여러 모순들을 가장 능란하게 조화・통일시킨 것이다.

통일하는 것과 통일되는 것을 별개로 생각하는 것은 추상적 사유에 의한 것으로 구체적 실재에서는 그 두 가지를 분리시킬 수 없다. 한 그루 나무는 가지와 잎과 뿌리라는 여러 다른 작용을 행하는 부분들을 통일한 위에서 존재하지만, 나무는 그저 그런 부분들의 단순한 집합이 아니다. 나무 전체의 통일력이 없다면 그런 부분들도 의미가 없다. 나무는 그 부분들의 대립과 통일 위에 존재하는 것이다.

통일하는 힘과 통일되는 것이 분리될 때에는 실재가 될 수 없다. 예컨대 사람이 돌을 쌓아올렸을 때를 두고 돌과 사람이 별개의 사물이라고 하면 돌의 쌓여있음은 인공적인 것이지 독립된 하나의 실재가 될 수는 없다.

그러므로 실재의 근본적 방식은 하나임과 동시에 여럿이고 여럿인 동시에 하나이며, 평등 속에 차이 · 구별을 갖추고 차이 · 구별 속에 평등을 갖추고 있는 것이다. 그렇게 그 두 방면은 분리 불가능한 것이기에 곧 하나인 것의 자가 발전이라고 할 수 있는 것이다. 독립되어 스스로 완전한 참된 실재는 언제나 그런 방식을 갖추고 있다. 그렇지 못한 것은 모두 우리의 추상적 개념이다.

실재는 자기 자신에게서 하나의 체계를 이룬 것이다. 우리로 하여금 확실한 실재라고 믿게 하는 것은 그런 성질에 따른 것이다. 이에 반해 체계를 이루지 못하는 것들의 형편, 예컨대 꿈과도 같은 것을 실재라고 믿을 수는 없다.

위와 같이 참으로 하나이자 여럿인 실재는 쉼 없이 스스로 운동하지 않으면 안 되는 것이다. 고요히 정지된 상태란 다른 것과 대립하지 않는 독존적 상태, 곧 여럿을 배척한 하나의 상태이다. 그러나 그 상태에서 실재는 성립될 수 없다. 혹시 통일에 의해 어떤 하나의 상태가 성립됐다고 한다면 거기에는 곧바로 반대의 다른 상태가 성립되지 않으면 안 된다. 하나의 통일이 수립되면 곧바로 그것을 파괴하는 불통일이 성립한다. 참된 실재는 그와 같이 무한의 대립으로써 성립하는 것이다. 물리학자는 힘의 보존 따위를 말하면서 실재에 극한이 있는 것처럼 말하고 있지만, 이는 설명의 편의를 위해 설정된 가정인바 그것은 흡사 공간에 극한이 있다는 것과 마찬가지로 단지 추상적으로 한쪽만 바라볼 뿐 다른 쪽은 잊어버린 것이다.

살아있는 것은 모두 무한한 대립을 함유하고 있다. 곧 살아있는 것은 무한한 변화를 생겨나게 하는 능력을 가진 것이다. 정신을 살아 활동하는 것이라고 말하는 것은 처음부터 끝까지 무한한 대립을 지니고서 정지하는 바가 없기 때문이다. 혹여 그것이 한 상태에 고정되고 나아가 다른 대립으로 이동할 수 없을 때, 그것은 죽은 것이다.

실재는 그것에 대립되는 것에 따라 성립한다고 할 수 있지만 그 대립은 다른 것에서 나오는 게 아니라 자기 자신 속에서 생겨나는 것이다. 앞서 말했듯이 대립의 근저에는 통일이 있고 무한한 대립은 모두 자기 자신의 내면적 성질로부터 필연적인 결과로서 발전해 나오는 것인바, 참된 실재는 하나인 것의 내면적 필연에서 일어나는 자유의 발전이다. 예컨대 공간의 한정에 따라 여러 기하학적 형상이 만들어지고 그 모습들은 서로 간에 대립하여 특수한 성질을 갖는다. 그러나 그것들 모두는 제각기 따로 대립하는 것이 아니라 공간이라는 일자의 필연적 성질에 따라 결합되어 있다. 그것들이 그렇게 공간적 성질의 무한한 발전인 것과 마찬가지로, 우리가 자연현상이라고 말하는 것을 보더라도 앞서 말했듯 실제로 자연현상은 개개의 독립된 요소로 이뤄지는 것이 아니고 또 우리의 의식현상을 떠나 존재하는 것도 아니다. 역시 하나인 것의 통일적 작용에 따라 성립하는 것이기에 한 자연의 발전으로 간주해야 하는 것이다.

헤겔은 어떤 것도 이성적인 것은 실재이며 실재는 반드시 이성적인 것이라고 말했다. 이 이야기는 여러 가지 반대에 직면했음에도 관점에 따라서는 움직일 수 없는 진리이다. 우주의 현상은 아무리 하찮은 것일지라도 결코 우연히 일어나거나 앞뒤로 아무 관계를 맺지 않는 것이 아니다. 반드시 일어나게 되는 이유를 갖추어 일어나는 것이다. 이를 우리가 우연이라고 보는 것은 단지 지식의 부족에서 기인하는 것이다.

흔히들 살아 활동하는 어떤 주[체]라는 것이 있고 그것에서 활동이 일어난다고 여긴다. 그러나 직접경험에서 보자면 활동 그 자체가 실재이다. 주[체]라는 것은 추상적 개념이다. 통일과 그 내용 간의 대립을 서로 독립한 실재인 것처럼 생각하기 때문에 그런 흔한 사고가 생겨나는 것이다.

제6장

유일실재

앞서 말했듯이 실재는 의식활동이다. 그런데 의식활동이란 보통의 해석에 따르면 그때그때 나타나고 사라져버리는 것으로서 동일한 활동이 영구히 연결되는 것은 불가능하다. 그렇게 보면 작게는 우리들 일생의 경험, 크게는 오늘에 이르는 우주의 발전과 같은 사실들이란 필경 텅비어버린 환몽처럼 지리멸렬한 것이거나 그 사이에 아무런 통일적 기반이 없는 것일까. 이러한 의문에 맞서 실재란 상호 관계적으로 성립하는 것이며 우주란 유일실재의 유일활동이라는 것에 서술해 놓고자 한다.

의식활동이 어떤 범위 안에서는 통일에 따라 성립한다는 것을 대략 설명했다고 생각하는데, 여전히 어떤 범위 밖에서는 그런 통일이 있음을 믿지 않는 사람들이 많다. 예컨대 어제의 의식과 오늘의 의식은 전혀 독립되어 있는 것으로 더 이상 하나의 의식으로 간주될 수 없다고 생각하는 이들이 있다. 그러나 직접경험의 입각지에서 생각해보면 그런 구별은 단지 상대적인 구별이지 절대적 구별이 아니다. 통일된 하나의 의식현상이라고 누구든 생각하고 있는 사유나 의지를 살펴보더라도 그 과정은 각기 서로 다른 관념의 연속에 지나지 않는다. 그것을 정교하게 구별해보면 그 관념들은 각기 다른 의식이라고 생각할 수도 있는 것들이다. 그런데 그런 연속된 관념이 개개의 독립적 실재가 아니라 하나의 의식활동으로 볼 수 있는 것이라면 어제의 의식과 오늘의 의식은 하나의 의식활동으로도 보일 수 있다. 우리가 서로 며칠씩이나 한 가지 문제를 생각하거나 한 가지 사업을 계획하는 경우엔 명확히 동일한 의식이 연속적으로 작용한다고 할 수 있을 것인바, 이는 다만 시간의 길고 짧음에 있어 서로 다를 뿐인 것이다.

의식의 결합 속에서는 지각과 같은 동시적인 결합, 연상·사유와 같은 계속적인 결합 및 자각과 같은 일생에 걸친 결합은 모두 정도의 차이이며 동일한 성질로부터 성립하는 것이다.

의식현상은 시시각각으로 이동해가는 것으로 동일한 의식이 다시 일어나는 일은 없다. 어제의 의식과 오늘의 의식이 설령 그 내용에서 동일할지라도 전혀 다른 의식이라는 생각은 직접경험의 입각지에서 본 것이 아니라 오히려 시간이라는 것을 가정해 의식현상이 그 시간 위에서 나타난 것으로 추론한 결과이다. 의식현상이 시간이라는 형식에 따라 성립하는 것이라면 시간의 성질상 한번 지나가버린 의식현상은 다시 돌아올 수 없다. 시간은 오직 하나의 방향을 지닌 것일 따름이다. 설령 완전히 동일한 내용을 가진 의식일지라도 시간의 형식상 이미 동일한 것이라고는 할 수 없게 된다. 그러나 지금 직접경험의 뿌리로 돌아가 살피면 그것들의 관계는 완전히 반대가 되지 않으면 안 된다. 시간이라는 것은 우리들 경험의 내용을 정돈하는 형식에 지나지 않는 것으로 시간이라는 생각이 발생하는 데에는 우선 의식 내용이 결합・통일되어 하나가 될 수 있어야 한다. 그렇지 않으면 앞뒤를 연합・배열하여 시간적으로 생각할 수 없다. 그렇기에 의식의 통일작용은 시간의 지배를 받는 것이 아니라 오히려 그 통일작용에 의해 성립하는 것이다. 의식의 근저에는 시간 바깥으로 초월하는 불변적인 어떤 것이 있다고 하지 않으면 안 되는 것이다.

직접경험에서 보면 동일한 내용의 의식은 곧바로 동일한 의식이다. 진리란 누구나가 어떤 시대에 생각해도 동일한 것처럼 우리들 어제의 의식과 오늘의 의식은 동일한 체계에 속하고 동일한 내용을 갖는 까닭에 곧바로 결합되어 하나의 의식을 이루는 것이다. 개인의 일생이라는 것은 그런 하나의 체계를 이루는 의식의 발전이다. 그 점에서 보면 정신의 근저에는 언제나 불변적인 어떤 것이 있다. 그것은 날마다 그 발전을 키워가는 것이다. 시간의 경과란 그런 발전에 수반되는 통일적 중심점이 변해가는 것인바, 그 중심점이 언제나 '지금'인 것이다.

위에서 말했듯이 의식의 근저에 불변하는 통일력이 작용하고 있는 것이라면, 그 통일력이라는 것은 어떤 모습으로 존재하며 어떻게 스스로를 유지하는가라는 의문이 생겨날 것이다. 심리학에서는 그런 통일작용의 뿌리를 뇌라는 물질에 귀속시키고 있다. 그러나 이미 말했듯이 의식 바깥에 독립된 물체를 가정하는 것은 의식현상의 불변적 결합에서 추론한 것인데, 그것보다는 의식 내용의 직접적인 결합이라는 통일작용이 더 근본적인 사실이다. 통일력은 어떤 다른 실재로부터 나오는 것이 아니며 실재는 오히려 그런 통일작용에 따라 성립하는 것이다. 사람들은 대개 우주에 일정한 불변적 이치理[조리 · 다스림 · 법칙 · 본체]라는 것이 있어 만물은 그것에 따라 성립한다고 믿는다. 그 이치란 만물의 통일력이면서 또한 의식 내용의 통일력이다. 이치는 사물이나 마음에 따라 가질 수 있는 것이 아니라 그 이치가 사물과 마음을 성립시키는 것이다. 이치는 독립되어 스스로 존재하는 것으로서 시간, 공간, 사람에 따라 다른 것이 아니라 드러남과 소멸됨이나 쓸모의 있고 없음에 따라 변하지 않는 것이다.

흔히들 이치라고 하면 우리들의 주관적 의식상의 관념연합을 지배하는 작용으로 여긴다. 그러나 그런 작용은 이치의 활동 흔적이지 이치 그 자체가 아니다. 이치 그 자체는 창작적이고 우리는 완전히 그것이 되어 그것에 즉하여 움직일 수 있지만 그것을 의식의 대상으로 보는 것은 불가능하다.

일반적인 의미에서 사물이 존재한다고 하는 것은 어떤 곳 어떤 때에 어떤 모습으로 존재한다는 것이다. 그러나 여기서 말하는 이치의 존재라는 것은 그것과는 종류를 달리하고 있다. 그렇게 한 곳에 속박되는 것이라면 통일의 작용을 이룰 수 없다. 그런 것은 살아있는 참된 이치가 아니다.

개인의 의식이 위에서 말했던 어제의 의식과 오늘의 의식에 곧바로 통일되어 하나의 실재를 이루는 것과 마찬가지로 우리들 일생의 의식 또한 하나로 간주할 수 있는 것이다.

이런 생각을 밀고 나갈 때 단지 한 개인의 범위 안에서뿐만 아니라 타인과의 의식 또한 동일한 이유에 따라 연결하여 하나로 볼 수 있다. 이치는 누구나가 생각해도 동일한 것처럼 우리들 의식의 근저에는 보편적인 것이 있다. 우리는 그것에 따라 서로 이해하고 서로 교통할 수 있는 것이다. 이른바 보편적 이성이 사람들 마음 일반의 근저로 통할 뿐만이 아니라, 한 사회에서 태어난 사람들이 아무리 풍부한 독창성을 지녔을지라도 그런 특수한 사회정신의 지배를 받지 않는 이는 없다. 각 개인의 정신은 모두 그 사회정신의 한 세포에 지나지 않는 것이다.

앞서도 말했듯 개인과 개인 간의 의식의 연결과, 한 개인의 어제의 의식과 오늘의 의식 간의 연결은 동일한 것이다. 앞의 것은 바깥쪽으로부터 간접적으로 결합되고 뒤의 것은 안쪽으로부터 곧바로 결합하는 것처럼 보이지만, 앞의 것을 그렇게 바깥쪽으로부터 결합된 것처럼 본다면 뒤의 것 또한 일종의 내면적 감각의 징표에 따라 결합되는 것이기에 개인 간의 의식이 언어 등의 징표에 따라 결합되는 것과 동일하다. 뒤의 것을 그렇게 안쪽으로부터 결합되는 것처럼 본다면 앞의 것에 있어서도 개인 간에 원래 동일한 근저가 있어야만 곧바로 결합될 수 있는 것이다.

우리가 이른바 객관적 세계라고 이름붙이고 있는 것도 거듭 말했던 것처럼 우리의 주관을 떠나 성립하는 것이 아닌바, 객관적 세계의 통일력과 주관적 의식의 통일력은 동일하다. 곧 이른바 객관적 세계도 주관적 의식도 동일한 이치에 따라 성립하는 것이다. 그런 까닭에 사람들은 자기 속에 있는 이치에 따라 우주 성립의 원리를 이해할 수 있다. 혹여 우리들 의식의 통일과 다른 세계가 있다고 한다면 그런 세계란 우리와는 아무런 교섭이 없는 세계이다. 적어도 우리가 알 수 있고 이해할 수 있는 세계는 우리의 의식과 동일한 통일력 아래에 서 있지 않으면 안 된다.

제7장

실재의 분화·발전

의식을 떠나 세계가 있다는 생각을 따르면 만물은 각기 독립해서 존재할 수 있는 것일지도 모르지만, 의식현상이 유일한 실재라는 생각에서 보면 우주 만물의 근저에는 유일한 통일력이 있고 만물은 동일한 실재가 발현한 것이라고 하지 않으면 안 된다. 우리의 지식이 진보함에 따라 점점 더 그런 동일한 이치의 존재를 확신하게 될 것이다. 지금부터는 그런 유일한 실재로부터 어떻게 차이 · 구별적 대립들이 생겨나는지를 서술해보려 한다.

실재는 하나로 통일되어 있음과 동시에 대립을 포함하고 있지 않으면 안 된다. 여기 하나의 실재가 있다면 반드시 그것에 반하는 다른 실재가 있다. 그런데 그런 두 개의 사물物이 서로 대립되려면 그 두 사물이 독립된 실재가 아니라 통일된 것이지 않으면 안 된다. 곧 한 실재의 분화 · 발전이어야

한다. 그리고 그 둘이 통일되어 하나의 실재로 드러날 때에는 거듭 하나의 대립이 생겨나지 않으면 안 되며, 그때 그 둘의 배후에도 또한 하나의 통일이 작용하고 있어야 한다. 그렇게 무한의 통일로 나아가는 것이다. 이를 역방향에서 생각해보면 무한한 유일실재가 작음에서 큼으로 얕음에서 깊음으로 자기를 분화・발전시키는 것이라고 할 수 있다. 이러한 과정이 실재발현의 방식이고, 이에 따라 우주 현상은 성립하고 진행해가는 것이다.

그러한 실재발전의 과정은 우리의 의식현상에서 명확히 볼 수 있는 것이다. 예컨대 의지에 대해 살펴보면 의지란 어떤 이상을 실현하려는 것으로서 현재와 이상의 대립이다. 그러나 의지가 실행되어 이상과 일치될 때 현재는 거듭 다른 이상과 대립하고 새로운 의지가 나온다. 그렇게 우리가 살아있는 동안은 언제까지나 자기를 발전시키고 실현해나가는 것이다. 이어 생물의 생활 및 발달을 살펴보더라도 그러한 실재의 방식을 인정할 수가 있다. 생물의 생활은 실제로 그러한 쉼 없는 활동이다. 다만 무생물의 존재를 그런 방식에 맞추어 생각하는 일은 곤란한 것처럼 보이는데, 이에 대해서는 이후 자연을 논할 때에 말하기로 하자.

그렇다면 위에서 말한 실재발현의 근본적 방식에서 어떻게 실재의 차이·구별들이 생겨나는 것일까. 먼저 소위 주관과 객관의 구별이란 무엇에서 일어나게 되는 것일까. 주관과 객관은 서로 떨어져 존재하는 것이 아니라 한 실재의 상대적인 두 방면인바, 곧 우리의 주관이라는 것은 통일하는 방면이고 객관이라는 것은 통일되는 방면이다. 나 자신이라는 것은 언제나 실재의 통일자이고 사물이란 통일된 것이다(여기서 객관이라는 것은 우리의 의식에서 독립된 실재라는 뜻이 아니라 단지 의식대상이라는 뜻이다). 예컨대 우리가 어떤 사물인가를 지각하거나 사유하는 경우에 자기라는 것은 사물과 서로 비교하고 통일하는 작용이고 사물이란 그것에 맞서 있는 대상이다. 즉 비교·통일의 재료이다. 뒤의 의식으로 앞의 의식을 볼 때 자기를 대상으로 보는 일이 가능한 것처럼 여겨지지만 실제로는 그 자기란 참된 자기가 아닌바 참된 자기란 현재의 관찰자 즉 통일자이다. 그때 앞의 통일은 이미 한 번 완결된 것으로서 다음번 통일의 재료로서 다음번 통일 속에 포함된 것으로 생각하지 않으면 안 된다. 자기란 그렇게 무한의 통일자인바, 결코 그것을 대상으로서 비교·통일의 재료로 삼을 수는 없는 것이다.

심리학에서 보아도 우리들의 자기란 의식의 통일자이다. 그러므로 이제 의식이 유일하게 참된 실재라는 입각지에서 보면 그 자기란 실재의 통일자이지 않으면 안 된다. 심리학에서 그런 통일자인 자기를 통일된 것으로부터 떨어져 따로 존재하는 것처럼 말할지라도 그러한 자기란 단지 추상적인 개념일 따름이다. 사실에서 있어서는 사물을 떠나 자기가 있는 것이 아니며, 우리들의 자기란 곧 우주 실재의 통일력 그 자체이다.

정신현상과 물체현상의 구별이라는 것에도 결코 이중의 실재가 있는 것은 아니다. 정신현상이라는 것은 통일하는 방면 곧 주관 쪽에서 본 것이고, 물체현상이란 통일되는 것 즉 객관 쪽에서 본 것이다. 단지 동일한 실재를 상반되는 두 방면에서 본 것에 지나지 않는다. 그래서 통일 쪽에서 보면 모든 것이 주관에 속하여 정신현상이 되며, 통일을 빼고 생각하면 모든 것이 객관적 물체현상이 된다(유심론과 유물론의 대립은 그런 두 방면 중 하나를 고집하는 데서 일어나는 것이다).

다음으로 능동과 수동의 차이 · 구별은 어디에서 일어나는 것일까. 능동 · 수동이라는 것도 실재에 두 종류의 구별이 있기에 생기는 것이 아니라 역시 동일한 실재의 두 방면인바, 통일자가 언제나 능동이고 피통일자가 언제나 수동이다. 예컨대 의식현상을 보면 우리의 의지가 작용했다는 것은 의지의 통일적 관념 즉 목적이 실현됐다는 것이기에 곧 통일이 이루어졌다는 것이다. 그 밖에 정신이 작용한다는 것은 모두 통일의 목적을 달성했다는 것으로서, 그것이 불가능하여 정신 아닌 다른 것에 의해 통일될 때에는 수동이라고 하는 것이다. 물체현상에서도 어떤 것이 다른 것에 대해 작용한다는 것은 그 어떤 것의 성질 속에 다른 것의 성질이 포함되고 통괄될 수 있었던 경우를 말하는 것이다. 이와 같이 통일이 곧 능동의 참된 의의이므로 우리가 통일의 위치에 있을 때 우리는 능동적이며 자유롭다. 이에 반해 다른 것에 의해 통일되게 될 때 우리는 수동적이며 필연의 법 아래 지배받게 된다.

흔히들 시간상의 연속에서 앞서 있는 것이 능동자라고 여기지만, 시간상으로 먼저 있는 것이 반드시 능동자인 것은 아니다. 능동자는 힘을 지닌 것이지 않으면 안 된다. 그리고 힘이라는 것은 실재의 통일작용을 말한다. 예컨대 물체의 운동은 운동력에서 일어난다고들 하는데, 그 힘이란 곧 어떤 현상들 간의 불변적 관계를 가리키는 것으로서 그 현상들을 연결·종합하는 통일자를 말하는 것이다. 그렇기에 엄밀한 의미에선 오직 정신만이 능동인 것이다.

다음으로 무의식과 의식의 구별에 대해서 한마디 해둔다. 주관적 통일작용은 항상 무의식이며 통일의 대상이 되는 것이 의식내용으로서 드러나는 것이다. 사유에 대해 살펴보더라도, 또 의지에 대해 살펴보더라도 참된 통일작용 그 자체는 언제 무의식이다. 이를 단지 반성적으로 사고해보았을 때 그 통일작용은 하나의 관념으로서 의식상에 드러나며, 그때는 이미 통일작용이 아니라 통일의 대상이 되고 있는 것이다. 앞서 말했던 것처럼 통일작용은 언제나 주관이며 따라서 언제나 무의식이지 않으면 안 된다. 하르트만도 무의식이 다름 아닌 활동이라고 말하고 있는 것처럼 우리가 주관의 위치에 서서 활동의 상태에 있을 때는 언제나 무의식의 상태이다. 이에 반해 어떤 의식을 객관적 대상으로 의식했던 때에 그 의식은 이미 활동을 잃은 것이다. 예컨대 어떤 예술의 수련에서도 하나하나의 동작을 의식하는 동안은 아직 참으로 살아있는 예술이 아닌바, 무의식의 상태에 이르러서야 비로소 살아있는 예술이 되는 것이다.

> 심리학에서 본 정신현상이란 모두 의식현상이기 때문에 무의식인 정신현상은 존재하지 않는다는 비난이 있다. 그러나 우리의 정신현상은 단지 관념의 연속이 아닌바, 반드시 그것을 연결・통일하는 무의식의 활동이 있고서야 비로소 정신현상이 성립하는 것이다.

마지막으로 현상과 본체의 관계를 살피더라도 역시 실재

의 두 방면이 맺는 관계로 설명할 수 있다. 우리가 사물의 본체라고 말하는 것은 실재의 통일력을 말하는 것이며, 현상이란 그 분화·발전된 대립의 상태를 말한다. 예컨대 여기 책상의 본체가 존재한다는 것은 우리의 의식이 언제나 일정한 어떤 결합에 따라 드러난다는 것으로서, 거기서 불변의 본체라는 것은 다름 아닌 그 통일력을 가리키는 것이다.

그렇게 말하면 참된 주관이 실재의 본체라고 하지 않으면 안 되게 된다. 그런데 우리는 흔히 물체는 객관에 있다고 여긴다. 그러나 그것은 참된 주관을 생각하지 않고 추상적 주관을 생각하는 것에서 비롯하는 것이다. 그런 추상적 주관은 무력한 개념이기에 그것에 대해서는 오히려 사물의 본체가 객관에 속한다고 말하는 쪽이 지당하다. 그러나 진정으로 말하자면 주관을 떠난 객관 또한 추상적 개념이며 무력하다. 참으로 활동하게 되는 사물의 본체라는 것은 실재성립의 근본적 작용인 통일력이며, 그렇기에 참된 주관이지 않으면 안 된다.

제8장

자연

실재는 오직 하나만 있을 따름이며 관점의 상이함에 따라 여러 모습들을 보이는 것이다. 자연이란 전적으로 우리들의 주관으로부터 독립해 있는 객관적 실재라고 여겨지지만, 엄밀히 말하면 그러한 자연은 추상적 개념이며 결코 참된 실재는 아니다. 자연의 본체는 역시 아직 주객이 나눠지지 않은 직접경험의 사실이다. 예컨대 우리가 참으로 풀과 나무라고 생각하는 사물은 생생한 색과 형체를 구비한 것이고 우리의 직각적 사실인 것이다. 단지 우리가 그 구체적 실재로부터 잠시 주관적 활동의 방면을 제거하여 생각했을 때에 순[수] 객관적 자연인 것처럼 여겨질 수 있는 것이다. 그러므로 과학자가 말하는 이른바 가장 엄밀한 의미에서의 자연이란 그러한 사고방식을 극단까지 밀고 나간 것으로서 가장 추상적인 것, 즉 실재의 진경에서 가장 멀어져 있는 것이다.

자연이란 구체적 실재로부터 주관적 방면 즉 통일작용을 제거한 것이다. 그런 까닭에 자연에는 자기가 없다. 자연은 단지 필연의 법칙에 따라 외부로부터 움직여지는 것으로, 자기로부터 자동적으로 움직일 수 없는 것이다. 그래서 자연현상의 연결・통일은 정신현상에서처럼 내면적 통일이 아니라 단지 시간・공간상에서의 우연적 연결이다. 이른바 귀납법에 따라 얻게 된 자연법이라는 것은 어떤 두 종류의 현상이 불변적으로 연속함으로써 생기는 것으로서 어떤 하나는 다른 하나의 원인이라고 가정한 것일 따름인바, 아무리 자연과학이 진보할지라도 우리는 그 이상의 설명을 얻을 수 없다. 다만 그 설명이 정밀하게 또 일반적으로 될 뿐인 것이다.

오늘날 과학의 추세는 가능한 한 객관적인 것이 되려고 하는 일에 노력을 기울이고 있다. 그래서 심리현상은 생리적으로, 생리현상은 화학적으로, 화학현상은 물리적으로, 물리현상은 기계적으로 설명하지 않으면 안 되게끔 된다. 그렇게 설명의 기초가 되는 순[수] 기계적 설명이란 어떤 것일까. 순물질이란 전적으로 우리가 경험할 수 없는 실재이다. 적어도 그것에 대해 어떤 경험이 가능한 것이라면 의식현상으로서 우리들의 의식 위에 드러나는 것이지 않으면 안 된다.

그런데 의식의 사실로서 드러나는 것은 모조리 주관적이기에 순[수] 객관적 물질이라고 할 수 없다. 순물질이라는 것은 포착해야할 어떤 적극적 성질도 아니며 단지 공간 · 시간운동과 같이 순[수] 수량적 성질만을 갖는 것으로서 수학 상의 개념과 같이 전적으로 추상적인 개념에 지나지 않는 것이다.

> 물질은 공간을 채우는 것으로서 마치 직각될 수 있는 것처럼 여겨지고 있지만 우리가 구체적으로 생각할 수 있는 물질의 연장이라는 것은 촉각 및 시각의 의식현상에 지나지 않는다. 우리의 감각에 크게 보인다고 해서 그것을 두고 반드시 물질이 많다고 할 수는 없다. 물리학에서 물질의 많고 적음은 다름 아닌 그 힘의 크고 작음에 따라 결정되는 것, 즉 상호 간의 작용적 관계에서 미루어 아는 것이지 결코 직각적 사실은 아니다.

또 위와 같이 자연을 순물질적인 것으로 여기면 동물 · 식물 · 생물의 구별 없이 그 모든 것을 동일한 기계력의 작용이라고 할 수밖에 없게 되며 자연현상은 어떤 특수한 성질이나 의의를 가질 수 없는 것이 된다. 인간도 흙덩이도 아무 다를 바가 없게 되는 것이다. 그런데 우리가 실제로 경험하는 참된 자연은 결코 위에서 말한 추상적 개념이 아니며, 따라서 단지 동일한 기계력의 작용도 아니다. 동물은 동물, 식물은 식물,

금과 돌은 금과 돌, 그 각각의 특색과 의의를 지닌 구체적 사실인 것이다. 우리가 소위 산천초목·벌레·물고기·금수라고 말하는 것은 모두 그렇게 갖가지 개성을 지닌 것으로, 이에 대한 설명은 여러 관점에서 다양할 수도 있는 것이겠지만 직접적으로 주어진 그 직각적 사실의 자연은 도저히 움직일 수 없는 것이다.

> 우리가 흔히들 순[수] 기계적 자연을 진정으로 객관적 실재로 여기고 직접경험에 있어서의 구체적인 자연을 주관적 현상으로 여기는 것은 모든 의식현상이 자기의 주관적 현상이라는 가정에서 추리된 사고이다. 그러나 거듭 말했던 것처럼 우리가 의식현상에서 떨어져 나온 실재를 사고하는 것은 완전히 불가능하다. 혹여 의식현상과 관계가 있기에 주관적이라고 말한다면 순[수] 기계적 자연 또한 주관적이다. 공간·시간·운동과 같은 것도 우리의 의식현상을 떠나서는 사고할 수 없다. 단지 비교적 객관적인 것일 따름이지 절대적으로 객관적인 것이 아니다.

참으로 구체적인 실재로서의 자연은 전적으로 통일작용 없이는 성립할 수 없는 것이다. 자연 또한 역시 일종의 자기를 지니고 있다. 식물 한 포기, 동물 한 마리도 그 발현하는 다양한 형태변화 및 운동은 단지 무의식적인 물질의 결합 및 기계적 운동이 아니라 하나하나 그 전체와 뗄 수 없는 관계를 맺고 있는 것으로서, 즉 하나인 통일적 자기의 발현으로 간주해야 하는 것이다. 예컨대 동물의 손과 발, 코와 입 모두는 하나하나 생존의 목적과 밀접한 관계에 있고 이를 떠나 그 의의를 아는 것은 불가능하다. 적어도 동식물의 현상을 설명하는 데에는 그러한 자연의 통일력을 가정하지 않으면 안 된다. 생물학자는 모두 생활본능으로 생물의 현상을 설명하지만 비단 생물에만 그런 통일작용이 있는 것은 아니라 무기물의 응결형태에서도 이미 얼마간은 그런 작용이 드러나고 있다. 곧 모든 광물은 특유한 결정형을 지니고 있는 것이다. 자연의 자기 즉 통일작용이란 그렇게 무기물의 결정형으로부터 동식물의 유기체에 이르러서 점점 더 명확해지는 것이다(참된 자기는 정신에 이르러 비로소 드러난다).

오늘날 과학의 엄밀한 기계적 설명이라는 입각지에서 보면 유기체의 합목적적 발달도 필경 물리 및 화학의 법칙에 의해 설명되지 않으면 안 된다. 그렇지 않으면 단지 우연의 결과에 지나지 않는 것이 된다. 그러나 그런 사고는 지나치게 사실을 무시하는 것이 되므로 과학자는 잠재적 힘의 형세라는 가정을 통해 설명하려고 한다. 곧 생물의 알 또는 씨앗에는 각각의 생물을 발생시키는 잠재적 힘의 형세가 있다는 것으로, 그 힘이 곧 여기서 말하는 이른바 자연의 통일력에 해당하는 것이다.

자연에 대한 설명에 있어 그와 같은 통일력의 작용을 기계력의 바깥에서 허용한다고 하여 그것이 위의 설명과 충돌할 필요는 없다. 오히려 그 둘이 서로를 바라고 기다려 자연에 대한 완전한 설명이 가능해지는 것이다. 예컨대 여기에 동상이 하나 서 있다고 하자. 그 재료인 구리로서는 물리·화학의 법칙을 따르는 것이라고 하겠지만, 그 동상은 단지 구리 한 덩어리가 아니라 우리의 이상을 드러내고 있는 미술품으로서, 곧 우리가 지닌 이상의 통일력에 따라 드러나고 있는 것이다. 그러나 그 이상의 통일작용과 재료 그 자체를 지배하는 물리·화학의 법칙은 저절로 다른 범위에 속하는 것인바 결코 서로를 침범할리는 없는 것이다.

위에서 말한 것처럼 통일적 자기가 있고 그 이후 자연에 목적이 있고 의의가 있어 비로소 살아있는 자연이 되는 것이다. 그러한 자연의 생명인 통일력은 단지 우리의 사유에 따라 만들어지고 행해지는 추상적 개념이 아니라 오히려 우리의 직각 위에서 드러나는 사실이다. 우리는 아끼는 꽃을 보고 또 친근한 동물을 보면서 즉각 전체의 통일적인 어떤 것을 포착하는 것이다. 이것이 그 사물의 자기이고 그 사물의 본체이다. 미술가는 그러한 직각이 무엇보다 탁월한 사람이다. 그들은 언뜻 보고 사물의 진상을 간파해 통일적인 어떤 것을 포착한다. 그들이 드러내는 것은 표면의 사실이 아니라 사물의 깊은 근저에 감춰져있는 불변의 본체이다.

> 괴테는 생물 연구에 심취했던, 오늘날 진화론의 선구자였다. 그의 설에 따르면 자연현상의 배후에는 본원적 현상(Urphänomen)이 있다.[20] 시인은 그것을 직각하는 것이다. 괴테는 여러 동식물들은 그 본원적 현상인 본원적 동물과 본원적 식물이 변화된 것이라고 말한다. 그는 오늘 현재의 동식물 속에는 일정하고도 불변하는 전형이 있다는 설에 근거해 모든 생물이 진화해왔음을 논한 것이다.

그렇다면 자연의 배후에 감춰진 통일적 자기란 어떤 것일까. 우리는 자연현상을 우리의 주관과 관계없는 순[수] 객관적 현상이라고 여기는 까닭에 그 자연의 통일력도 마찬가지로 우리가 알 수 없는 불가지적인 어떤 것이라고 여긴다. 그러나 이미 논했던 것처럼 참된 실재는 주관과 객관이 분리되지 않은 것인바, 실제의 자연은 단순히 객관적 일방성과 같은 것 아니라 주객을 함께 지닌 의식의 구체적 사실이다.

따라서 그 통일적 자기는 우리의 의식과 아무 관계없는 불가지적인 어떤 것이 아니라 실로 우리들 의식의 통일작용 그 자체이다. 그렇기에 우리가 자연의 의의 · 목적을 이해하는 것은 자기의 이상이나 감정 · 의지의 주관적 통일에 따른 것이다. 예컨대 우리가 가뿐히 동물의 여러 기관들이나 동작의 근저에 놓여 있는 근본적 의의를 이해하는 것은 자기의 감정 · 의지로 즉각적으로 직각하는 것이므로, 자기에게 감정 · 의지가 없다면 도저히 동물의 근본적 의의를 이해할 수는 없는 것이다. 우리의 이상이나 감정 · 의지가 심원하고도 넓고 크게 됨에 따라 마침내 자연의 참된 의의를 이해할 수 있게 되는 것이다. 요컨대 우리의 주관적 통일과 자연의 객관적 통일력은 본디 동일하다. 그것을 객관적으로 보면 자연의 통일력이 되고 주관적으로 보면 자기의 지정의의 통일이 되는 것이다.

> 물체의 힘과 같은 것은 우리의 주관적 통일과는 아무런 관계가 없는 것이라고들 여긴다. 물론 그것은 무엇보다 무의미한 통일이기도 할 것이지만, 그렇다고 해서 완전히 주관적 통일을 떠나 있는 것은 아니다. 물체 속에 힘이 있고 그것이 여러 작용을 이룬다고 우리들이 말하는 것은 곧 우리들 자기의 의지작용을 객관적으로 본 것이다.

흔히들 우리가 자기의 이상 또는 감정・의지로 자연의 의의를 추측・판단한다는 것은 단지 유추일 뿐이지 확고한 진리가 아니라고 여긴다. 그러나 그것은 주관과 객관을 독립적인 것으로 여겨 정신과 자연을 두 종류의 실재로 간주하는 데에서 기인하는 것이다. 순수경험 위에서 말하자면 그 둘은 즉각적으로 동일하다고 보는 것이 지당하다.

제9장

정신

자연은 언뜻 보아 우리의 정신에서 독립한 순[수] 객관적 실재처럼 보이지만 실제로는 주관을 떠난 실재가 아니다. 이른바 자연현상을 그 주관적 방면 즉 통일작용 쪽에서 보면 모두 의식현상이 된다. 예컨대 여기에 돌 하나가 있다. 그 돌을 우리의 주관에서 독립된 어떤 불가지적 실재의 힘에 따라 드러나는 것으로 본다면 그 돌은 자연이 된다. 그러나 직접경험의 사실로서 즉각 그 돌을 본다면 단지 객관적으로 독립된 실재가 아니라 우리의 시각·촉각 등의 결합인바, 곧 우리의 의식통일에 따라 성립한 의식현상인 것이다. 그래서 소위 자연현상이라는 것을 직접경험의 뿌리로 되돌아가서 보면 모두 주관적 통일에 따라 성립한 자기의 의식현상이 된다. 유심론자가 세계는 자신의 관념이라고 말하는 것은 그런 관점에서 본 것이다.

> 우리들이 동일한 돌멩이 하나를 볼 때 우리들 각자는 동일한 관념을 갖는다고 믿는다. 그러나 실제로는 각자의 성향・경험에 따라 서로 다른 관념을 갖는 것이다. 따라서 구체적 실재는 모두 주관적・개인적이며 객관적 실재라는 것은 없어진다. 객관적 실재라는 것은 각자에게 공통된 추상적 개념일 따름이다.

그렇다면 우리들이 흔히 자연에 맞세워 정신이라고 말하고 있는 것은 무엇인가. 곧 주관적 의식현상이란 어떤 것인가. 이른바 정신현상이란 단지 실재의 통일적 방면 곧 활동적 방면을 추상적으로 사고한 것이다. 앞에서 말했듯이 실재의 진경에서는 주관, 객관, 정신, 물체의 구별이 없지만, 모든 실재의 성립에는 통일작용이 필요하다. 이 통일작용은 본디 실재를 떠나 특별하게 존재하는 것이 아니지만 우리가 그 통일작용을 추상하여 통일되는 객관에 대립시켜 사고할 때 소위 정신현상이 되는 것이다. 예컨대 여기 하나의 감각이 있다고 할 때, 그 하나의 감각은 독립해 존재하는 것이 아닌바 반드시 다른 것과의 대립에서 성립하는 것이다. 즉 다른 것과 비교하고 구별되어 성립하는 것이다. 이 비교・구별의 작용 곧 통일적 작용이 이른바 우리의 정신인 것이다. 그래서 그런 통일의 작용이 진행됨과 동시에 정신과 물체의 구별이 점점 더 현저해진다. 어린 아이였을 때 우리의 정신은 자연적이며 따라서 주관의 작용이 미약하다. 그런데 성장함에 따라 통일적 작용이 왕성해지고 객관적 자연으로부터 구별된 자기의 마음을 자각하게 되는 것이다.

흔히들 우리의 정신이라는 것을 객관적 자연과 구별되는 독립된 실재로 여긴다. 그러나 정신의 주관적 통일을 떠난 순[수] 객관적 자연이 추상적인 개념인 것과 마찬가지로 객관적 자연을 떠난 순[수] 주관적 정신도 추상적인 개념이다. 통일되는 것이 있고 통일하는 작용이 있는 것이다. 가령 외부세계의 사물의 작용을 감각해 받아들이는 정신의 본체가 있다고 할지라도 작용하는 물체가 있고 느끼는 마음이 있는 것이다. 작용하지 않는 정신 그 자체는 작용하지 않는 사물 그 자체와 같이 불가지적이다.

그렇다면 왜 실재의 통일작용이 특히 그 내용 즉 통일되어야 하는 것과 구별되어 마치 독립된 실재인 것처럼 드러나는 것일까. 그것은 의심의 여지없이 실재의 통일에서의 여러 모순・충돌로부터 비롯되는 것이다. 실재에는 여러 체계가 있다. 곧 여러 통일이 있다. 그런 체계적 통일이 서로 충돌하고 모순될 때 그 통일은 명확히 의식상에 드러나게 되는 것이다. 모순・충돌이 있는 곳에 정신이 있고 정신이 있는 곳에는 모순·충돌이 있다. 예컨대 우리의 의식활동을 보아도 동기의 충돌이 없을 때에는 무의식 상태, 곧 이른바 객관적 자연에 가깝다. 그러나 동기의 충돌이 현저해짐에 따라 의지가 명료하게 의식되고 자기의 마음을 자각할 수 있게 된다. 그렇다면 어디로부터 그 체계의 모순·충돌이 일어나는가. 그것은 실재 그 자체의 성질로부터 일어난다. 앞서 말했던 것처럼 실재는 한쪽에서 무한한 충돌인 동시에 또한 다른 한쪽에서 무한한 통일이다. 충돌은 통일에 결여될 수 없는 반쪽이다. 충돌에 따라 우리는 거듭 한층 더 큰 통일로 나아가는 것이다. 실재의 통일작용인 우리의 정신이 자신을 의식하는 것은 그 통일이 활동하고 있을 때가 아니라 그 충돌이 일어날 때인 것이다.

우리가 어떤 기예 하나에 익숙해졌을 때, 곧 실재의 통일을 얻었을 때는 오히려 무의식 상태인바, 곧 자기의 통일을 알지 못하는 것이다. 그러나 거듭 깊게 나아가려 할 때엔 이미 얻었던 것과 충돌을 일으키고 거기서 다시 의식적 상태가 된다. 의식은 언제나 그렇게 충돌로부터 생겨나는 것이다. 또 정신이 있는 곳에 반드시 충돌이 있다는 것은 정신에는 이상이 동반된다는 것을 생각해 보면 된다. 이상은 현실과의 모순·충돌을 뜻하는 것이기 때문이다(이렇게 우리의 정신은 충돌에 의해 드러나는 까닭에 정신에는 반드시 고민이 있다. 염세주의자가 세계는 고통의 세계라고 말하는 것은 한쪽면의 진리를 품고 있는 것이다).

우리의 정신을 실재의 통일작용이라고 본다면 모든 실재에는 통일이 있다. 즉 모든 실재에는 정신이 있다고 하지 않으면 안 된다. 그런데 우리가 무생물과 생물을 나눠 정신이 있는 것과 정신이 없는 사물을 구별하는 것은 무엇에 따른 것일까. 엄밀히 말하자면 모든 실재에는 정신이 있다고 해도 좋다. 앞서 말했듯이 자연에도 통일적인 자기가 있고, 그것이 곧 우리의 정신과 동일한 통일력이다. 예컨대 여기 한 그루의 나무가 있다는 의식현상이 드러난다면 흔히들 그것을 객관적 실재로서 자연력에 따라 성립된 것으로 여기지만, 의식현상의 한 체계를 이루는 것으로 보면 그 나무는 의식의 통일작용에 의해 성립된 것이다. 그러나 이른바 마음이 없는 것無心物에서는 아직 그런 통일적 자기가 직접경험의 사실로서 현실로 드러나지 않는다. 나무 그 자체는 자기의 통일작용을 자각하고 있지 않다. 그런 통일적 자기는 다른 의식 속에 있지 나무 그 자체 속에 있는 것이 아닌바, 단지 외면으로부터 통일되게 되는 것이지 아직 내면적으로 통일된 것은 아니다. 그런 까닭에 아직은 독립되어 스스로 완전한 실재라고 할 수는 없는 것이다. 이에 반해 동물에서는 내면적 통일 즉 자기라는 것이 현실로 드러난다. 동물의 여러 현상들(예컨대 형태 · 동작)은 모두 그런 내면적 통일의 발현이라고 볼 수 있다. 실재는 모두 통일에 의해 성립하지만, 정신에 있어서의 그런 통일은 명료한 사실로서 드러나는 것이다. 실재는 정신에서 비로소 완전한 실재가 되는 것이다. 곧 독립되어 스스로 완전한 실재가 되는 것이다.

> 이른바 정신이 없는 것에서 그러한 통일은 외부로부터 주어진 것으로서 자기의 내면적 통일이 아니다. 그런 까닭에 그 통일은 보는 사람에 따라 바뀌질 수 있는 것이다. 예컨대 흔히 나무라는 통일된 실재 하나가 있다고들 여기지만, 화학자의 눈으로 보면 그 나무란 어떤 유기적 화합물이고 원소의 집합에 지나지 않는바, 따로 나무라는 실재가 있는 게 아니라고도 할 수 있을 것이다. 그러나 동물의 정신을 두고는 그렇게 볼 수 없다. 동물의 육체를 식물과 같이 화합물로 간주할 수도 있겠지만 정신 그 자체는 보는 사람이 임의적 의지로 바꿀 수 있는 것이 아니다. 그것은 어찌 해석될지라도 어쨌든 사실상 움직일 수 없는 하나의 통일을 드러내고 있는 것이다.

오늘날의 진화론에서 무기물, 식물, 동물, 인간의 순서로 진화한다고 말하는 것은 실재가 점점 더 그 숨겨진

본질을 현실로서 드러내왔던 것이라고 할 수 있다. 정신의 발전에서 비로소 실재성립의 근본적 성질이 드러나는 것이다. 라이프니츠가 말했듯이 발전(Evolution)은 곧 내적인[내부로부터의] 전개內展(Involution)이다.[21]

정신의 통일자인 우리의 자기라는 것은 원래 실재의 통일작용이다. 심리학의 한 분파에서는 우리의 자기가 관념 및 감정들의 결합에 지나지 않으며 그것들을 뺀 이외에 자기란 없다고 말하지만, 그것은 단지 분석의 방향만을 따를 뿐 통일의 방향은 잊고 있는 것이다. 모든 사물을 분석적으로 사고하면 통일작용을 인정할 수가 없다. 그러나 분석적 사고를 이유로 통일작용을 무시할 수는 없다. 사물은 통일에 따라 성립하는 것인바, 관념・감정에 있어서도 그것을 구체적 사실이게 하는 것은 통일적 자기의 힘에 의한 것이다. 그 통일력 즉 자기란 어디로부터 오는가라고 묻는다면, 그것은 결국 실재 통일력의 발현이며 곧 영구불변의 힘이다. 그런 까닭에 우리의 자기는 언제나 창조적이고 자유로우며 무한한 활동으로 느껴지는 것이다. 앞서 말했듯이 우리가 내부를 살펴 무언가 자기라는 일종의 감정이 있는 것처럼 느끼는 것은 참된 자기가 아니다. 그런 자기는 아무런 활동도 할 수 없는 것이다. 오직 실재의 통일이 내부에서 작용할 때에 우리는 자기의 이상과 같이 실재를 지배하고 또 자기가 자유로운 활동을 계속 행한다고 느끼는 것이다. 그렇게 실재의 통일작용은 무한하기에 우리의 자기는 무한하며 우주를 포용하는 것처럼 느끼는 것이다.

> 내가 앞서 내세워 출발시켰던 순수경험의 입장에서 보면, 여기서 말하는 실재의 통일작용이라는 것은 추상적 개념일 뿐 순수경험의 사실이 아닌 것처럼 여겨질지도 모른다. 그러나 우리의 직접경험의 사실은 관념이나 감정이 아니라 의지활동인바, 그런 통일작용은 직접경험에 결여되어서는 안 되는 요소이다.

이제까지는 정신을 자연과 대립시켜 생각해왔었는데, 지금부터는 그런 정신과 자연의 관계에 대해 좀 더 생각해보자. 우리의 정신은 실재의 통일작용으로서 자연에 대해 특별한 실재인 것처럼 여겨지고 있지만, 실제로는 통일되는 것을 떠나 통일작용이 있는 것이 아니며 객관적 자연을 떠난 주관적 정신은 없는 것이다. 우리가 사물을 안다고 하는 것은 자기가 사물과 일치한다는 것일 따름이다. 꽃을 보았을 때 곧 자기가 꽃이 되는 것이다. 꽃을 연구해 그 본성을 밝히는 것은 자기의 주관적 억견·판단을 버리고 꽃 그 자체의 본성에 일치한다는 뜻이다. 이치를 사고하는 경우에도 그 이치란 결코 우리의 주관적 공상이 아닌바, 이치는 만인에 공통될 뿐만 아니라 또한 실제로 그것에 따라 객관적 실재가 성립하는 원리인 것이다. 움직일 수 없는 진리는 언제나 우리의 주관적 자기를 가라앉혀 객관적으로 됨으로써 얻을 수 있는 것이다. 요컨대 우리의 지식이 심원해진다는 것은 곧 객관적 자연에 합치한다는 뜻이다. 단지 지식에 있어 그러할 뿐 아니라 의지에 있어서도 그러하다. 순수하게 주관적으로는 그 어떤 일도 성립할 수 없다. 의지는 단지 객관적 자연에 따라서만 실현할 수 있는 것이다. 물을 흐르게 하는 것은 물의 속성을 따르는 것이다. 사람을 지배하는 것은 사람의 속성을 따르는 것이다. 자기를 지배하는 것은 자기의 속성을 따르는 것이다. 우리의 의지가 객관적으로 되는 만큼, 바로 그 만큼 힘을 갖게 되는 것이다. 석가, 그리스도가 천 번째의 세대가 지난 뒤에도 만인을 움직이는 힘을 갖는 것은 실제로 그들의 정신이 능히 객관적이었던 까닭이다. 나 없는 것, 다름 아닌 자기를 멸한 것이 가장 위대한 것이다.

흔히들 정신현상과 물체현상을 내부와 외부에 따라 구별하고는 앞의 것을 내부에 있는 것으로 뒤의 것을 외부에 있는 것으로 여긴다. 그러나 그런 생각은 정신이 육체 속에 있다는 독단에서 생기는 것으로, 직접경험에서 보자면 그 모두가 동일한 의식현상이지 안과 밖의 구별이 따로 있는 것은 아니다. 우리가 단순히 내면적인 주관적 정신이라고 말하는 것은 극히 표면적이고 미약한 정신으로, 곧 개인적 공상이다. 이에 반해 크고 깊은 정신은 우주의 진리에 합치하는 우주의 활동 그 자체이다. 그래서 그러한 정신에게는 스스로 외부 세계의 활동이 수반되는 것이다. 활동하지 않으려고 해도 그럴 수가 없는 것이다. 미술가의 신들림[영감] 같은 것이 그 한 사례이다.

끝으로 사람 마음의 고통과 즐거움에 대해 언급해두자. 한마디로 말해 우리의 정신이 완전한 상태 곧 통일의 상태에 있을 때가 쾌락이고 불완전한 상태 곧 분열의 상태에 있을 때가 고통이다. 위에서 말한 것처럼 정신은 실재의 통일작용이지만 통일의 표면에는 반드시 모순・충돌이 수반된다. 그 모순・충돌의 경우는 언제나 고통인바, 무한한 통일적 활동이란 즉각 그런 모순・충돌상태를 벗어나 한층 더 큰 통일에 이르려는 것이다. 이때 우리의 마음에 욕망들이 생기고 이상을 품게 된다. 그렇게 한층 더 큰 통일에 이를 수 있을 때, 곧 우리의 욕망 또는 이상을 만족시킬 수 있을 때 쾌락이 되는 것이다. 그러므로 쾌락의 일면에는 반드시 고통이 있고 고통의 일면에는 반드시 쾌락이 수반된다. 그렇게 사람 마음은 절대적으로 쾌락에 도달할 수는 없지만, 오직 노력하여 객관적으로 됨으로써 자연과 일치할 때에는 무한한 행복을 유지할 수 있는 것이다.

심리학자는 우리의 생활을 돕는 것이 쾌락이고 방해하는 것이 고통이라고 말한다. 생활이란 살아있는 것의 본성의 발전인바 곧 자기의 통일의 유지이다. 또한 통일을 돕는 것이 쾌락이고 해치는 것이 고통이라고 말하는 것도 마찬가지이다.

앞서 말했듯이 정신은 실재의 통일작용이고 큰 정신은 자연과 일치하는 것이기에, 우리는 작은 자기로써 자기를 이룰 때에 고통이 많은 것이며 그런 자기가 커져 객관적 자연과 일치함에 따라 행복해지는 것이다.

제10장

실재로서의 신

이제까지 논한 바를 따라 본다면 우리가 자연이라고 명명하고 있는 것도 또 정신이라고 말하고 있는 것도 전혀 종류를 달리하는 두 종류의 실재가 아니다. 즉 그 둘은 동일한 실재를 바라보는 관점의 상이함에 따라 생기는 구별인 것이다. 자연을 깊이 이해한다면 그 근저에 있는 정신적 통일을 인정하지 않으면 안 되며, 또한 완전해진 참된 정신이란 자연과 합일한 정신이지 않으면 안 된다. 곧 우주에는 오직 하나의 실재만이 존재하는 것이다. 그러하되 그 유일실재란 앞서 말했듯이 한쪽에선 무한한 대립·충돌인 동시에 다른 한쪽에선 무한한 통일이다. 한마디로 말해 독립되어 스스로 완전한 무한의 활동인 것이다. 이 무한한 활동의 근본을 두고 우리는 신이라고 명명하는 것이다. 신이란 결코 실재의 바깥으로 초월하는 것이 아니다. 실재의 근저가 즉각 신이다. 주관과 객관의 구별을 가라앉히고 정신과 자연을 합일시킨 것이 신이다.

어떤 시대 어떤 인민도 신이라는 낱말을 갖지 않았던 경우는 없다. 그러하되 그 단어는 지식의 정도나 요구의 차이에 따라 여러 가지 뜻으로 이해되고 있다. 소위 종교가들 대다수는 신이란 우주 바깥에 서서 그 우주를 지배하는 위대한 인간과 같은 것으로 여기고 있다. 그러나 신에 대한 그런 사고는 대단히 유치하며, 비단 오늘의 학문・지식과 충돌될 뿐만이 아니라 종교상에서도 그런 신과 우리들 인간은 속마음에서 친밀한 일치를 획득할 수는 없는 것이라고 하겠다. 그러나 오늘날의 극단적인 과학자들 같이 물체가 유일한 실재이고 물체의 힘이 우주의 근본이라고 여기는 것 또한 가능하지 않다. 위에서 말한 것처럼 실재의 근본에는 정신적 원리가 있으며, 그 원리가 곧 신이다. 인도종교의 근본적 의의와 마찬가지로 아트만과 브라만은 동일하다. 신이란 우주의 큰 정신이다.

예로부터 신의 존재를 증명하는 여러 논의들이 있었다. 어떤 사람은 이 세계가 무로부터 시작하는 것은 불가능하며 이 세계를 만든 무언가가 없어선 안 된다고, 그런 세계의 창조자가 신이라고 말한다. 어떤 사람은 이 세계가 우연적으로 존재하는 것이 아니라 하나하나 의미를 지니고 있는, 곧 어떤 일정한 목적을 향해 조직된 것이라는 사실을 근거로 무언가 그런 조직을 부여한 것이 없어선 안 된다고 추론하면서 그런 우주의 지도자가 다름 아닌 신이라고 말한다. 곧 세계와 신의 관계를 예술작품과 예술가의 관계처럼 생각하는 것이다. 그런 생각들은 모두 지식으로부터 신의 존재를 증명하고 나아가 신의 성질을 설정하려는 것이지만, 그 바깥에서 완전히 지식을 떠나 도덕적 요구로부터 신의 존재를 증명하려는 사람들이 있다. 그들이 말하는 바에 따르면 우리들 인간에게는 도덕적 요구 곧 양심이라는 것이 있는바, 만약 이 우주에 권선징악의 큰 주재자가 없다고 한다면 우리들의 도덕은 무의미한 것이 될 것이며 그렇기에 도덕의 유지자로서 반드시 신의 존재를 인정하지 않으면 안 된다. 칸트와 같은 이가 그런 종류의 논자였다. 그러나 그러한 논의들이 과연 참된 신의 존재를 증명할 수 있는 것일까. 세계란 원인이 없어서는 안 되는 것이기에 신의 존재를 인정하지 않으면 안 된다는 것이지만, 혹여 인과율을 근거로 그렇게 말하는 것이라면 왜 한 걸음 더 나아가 신의 원인을 찾는 것은 불가능한가. 신은 시작도 없고 끝도 없기에 원인 없이 존재하는 것이라고 말한다면 왜 이 세계 또한 그렇게 존재한다고 말할 수 없는 것인가. 또한 세계가 어떤 목적에 따라 알맞게 조직되어 있다는 사실로부터 전지적인 지배자가 없어서는 안 된다고 추리하는 것은 사실상 우주 만물이 모조리 합목적적으로 발생하고 있는 것임을 증명하지 않으면 안 된다. 그러나 그것은 매우 어려운 일이다. 혹여 그와 같은 것이 증명되지 않는다면, 그리고 신의 존재가 증명될 수 없는 것이라고 한다면 신의 존재는 대단히 불확실해진다. 어떤 사람은 그 존재를 믿을 것이지만 어떤 사람은 믿지 않을 것이다. 또한 신의 존재가 증명된다고 할지라도 우리는 이 세계가 우연히 합목적적으로 발생한 것이라고 생각하게 될 것이다. 도덕적 요구로부터 신의 존재를 증명하려는 것은 더욱 박약하다. 전지전능한 신이라는 것이 있어 우리의 도덕을 유지하는 것이라고 한다면 그 신이 우리의 도덕에 위대한 힘을 부여하는 것임에는 틀림없겠으나 그럼에도 우리의 실질적 행동에 있어 그렇게 생각하는 쪽이 유익하기 때문이라는 이유에서 신이 없어서는 안 된다는 증명이 될 수 있는 것은 아니다. 그런 생각은 단지 방편일 따름이라고 할 수도 있다. 그런 설명들은 모두 신을 간접적으로 바깥에서 증명하려는 것이지 신 그 자체를 자기의 직접경험에 있어 즉각 증명했던 것은 아니다.

그렇다면 어떻게 우리들의 직접경험의 사실 위에서 신의 존재를 구할 수 있을까. 시공간 사이에 속박된 자그마한 우리들 마음속에도 무한한 힘이 잠재해 있다. 곧 무한한 실재의 통일력이 잠재해 있다. 우리는 그 힘을 지닌 까닭에 학문으로 우주의 진리를 탐구할 수 있으며 예술로 실재의 진의를 드러낼 수 있다. 우리는 자기의 마음 깊은 데에서 우주를 구성하는 실재의 근본을 알 수 있다. 즉 신의 면목을 포착할 수 있는 것이다. 사람 마음의 무한히 [자유]자재하는 활동은 즉각 신 그 자체를 증명하는 것이다. 야콥 뵈메가 말했듯이 뒤바뀐 눈(umgewandtes Auge)으로 신을 보는 것이다.[22]

> 신을 외부 세계의 사실 위에서 구한다면 그 신은 가정된 신임을 결코 피할 수 없다. 또 우주 바깥에 서있는 우주의 창조자나 지도자인 신은 참으로 절대무한의 신이라고는 불릴 수 없다. 상고시대 인도의 종교 및 15~16세기 유럽에서 번성했던 신비학파는 신을 마음속 직각에서 구하고 있는바 그것이 가장 깊은 신의 지식이라고 생각했다.

신은 어떤 모습으로 존재하는가. 한쪽에서 보면 신이란 니콜라우스 쿠자누스 등이 말하듯이 모든 것의 부정이다. 다른 게 아니라 이것이라는 식으로 긍정해야만 되는 것, 즉 포착해야만 되는 것은 신이 아니다. 만약 그런 식으로 포착해야만 되는 것이라고 한다면 그것은 이미 유한한 것이며 우주를 통일하는 무한한 작용을 이룰 수는 없는 것이다(De docta ignorantia, Cap. 24)[23]. 그런 점에서 보면 신은 온전히 무無이다. 그러하되 신을 단지 무라고만 할 수 있는가하면 결코 그렇지 않다. 실재성립의 근저에는 역력하고 틀림없는 통일의 작용이 이뤄지고 있다. 실재는 실로 그런 통일의 작용에 의해 성립하는 것이다. 예컨대 삼각형의 모든 내각의 합이 180도라는 것의 이치는 어디에 있는 것일까. 우리는 이치 그 자체를 볼 수도 들을 수도 없는바, 바로 거기에 엄연하고 틀림없는 이치가 존재하고 있는 게 아닐까. 혹은 명화 한 폭을 마주한다고 하자. 우리는 그 전체에서 신비롭고도 고상한 운치가 넘치는 영적 기운이 사람을 엄습하는 것을 보는바, 그림 속의 사물과 경치에서 그런 기운의 원인을 발견하려고 해도 도저히 그럴 수 없는 것이다. 그런 뜻에서 신은 우주의 통일자이며 실재의 근본이다. 오직 무이기에 없는 곳 없이 편재하고 작용하지 않는 곳이 없는 것이다.

> 수數의 이치를 이해할 수 없는 사람에게는 아무리 심원한 수리일지라도 그 어떤 지식도 줄 수 없으며 아름다움을 이해하지 못하는 사람에게는 아무리 정묘한 명화일지라도 그 어떤 감동도 줄 수 없듯이, 평범하고 천박한 인간에게 신의 존재는 공상과 같이 여겨지고 아무 의미도 갖지 않는 것처럼 느껴진다. 따라서 종교 따위는 쓸모없는 것이라는 식으로 보게 되는 것이다. 참으로

> 옳은眞正[거짓 없이 참인] 신을 알려는 사람은 반드시 자기를 수련해 신을 알 수 있는 눈을 갖지 않으면 안 된다. 그 사람에겐 우주 전체 위에서의 신의 힘이라는 것이 명화 속에서의 화가의 정신과도 같이 활약하는 것이기에 직접경험의 사실로서 느껴지게 된다. 이를 두고 견신見神의 사실이라고 하는 것이다.

이제까지 서술한 바를 따라서 보면 신이란 실재통일의 근본과 같이 냉정한 철학 상의 존재이기 때문에 우리들의 따뜻한 감정 · 의지의 활동과는 아무 관계도 없는 것처럼 느껴질지 모르지만 실제로는 결코 그렇지 않다. 앞서 말했듯이 우리의 욕망은 큰 통일을 구하는 데에서 일어나는 것으로 그런 통일이 달성되었을 때가 희열이다. 이른바 개인의 자[기]애라는 것도 필경 그런 통일적 요구에 지나지 않는다. 그런데 원래 무한한 우리의 정신은 결코 개인적 자기의 통일로 만족되는 것이 아니며 나아가 한층 더 큰 통일을 구하지 않으면 안 되는 것이다. 우리들의 큰 자기는 타인과 자기를 포함한 것이기에 타인에게 동일한 감정을 표하면서 타인과 자기의 일치 · 통일을 구하게 되는 것이다. 그렇게 일어나는 초개인적 통일의 요구가 우리들의 타[자]애이다. 그러므로 우리는 타[자]애 속에서 자[기]애보다 한층 더 큰 평안과 희열을 느끼는 것이다. 그리고 우주의 통일인 신은 실로 그러한 통일적 활동의 근본이다. 우리들 사랑의 근본, 기쁨의 근본인 것이다. 신은 무한한 사랑, 무한한 희열, 평안이다.

제3편

선

제1장

행위(상)

실재가 어떤 것인지를 대략 설명했다고 생각하므로, 지금부터는 우리들 인간이 무엇을 해야 하는지, 선이란 어떤 것인지, 인간의 행위는 어디로 귀착해야 하는지와 같은 여러 실천적 문제들을 논하기로 하자. 그러하되 인간의 여러 실천적 방면들의 현상은 모두 행위라는 것 속에서 총괄할 수 있을 것이므로 그런 실천적 문제를 논하기에 앞서 먼저 행위란 어떤 것인지에 대해 생각해보려고 한다.

행위라는 것은 외면에서 보면 육체의 운동이지만 그저 물이 흐르고 돌이 떨어지는 것과 같은 물체적 운동과는 다른 것이다. 행위란 일종의 의식을 지닌 목적 있는 운동이다. 그러나 그것은 목적은 있지만 전혀 무의식적인 반사운동들을 보이는 유기체의 동작이나 목적이 있고 다소간의 의식을 수반하되 아직 그 목적이 명료하게 의식되고 있지는 않은 어느 정도 고등한 동물의 본능적 동작과도 구별되지 않으면 안 된다. 행위란 목적이 명료하게 의식되고 있는 동작을 말한다. 우리들 인간 또한 육체를 지니고 있기에 물체적 운동도 하고 반사운동이나 본능적 동작도 행하지만, 특히 자기의 작용이라고 해야 하는 것은 행위에 한정되어 있는 것이다.

그 행위라는 것은 많은 경우 외부 세계의 운동 즉 동작을 수반하는 것이지만 그것의 주요 부분은 물론 내부 세계의 의식현상에 있는 것이므로, 심리학에서의 행위가 어떤 의식현상인지를 생각해보자. 위에서 말했듯이 행위란 의식된 목적에서 일어나는 동작으로 이른바 의지를 가진 동작을 말한다. 다만 행위라고 할 때는 외부 세계의 동작까지도 포함해서 말하는 것이지만 의지라고 할 때는 주로 내면적 의식현상을 가리키는 것이므로, 여기서 행위의 의식현상을 논한다는 것은 곧 의지에 대해 논한다는 것이 된다. 그렇다면 의지는 어떻게 생겨나는가. 원래 우리의 신체는 대체로 자기의 생명을 유지·발전시키기 위해 스스로 적당한 운동을 하게끔 만들어져있고 의식은 그런 운동에 따라 발생하는 것이므로 애초에는 단순히 괴로움과 즐거움의 감정이다. 그런데 외부 세계에 대한 관념이 점차로 명료하게 되고 또 연상 작용이 활발하게 되면서 운동은 외부 세계의 자극에 대해 무의식적으로 발생하는 것이 아니라 먼저 결과의 관념을 상기해 그로부터 그 수단이 될 운동의 관념을 동반하며 그런 연후에 실제의 운동으로 이행하는 형식을 취한다. 곧 의지라는 것이 발생하는 것이다. 그래서 의지가 생기는 데에는 우선 운동의 방향, 의식상에서 말하자면 연상의 방향이라는 것을 설정하는 육체적인 또는 정신적인 요인이라는 것이 없어선 안 된다. 그것은 의식상에서는 일종의 충동적 감정으로 드러난다. 그것은 선천적인지 후천적인지를 불문하고 의지의 힘이라고 해야 할 것으로서, 이를 여기서는 동기라고 명명해 놓자. 다음으로 경험에 따라 얻는, 연상에 따라 야기되는 결과의 관념 곧 목적, 상세히 말하자면 동기에는 그런 목적 관념이라는 것이 수반되지 않으면 안 된다. 그때에야 비로소 의지의 형태가 성립되는 것으로, 이를 욕구라고 명명하는바 곧 의지의 제일 아랫자리에 놓이는 것이다. 이 욕구가 단 하나였을 때에는 운동의 관념을 수반하여 동작이 일어나지만, 욕구가 둘 이상일 때에는 이른바 욕구의 경쟁이라는 것이 일어나고 그 속에서 가장 유력한 것이 의식의 주인 자리를 점하여 동작을 일으키게 된다. 이를 결의[의지의 결정]라고 한다. 우리의 의지라는 것은 그에 관련된 의식현상 전체를 가리키는 것이지만, 때로는 좁은 뜻에서 마침내 동작으로 이행한 순간의 작용이나 특히 결의와 같은 것을 말하기도 한다. 행위의 주요 부분은 실재로 그런 내면적 의식현상인 의지에 있는 것으로 외면의 동작은 그 주요 부분이 아니다. 어떤 장애로 인해 동작이 일어나지 않았을지라도 말할 나위 없이 의지가 있었다고 한다면 그것을 행위라고 할 수 있는 데에 반해 동작이 일어나더라도 충분히 의지가 없었다고 한다면 그것을 행위라고 할 수는 없다. 의식의 내면적 활동이 왕성하게 되면 처음부터 의식 내부의 사건을 목적으로 하는 의지가 발생하는바, 그런 경우를 두고도 물론 행위라고 명명할 수 있는 것이다. 이를 두고 심리학자는 안과 밖이라는 식으로 구별하지만 의식현상으로서는 온전히 동일한 성질을 지니고 있는 것이다.

위에서 말한 것은 단지 행위의 주요 부분인 의지의 과정을 기재한 것에 지나지 않으므로, 지금부터는 한 걸음 더 나아가 의지란 어떤 성질을 띤 의식현상이며 의식 속에서 어떤 지위를 점하는지 설명해보려고 한다. 심리학의 관점에서 보면 의지는 관념통일의 작용이다. 곧 통각統覺의 일종에 속해야 하는 것이다. 의식에 있어 관념결합의 작용에는 두 종류가 있는데, 하나는 관념결합의 원인이 주로 외부 세계의 형편에 있기에 의식에서는 결합의 방향이 분명하지 않아 수동적인 것으로 느껴지는 것인바, 이를 연상이라고 한다. 다른 하나는 결합의 원인이 의식 안에 있기에 결합의 방향이 분명히 의식되는 것이어서 의식이 능동적으로 결합한다고 느껴지는 것인바, 이를 통각이라고 한다. 그런데 위에서 말했듯이 의지라는 것은 우선 관념결합의 방향을 정하는 목적관념이라는 것이 있고 그로부터 종래의 경험으로 얻은 여러 운동관념들 속에서 자기의 실현에 적당한 관념의 결합을 구성하는 것으로서, 온전히 하나의 통각작용인 것이다. 그러한 의지가 관념통일의 작용인 것은 욕구의 경쟁이 일어나는 경우에 점점 더 분명해진다. 이른바 결의란 그런 통일의 종결에 지나지 않는 것이다.

그렇다면 그런 의지의 통각작용과 그것 이외의 통각작용은 어떤 관계에 있는 것일까. 의지 이외의 사유나 연상의 작용도 동일하게 통각작용에 속한다. 그것들의 작용에서도 어떤 통일적 관념이 뿌리가 되고 거기서부터 그 목적에 맞도록 관념을 통일하는 것인바, 관념활동의 형식에 있어서는 전적으로 의지와 동일하다. 단지 그 통일의 목적이 동일하지 않고 따라서 통일의 법칙이 다르기 때문에 각각 상이한 의식의 작용으로 여겨지는 것이다. 그러하되 지금 한층 세밀하게 어떤 점에서 다르고 어떤 점에서 동일한지 고찰해보자. 우선 연상과 의지를 비교해보면 연상의 목적은 자연의 모방이고 의지의 목적은 자신의 활동이다. 따라서 연상에서는 자연의 참된 상태에 적합하도록 관념을 통일하고 의지에서는 자기의 욕망에 적합하도록 통일하는 것이다. 그러나 자세히 생각해 보면 의지의 운동에 앞서서는 반드시 먼저 그 운동을 한번 쯤 상상해보지 않으면 안 되며, 자연을 상상하는 데에는 자신이 먼저 그 사물이 되어 생각해보지 않으면 안 된다. 다만 상상이라는 것은 어찌하더라도 외부 사물에 대해 상상하는 것이기에 자기가 전적으로 그것과 일치할 수는 없고 따라서 자기의 현실이 아니라는 듯이 여기는 것이다. 곧 어떤 일을 상상한다는 것과 그것을 실행한다는 것은 어찌해도 다른 것처럼 여겨지는 것이다. 그러나 한 걸음 나아가 생각해보면 그것은 정도의 차이일 뿐 성질의 차이는 아니다. 상상이라는 것도 미술가의 상상에서 보이는 것처럼 신의 영역에 들어가기에 이르면 전적으로 자기를 그 속에 몰입시켜 자기와 사물이 온전히 일치되고 사물의 활동이 즉각 자기의 의지활동으로 느껴지기도 하는 것이다. 다음으로 사유와 의지를 비교해보면 사유의 목적은 진리에 있는 것이기에 그 관념결합을 지배하는 법칙은 논리의 법칙이다. 우리가 진리로 간주하는 것은 반드시 우리의 의지가 지향하는 것으로 한정될 수 없고 또 그런 의지의 지향이 반드시 진리라고 생각하는 것도 아니다. 뿐만 아니라 사유의 통일은 단지 추상적 관념의 통일이지만 의지와 상상은 구체적 관념의 통일이다. 그런 점에서 사유와 의지란 언뜻 보아 분명히 구별되는 것으로 누구도 그것들을 뒤섞지는 않겠지만, 또한 잘 생각해보면 그 구별이라는 것도 그렇게 명확하게 움직일 수 없이 고정된 것은 아니다.

의지의 배후에는 언제나 그에 알맞은 이유가 잠복해 있다. 그 이유라는 것이 완전하지는 않을지라도 어쨌든 의지는 어떤 진리 위에서 작용하는 것, 즉 사유에 따라 성립하는 것이다. 이에 반해 왕양명이 지행동일知行同一을 주장했듯이[24] 진실한 지식이란 반드시 의지의 실행을 수반하지 않으면 안 된다. 그렇게 사유하지만 그렇게 원하는 것은 아니라는 것은 자기 자신이 아직 참으로 알고 있지 못하다는 것이다. 이와 같이 생각해보면 사유와 상상과 의지라는 세 개의 통각은 근본에서는 동일한 통일작용이다. 그중에서 사유 및 상상은 사물 및 자기의 모든 것에 관계하는 관념에 대한 통일작용이지만, 의지는 특히나 자기의 활동에만 관계하는 관념의 통일작용이다. 이에 반해 사유 및 상상은 단지 이상적인 통일 곧 가능적인 통일이지만 의지는 현실적인 통일 곧 통일의 극치라고 할 수 있는 것이다.

이미 통각작용에서의 의지의 지위에 대해 간략히 서술했으니 이번에는 그것과는 다른 관념적 결합 곧 연상 및 융합의 관계에 대해 말해보자. 연상에 대해서는 좀 전에 그 관념결합의 방향을 정하는 것이 외부 세계에 있지 내부 세계에 있는 게 아니라고 말했는데, 그것은 단지 정도의 차이에서 논한 것으로, 연상에 있어서도 그 통일작용이 전적으로 내부에 없다고는 말할 수 없다. 다만 명확히 의식상에 드러나지 않을 따름인 것이다. 융합에 이르러서는 관념의 결합은 더욱 무의식적이고 결합작용조차 의식되지 않는 것이지만, 그렇다고 해서 결코 내면적 통일이 없는 것은 아니다. 요컨대 의식현상은 모든 의지와 동일한 형식을 지니고 있고 모든 것이 어떤 의미로는 의지에 다름 아니라고 할 수 있는바, 그것들의 통일작용의 근본이 되는 통일력을 두고 자기라는 이름으로 명명한다면 의지란 그 속에서 가장 명확하게 자기를 발현시킨 것이다. 그렇기에 우리는 의지활동에서 무엇보다 명확히 자기를 의식하는 것이다.

제2장

행위(하)

이제까지는 심리학의 관점에서 행위란 어떤 의식현상인가를 논한 것으로, 이제부터는 행위의 뿌리인 의지의 통일력이라는 것이 어디로부터 생겨나는지, 실재의 관점에서 그 힘이 어떤 의의를 지니는지 논하여 철학에서의 의지 및 행위의 성질을 명확히 해놓고자 한다.

어떤 정해진 목적에 따라 내부로부터 관념을 통일한다는 의지의 통일이란 과연 무엇으로부터 생겨나는 것일까. 물질의 바깥에는 실재가 없다고 하는 과학자의 견지에서 보자면 그 힘이란 우리의 신체에서 일어날 수밖에 없을 것이다. 우리의 신체는 동물의 그것과 마찬가지로 하나의 체계로 된 유기체이다. 동물의 유기체는 정신의 유무에 관계없이 신경계통의 중추에서 기계적으로 여러 질서를 세우는 운동을 행할 수 있다. 곧 반사운동, 자동운동, 나아가 복잡한 본능적 동작을 행할 수 있는 것이다. 우리의 의지라는 것도 본디 그러한 무의식적 운동에서 발달한 것으로, 지금도 의지가 훈련되었을 때에는 그런 무의식적 운동의 상태로 되돌아가는 까닭에 동일한 힘에 기초하여 일어나는 같은 종류의 운동이라고 할 수밖에 없다. 그러나 유기체의 여러 목적들은 모두 자기 및 자기 종・속에서의 생활의 유지・발전에 귀속되는 것이기에 우리들 의지의 목적도 생활의 보존 이외에 다른 게 아닐 것이다. 단지 의지에 있어서는 목적이 의식되고 있는 것이므로 다른 것과는 달리 보일 따름이다. 그래서 과학자는 우리들 인간에게 있는 여러 고상한 정신상의 요구를 모두 그런 생활의 목적으로부터 설명하려고 하는 것이다.

그러나 그런 의지의 뿌리를 물질의 힘에서 구하고, 미묘하고 어슴푸레하며 먼 인생의 요구를 단지 생활욕으로부터 설명하려는 것은 매우 어려운 일이다. 설령 고상한 의지의 발달이 동시에 생활작용의 융성을 수반하는 것이라고 할지라도 최상의 목적은 앞의 것에 있지 뒤의 것에 있지 않다. 그러나 그런 논의는 잠시 뒤로 미루고, 혹시 과학자가 말하듯이 우리의 의지가 유기체의 물질적 작용에서 일어나는 것이라고 한다면 그 물질이 어떠한 능력을 가졌다고 가정하지 않으면 안 되는 것일까. 유기체의 합목적적인 운동이 물질에서 일어난다고 하는 것에는 두 가지 사고방식이 있다. 하나는 자연을 합목적적인 것으로 보고 생물의 종자와 같이 물질 속에도 합목적적인 힘이 잠재하는 힘의 형세로서 포함되어 있지 않으면 안 된다는 것이고, 다른 하나는 물질이란 단지 기계력만을 지닌 것으로 합목적적인 자연현상은 모두 우연히 일어나는 일로 간주하는 것이다. 엄밀한 과학자의 견해는 오히려 뒤의 것에 해당하지만, 나는 그 두 가지 견해가 동일한 사고방식이며 결코 그 근저까지 달리 하는 것은 아니라고 생각한다. 후자의 견해에도 어딘가 일정하고 불변하는 현상을 일으키는 어떤 힘이 있다고 가정되어 있지 않으면 안 된다. 기계적 운동을 발생시키는 데에는 그것을 발생시키는 힘이 물체 속에 잠재한다고 가정되어 있어야한다. 그렇게 말할 수 있다면 어째서 같은 이유로 유기체의 합목적적인 힘이 물체 속에 잠재해 있는 것이라고 생각할 수 없는가. 어쩌면 유기체의 합목적적인 운동과 같은 힘을 가정하지 않을지라도 더 간단한 물리 · 화학의 법칙을 따라 설명할 수 있다고 하는 이들도 있다. 그러나 그렇게 말하면 오늘날의 물리 · 화학의 법칙도 한층 더 간단한 법칙에 따라 설명할 수 있는 것일지도 모른다. 아니 지식의 진보는 무한하기에 반드시 설명되지 않으면 안 된다고들 생각하는 것일지도 모른다. 그렇게 생각하면 진리는 단지 상대적인 것이다. 나는 그런 사고에 반대하여 분석보다도 종합에 중점을 두고 합목적적인 자연이 개개의 분립에서 종합으로 나아가면서 단계를 밟아 제각기 참된 의의를 발휘한다고 보는 것이 지당하다고 본다.

더욱이 내가 앞서 서술했던 실재의 관점에 따르면 물체라는 것은 의식현상의 불변적 관계를 명명했던 표면상의 구실에 지나지 않는 것인바, 물체가 의식을 생겨나게 하는 것이 아니라 의식이 물체를 만드는 것이다. 가장 객관적인 기계적 운동 같은 것도 우리의 논리적 통일에 따라 성립하는 것이지 결코 의식의 통일을 떠나 있는 것이 아니다. 그런 기계적 운동에서 나아가 생물의 생활현상이 되고 더 나아가 동물의 의식현상이 됨으로써 그 통일의 작용은 마침내 활발하게 되고 다방면을 향하며 또 심원하게 되는 것이다. 의지는 우리들 의식의 가장 깊은 통일력이고 또 실재통일력의 무엇보다 심원한 발현이다. 외면에서 보면 단지 기계적 운동인 생활현상의 과정이 그 내면의 참된 의의에 있어서는 의지인 것이다. 그저 나무이고 돌이라고 여겨졌던 것이 그 참된 의의에 있어서는 자비롭고 공덕이 충만한 불상이고 용기 넘치는 인왕仁王[불법의 수호신]인 것처럼, 이른바 자연은 의지의 발현이고 우리는 자기의 그런 의지를 통해 어슴푸레하고 그윽한 자연의 참된 의의를 포착할 수 있는 것이다. 현상을 애초부터 안과 밖으로 분리해 정신현상과 물체현상을 전혀 다른 현상으로 간주할 때에는 위와 같은 설명이 공상에 머무는 것처럼 여겨질지도 모르지만 직접경험에 있어서의 구체적 사실에서는 안과 밖의 구별 없는바, 위와 같은 생각이 오히려 직접의 사실인 것이다.

위에서 서술한 것은 물체의 기계적 운동과 유기체의 합목적성을 두고 의지와 동일한 근본을 갖고 동일하게 작용한다고 보는 과학자의 말에 일치하는 것이지만, 그런 근본을 이루는 것은 완전히 정반대이다. 과학자는 물질의 힘을 뿌리로 삼지만, 위의 서술은 의지를 뿌리로 삼는 것이다.

그런 생각에 따르면 앞에서 행위를 분석해 의지와 동작으로 나누었으되 그 둘의 관계는 원인과 결과의 관계가 아니라 오히려 동일한 것의 양면이다. 동작은 의지의 표현이다. 바깥에서 동작으로 보이는 것이 안에서 보면 의지인 것이다.

제3장

의지의 자유

의지란 심리적으로 말하면 의식의 한 현상에 지나지 않지만 그 본체에서는 실재의 근본임을 논했다. 이제 그 의지가 어떤 의미에서 자유의 활동인지를 논해보자. 의지가 자유인가 필연인가는 오랫동안 학자들의 골치를 앓게 했던 문제이다. 그 논의는 도덕상 귀중할 뿐만 아니라 그것으로 의지의 철학적 성질까지도 밝힐 수 있을 것이다.

우선 우리가 흔히들 믿는 바에 따르면 누구도 자신의 의지가 자유라고 여기지 않는 사람은 없다. 자신이 자신의 의지에 대해 경험하는 바에 따르면 일정한 범위 안에서 어떤 일을 행하는 것이 가능하다면 그걸 행하지 않는 것도 가능하다. 곧 어떤 범위 안에서는 자신의 의지가 자유라고 믿는다. 그렇기에 책임, 무책임, 자부, 후회, 상찬, 비난 등의 생각이 일어나는 것이다. 그러하되 그 어떤 범위 안에서라는 것에 대해 여기서 좀 더 상세하게 생각해보자. 외부 세계의 사물에 속하는 모든 것은 우리가 자유롭게 지배할 수 없는 것들이다. 자기 신체조차 어디까지나 자유로이 취급할 수 있는 것이라고 말할 수는 없다. 수의근육의 운동은 자유인 것 같지만 일단 병이라도 걸리게 되면 그것을 자유로이 움직이는 것은 불가능하다. 자유로이 할 수 있다는 것은 단지 자기의 의식현상이다. 그러나 자기 의식 내부의 현상일지라도 우리는 새로이 관념을 만들어내는 자유를 갖고 있지 않으며, 또한 한번 경험했던 일을 언제든 환기시킬 자유마저도 갖고 있지 않다. 참으로 자유라고 여겨지는 것은 다만 관념결합의 작용일 따름이다. 곧 관념을 어떻게 분석하고 어떻게 종합하는가가 자기의 자유에 속하는 것이다. 물론 그 경우에도 관념의 분석·종합이라는 것은 움직일 수 없는 선재적 법칙이라는 것이 있기에 함부로 가능한 것이 아닌바, 관념 간의 종합이 유일하다거나 어떤 결합이 특히 강성할 때 우리는 어찌해도 그 결합을 따르지 않으면 안 되는 것이다. 우리는 다만 관념성립에 선행하여 존재하는 법칙의 범위 안에서만, 게다가 관념결합에 둘 이상의 길이 있고 그 결합의 강도가 강박적이지 않은 경우에만 온전히 선택의 자유를 갖는 것이다.

자유의지론을 주장하는 사람들은 대개 내부 세계에서의 경험 사실을 근거로 하여 논리를 세운다. 위와 같은 범위 안에서 동기를 선택·결정하는 것은 전적으로 우리의 자유에 속하고 우리 이외에 다른 이유는 없다는 것이다. 그들은 그런 결정이 외부 세계의 사정 또는 내부 세계의 기질·관습·성격에서 독립된 의지라는 신비한 힘에 따른 것이라고 생각한다. 곧 관념의 결합 바깥에 그것을 지배하는 하나의 힘이 있다고 생각하는 것이다. 이에 반해 의지의 필연론을 주장하는 사람은 대개 외부 세계에서의 사실의 관찰을 뿌리로 하여 그것에서 추론한다. 우주의 현상은 어떤 것도 우연히 일어나지 않으며 극히 사소한 상황이라도 정밀히 연구하면 반드시 상당하는 원인을 갖는 것이다. 이런 생각은 학문이라고 칭하는 것들의 근본적 사상이고, 또한 과학의 발달과 함께 점점 더 확실해지고 있는 사상이다. 자연현상 속에서 이제껏 신비적인 것이라고 여겨졌던 것들도 하나하나 그 원인·결과가 명료해지고 수학적으로 계산 가능할 정도로까지 진전되어 왔다. 오늘날에 이르러 여전히 원인이 없는 것으로 여겨지고 있는 것은 우리의 의지 정도일 뿐이다. 그러나 의지라고 할지라도 저 움직일 수 없는 자연의 대법칙 바깥으로 이탈할 수는 없다. 오늘날 의지가 자유라고 여기는 것은 필경 아직 과학의 발달이 유치하고 하나하나 그 원인을 설명하는 것이 불가능하기 때문이다. 뿐만 아니라 의지적 동작도 개개의 경우에 실제로 불규칙적이며 언뜻 결정된 원인이 없는 것처럼 보이지만 여러 사람들의 동작을 통계적으로 생각해보면 뜻밖에 질서 잡혀있는 것인바 결코 일정한 원인·결과가 없다고는 볼 수 없다. 이러한 생각들은 점점 더 우리의 의지에 원인이 있다는 확신을 강화하고 우리의 의지가 모든 자연현상과 같이 필연적으로 기계적 인과의 법칙에 지배되고 있기에 의지라는 일종의 신비한 힘이 따로 있는 것은 아니라는 단안에 도달하는 것이다.

그러면 반대되는 위의 두 논리 중 어느 쪽이 정당한 것일까. 극단적인 자유의지론자는 앞서 말했듯이 원인도 이유도 전혀 없으며 자유로이 동기를 결정하는 하나의 신비적 능력이 있다고 말한다. 그러나 그런 뜻에서 의지의 자유를 주장한다면 그것은 전적으로 오류이다. 우리가 동기를 결정할 때에는 무언가 그에 해당되는 이유가 없어서는 안 된다. 설령 그것이 명료하게 의식상에 드러나지 않는다고 할지라도 의식 아래에 무언가 원인이 없어서는 안 되는 것이다. 또한 만약에 자유의지론자가 말하듯이 일들의 결정이 아무런 이유 없이 전적으로 우연하게 이뤄지는 것이라면 그때 우리는 의지의 자유를 느끼지 못하며 오히려 그것을 우연한 사건으로서 바깥에서 작용하는 것으로 여길 것이다. 따라서 그런 사건에 대한 책임감이 엷어지는 것이다. 자유의지론자는 내부 세계의 경험을 뿌리로 하여 논의를 세운다고 하지만 그런 내부 세계의 경험은 오히려 반대의 사실을 증명하는 것이다.

다음으로 필연론자의 논의에 대해 좀 더 비평해보자. 그런 종류의 논자는 자연현상이 기계적 필연의 법칙에 지배되는 것이기에 의식현상 또한 그와 같지 않으면 안 된다고 말하지만, 원래 그 논의에는 의식현상과 자연현상(바꿔 말해 물체현상)은 동일한 것이며 동일한 법칙에 따라 지배될 수밖에 없다는 가정이 근거로 되고 있다. 그러하되 그 가정이란 과연 정당한 것일까. 의식현상이 물체현상과 마찬가지의 법칙에 의해 지배될 수밖에 없는 것인지 어떤지는 결정되지 않은 논의이다. 그런 가정 위에 선 논의는 대단히 박약한 것이라고 하지 않을 수 없다. 설령 오늘날의 생리적 심리학이 대단히 진보하고 의식현상의 기초인 뇌의 작용이 하나하나 물리적・화학적으로 설명될 수 있다고 할지라도, 그것으로써 의식현상이 기계적 필연법에 따라 지배될 수밖에 없는 것이라고 주장할 수 있을까. 예컨대 어떤 동상 하나의 재료인 구리는 기계적 필연법의 지배 바깥으로 나가 있는 것은 아니겠지만 그 동상이 드러내는 의미는 그런 필연법의 바깥에 있는 것이 아니겠는가. 이른바 정신상의 의미라는 것은 볼 수도 없고 들을 수도 없으며 셀 수도 없는 것이어서 기계적 필연법 바깥에 초연한 것으로 있다고 해야만 하는 것이다.

요컨대 자유의지론자가 말하듯이 전혀 원인도 이유도 없

는 의지란 어디에도 없다. 그러한 우연의 의지는 결코 자유라고 느껴지지 않으며 오히려 강박으로 느껴지는 것이다. 우리가 어떤 이유에서 움직였던 때, 곧 자기의 내면적 성질로부터 움직였던 때가 오히려 자유라고 느껴지는 것이다. 즉 동기의 원인이 자기의 가장 깊은 내면적 성질로부터 나왔을 때에 무엇보다 자유롭다고 느끼는 것이다. 그러나 이른바 의지의 그런 이유라는 것은 필연론자가 말하는 것과 같은 기계적 원인이 아니다. 우리의 정신에는 정신활동의 법칙이 있다. 정신이 자기 자신의 법칙에 따라 움직일 때가 진정으로 자유인 것이다. 자유에는 두 가지 의의가 있다. 하나는 원인이 전혀 없는, 곧 우연이라는 것과 마찬가지 뜻에서의 자유이고, 다른 하나는 자신이 바깥으로부터의 속박을 받지 않고 자기 스스로 움직인다는 뜻에서의 자유이다. 곧 필연적 자유의 뜻이다. 의지의 자유라는 것은 그런 뜻에서의 자유이다. 그러하되 거기서는 다음과 같은 문제가 발생할 것이다. 자기의 성질에 따라 움직이는 것이 자유라고 한다면 만물 모두가 자기의 성질에 따라 움직이지 않는 것은 없는바, 물의 흐름과 불의 연소 모두 자기의 성질을 따르고 있는 것이다. 어째서 다른 것들은 필연이라고 하고 홀로 의지만을 자유라고 하는 것인가.

이른바 자연계에서 어떤 현상 하나가 일어나는 것은 그

사정에 따라 엄밀히 정해져 있는 일이다. 어떤 정해진 사정으로부터는 어떤 정해진 현상 하나가 생겨날 뿐이며 추호도 다른 가능성이 허락되지 않는다. 모든 자연현상은 그러한 맹목적 자연의 법칙에 따라 생겨나는 것이다. 그런데 의식현상은 단순히 생겨나는 것이 아니라 의식된 현상이다. 곧 의식현상은 생겨날 뿐만 아니라 생긴 것을 스스로 알고 있는 것이다. 그리고 그렇게 안다고 하고 의식한다고 하는 것은 곧 다른 가능성을 포함하고 있는 것이다. 우리가 취득한 것을 의식한다는 것은 그 뒷면에 취득하지 않을 가능성을 포함하고 있다는 뜻이다. 좀 더 상세히 말하면 의식에는 반드시 일반적 성질을 띤 것이 있는바, 곧 의식이란 이상적인 요소를 갖고 있는 것으로서 그렇지 않으면 의식이 아니다. 그리고 그런 성질을 띠고 있다는 것은 현실에서 일어나는 사건 이외에 거듭 다른 가능성을 가지고 있다는 것으로서, 현실이면서 더불어 이상을 포함하고 있고 이상적이면서 더불어 현실을 벗어나지 않는다는 것이 의식의 특성이다. 진실로 말하자면 의식은 결코 다른 것에 의해 지배되는 것이 아니고 언제나 다른 것을 지배하고 있는 것이다. 그러므로 우리의 행위가 필연의 법칙에 따라 생겨날지라도 그러한 사정을 우리가 알기 때문에 그 행위 속으로 속박당하지 않는다. 의식의 근저인 이상 쪽에서 보자면 그런 현실은 이상의 특수한 일례에 지나지 않는다. 곧 이상이 자기 자신을 실현하는 과정 하나에 지나지 않는 것이다. 그 행위는 바깥으로부터 오는 것이 아니라 안에서 나오는 것이다. 또 그런 현실을 이상의 일례에 지나지 않는 것으로 보기에 얼마든지 다른 가능성을 포함할 수 있게 되는 것이다.

그래서 의식의 자유라는 것은 자연의 법칙을 깨고 우연적으로 움직이므로 자유인 것이 아니라, 오히려 자기의 자연을 따르므로 자유인 것이다. 이유 없이 움직이므로 자유인 것이 아니라 능히 이유를 알기에 자유인 것이다. 우리는 지식의 진전과 함께 점점 더 자유의 인간이 될 수 있다. 사람은 다른 것에 의해 제어되고 압박당해도 그런 사정을 알기에 그 억압 바깥으로 이탈하고 있는 것이다. 나아가 스스로가 부득이하게 어쩔 수 없는 이유를 능히 획득할 수 있다면 억압이란 오히려 자기의 자유가 된다. 소크라테스를 독살한 아테네 사람들보다도 소크라테스 쪽이 자유의 인간이다. 파스칼 또한 "인간은 갈대처럼 약하다. 하지만 인간은 생각하는 갈대이다. 전 세계가 그를 멸절시키려 할지라도 그는 자신이 죽는다는 것을 스스로 알기에 죽이는 자보다 더 높다"고 말한다.[25]

의식의 근저인 이상적 요소, 바꿔 말해 통일작용이라는 것은 앞서 실재를 다룬 장에서 논했듯이 자연의 산물이 아니며 오히려 자연이 그 통일에 따라 성립하는 것이다. 이는 실로 실재의 근본인 무한의 힘이고 그것을 수량적으로 한정하는 것은 불가능하다. 그것은 전적으로 자연의 필연적 법칙 바깥에 존재하는 것이다. 우리의 의지는 그런 힘의 발현이기에 자유인 것인바 자연적 법칙의 지배를 받지 않는 것이다.

제4장

가치적 연구

모든 현상 또는 사건을 보는 데에는 두 가지 관점을 따를 수 있다. 하나는 어떻게 일어났는가라는, 또는 어떤 까닭으로 그렇게 일어나지 않을 수 없었는가라는 원인 또는 이유에 대한 연구이고, 다른 하나는 무엇을 위해 일어났는가라는 목적에 대한 연구이다. 예컨대 여기 꽃 한 송이가 있다고 하자. 그것이 어떻게 그리 되었는가를 말하자면 식물과 그 외부의 사정에 따라서, 물리 및 화학의 법칙에 따라서 생겨난 것이라고 하지 않으면 안 된다. 무엇을 위해서 그런가를 말하자면 과실을 맺기 위해서라고 할 것이다. 앞의 것은 단순히 물체의 성립 법칙을 논구한 이론적 연구이고 뒤의 것은 물체의 활동 법칙을 논구한 실천적 연구이다.

이른바 무기물 세계의 현상에서는 어째서 일어났는가라는 것은 있어도 무엇을 위해 일어났는가라는 것은 없다. 곧 목적이라는 것이 없다고 말하지 않으면 안 된다. 다만 그 경우에도 목적과 원인이 동일하게 되어 있을 때가 있다. 예컨대 당구대 위에 있는 공을 어떤 힘으로 어떤 방향을 향해 치면 반드시 그쪽으로 일정하게 구르지만 그때 그 공에 어떤 목적이 있는 것은 아니다. 어쩌면 공을 친 사람에게는 뭔가 목적이 있을지도 모르지만 그것은 공 그 자체의 내면적 목적이 아닌바 그 공은 외부 세계의 원인에 의해 필연적으로 움직여지는 것이다. 그러나 또한 다른 쪽에서 생각해보면 그 공 자체에 그러한 운동의 힘이 있었기에 일정한 방향으로 움직인 것이다. 이를 공 그 자체의 내면적 힘이라는 관점에서 보면 자기를 실현하는 합목적적 작용이라고도 할 수 있을 것이다. 좀 더 나아가 동식물에 이르면 자기의 내면적 목적이라는 것이 분명해짐과 동시에 원인과 목적이 구별되게 된다. 동식물에게서 일어나는 현상은 물리 및 화학의 필연적 법칙에 따라 일어나는 동시에 전적으로 무의미한 현상이 아니라 생물 전체의 생존 및 발달을 목적으로 한 현상이다. 그런 현상에서는 어떤 원인의 결과로 일어난 것이 반드시 합목적적이라고 할 수는 없으며 전체의 목적과 부분의 현상은 충돌을 일으킬 수 있다. 그렇기에 우리는 목적에 가장 부합하는 현상이란 어떤 것인가에 대한, 현상의 가치적 연구를 행하지 않으면 안 되는 것이다.

생물의 현상에서는 아직 그 통일적 목적이란 우리들 인간의 바깥에서 가해진 상상에 지나지 않는 것으로서 그것을 제거하는 것 또한 불가능하지 않다. 곧 생물의 현상은 단지 약간의 힘의 집합에 의해 이뤄지는 무의미한 결합으로 간주될 수도 있는 것이다. 다만 우리의 의식현상에 이르러서는 결코 그렇게 간주할 수 없는바, 의식현상은 처음부터 무의미한 요소의 결합이 아니라 통일된 하나의 활동이기 때문이다. 사유, 상상, 의지의 작용에서 그 통일적 활동을 제거하면 그것들의 현상은 소멸한다. 그러한 작용들에 관해서는 어떻게 일어나는가라는 질문보다도 어떻게 사고하고 어떻게 상상하며 어떻게 행해야만 하는가를 논하는 것이 제1의 문제이다. 거기에서 논리, 심미審美, 윤리의 연구가 발생하는 것이다.

어떤 학자들 중에는 존재의 법칙으로부터 가치의 법칙을 도출하려는 사람도 있다. 그러나 우리는 단지 어떤 것에서 어떤 것이 생겨난다는 것으로부터 사물의 가치적 판단을 도출할 수는 없다고 생각한다. 빨간 꽃은 그것에 관계된 결과를 낳고, 파란 꽃은 그것에 관계된 결과를 낳는다는 원인・결과의 법칙으로부터 어째서 이 꽃은 아름답고 저 꽃은 추한지, 어째서 하나는 큰 가치를 갖고 다른 하나는 그런 가치를 갖지 못하는지를 설명하는 것은 불가능하다. 그것들의 가치적 판단에는 표준이 되어야만 하는 다른 원리가 있어야만 한다.

우리의 사유, 상상, 의지와 같은 것도 이미 사실로서 생겨난 경우에는 아무리 잘못된 사유, 악한 의지, 졸렬한 상상일지라도 모조리 그 각각에 해당되는 원인에 따라 일어난 것이다. 사람을 죽이려는 의지도 사람을 구하려는 의지도 모두 어떤 필연의 원인이 있기에 일어나고 또 필연의 결과를 낳는 것이다. 그 점에서는 그 둘에 조금의 우열도 없다. 다만 거기에 양심의 요구라거나 생활의 욕망 같은 표준이 있고서야 비로소 그 두 행위 사이에 우열의 큰 차이가 생겨나는 것이다. 어떤 논자는 큰 쾌락을 주는 것이 큰 가치를 갖는 것처럼 설명하고, 그럼으로써 원인 · 결과의 법칙으로부터 가치의 법칙을 도출하려고 한다. 그러나 어째서 어떤 결과는 우리에게 쾌락을 주는 데 반해 어떤 결과는 우리에게 쾌락을 주지 않는지는 단지 인과 법칙으로 설명될 수 없다. 우리가 어떤 것을 좋아하는지 어떤 것을 미워하는지는 달리 근거를 갖는 직접경험의 사실이다. 심리학자는 우리의 생활력을 증진하는 것이 쾌락이라고 말하지만, 생활력을 증진하는 것이 왜 쾌락인지를 두고 염세가는 오히려 그런 생활이 고통의 원천이라고도 생각하질 않는가. 또 어떤 논자는 힘 있는 것이 가치 있는 것이라고 생각한다. 그러나 사람 마음에 마주해 어떤 것이 가장 힘 있는 것인가. 물질적으로 힘 있는 것이 반드시 사람 마음에 마주해서도 힘 있는 것이라고 할 수는 없다. 사람 마음에 마주해 힘 있는 것은 무엇보다 우리의 욕망을 움직이는 것, 즉 우리에 대해 가치 있는 것이다. 힘이 있기에 가치가 정해지는 것이 아니다. 오히려 가치에 따라 힘의 있고 없음이 정해지는 것이다. 우리의 모든 욕망 또는 요구라는 것은 설명할 수 없는 주어진 사실이다. 우리는 살기 위해 먹는다고 하지만 그 살기 위해서라는 것은 이후에 덧붙여진 설명이다. 우리의 식욕은 그러한 이유로부터 일어났던 게 아니다. 어린 아이가 젖을 먹기 시작하는 것도 그러한 이유 때문인 것은 아니다. 단지 먹기 위하여 먹는 것이다. 그러하되 우리의 욕망 혹은 요구는 단지 설명할 수 없는 직접 경험의 사실일 뿐만 아니라 오히려 우리가 그것에 따라 실재의 참된 뜻을 이해하는 비밀의 열쇠이다. 실재의 완전한 설명은 단지 어떻게 존재하는가에 대한 설명만이 아니라 무엇을 위해 존재하는가를 설명하지 않으면 안 된다.

제5장

윤리학의 학설들(1)

가치적 연구란 어떤 것인지를 이미 논했으므로, 이제부터는 선이란 어떤 것인지의 문제로 옮겨가기로 하자. 위에서 말했듯이 우리는 우리의 행위에 대해 가치적 판단을 내리는 바, 그 가치적 판단의 표준이 어디에 있는지, 어떤 행위가 선이고 어떤 행위가 악인지, 그런 물음들의 윤리학적 문제를 이제부터 논해보려는 것이다. 그런 윤리학의 문제는 우리에게 무엇보다도 중요한 것이다. 어떤 사람도 그 문제를 소외시킬 수 없다. 동양에서도 서양에서도 윤리학은 가장 오랜 학문 중 하나이고 따라서 예로부터의 윤리학에 여러 학설들이 있는 까닭에 여기서는 먼저 그런 학설들 중 주요한 학파의 뼈대에 비평을 가함으로써 내가 취하려는 윤리학설의 입각지를 명확히 하고자 한다.

예로부터의 윤리학설은 크게 보아 대체로 둘로 나눌 수

있다. 하나는 타율적 윤리학설이라는 것으로 선악의 표준을 인성 바깥의 권력에 두려는 것이고, 다른 하나는 자율적 윤리학설이라는 것으로 선악의 표준을 인성 속에서 구하려는 것이다. 이외에 직각설이라는 것이 있고 그 속에는 여러 가지가 있어서 어떤 것은 타율적 윤리학설 속에 들어갈 수 있지만 어떤 것은 자율적 윤리학설 속에 넣지 않으면 안 되는 것도 있다. 우선 직각설부터 시작하여 차례로 다른 것들을 다루기로 하자.

이 학설 속에는 여러 가지가 있지만 그것의 강령은 우리의 행위를 규제해야 할 도덕 법칙이란 직각적으로 명확한 것이지 달리 이유가 있는 것은 아니라는 것, 어떤 행위가 선하고 어떤 행위가 악한지는 불은 뜨겁고 물은 차갑다는 것을 아는 것과도 같이 직각적으로 알 수 있다는 것, 행위의 선악이란 행위 그 자체의 성질이지 설명되어야 할 것이 아니라는 것이다. 과연 우리들의 일상 경험을 생각해보면 행위의 선악을 판단하는 것은 이것저것 이유를 생각하는 것이 아니며 무릇 직각적으로 판단하는 것이다. 마치 우리의 눈이 사물의 아름다움과 추함을 판별하는 것과도 같이 이른바 양심이라는 것이 있어서 즉각 행위의 선악을 판별할 수가 있다는 것이다. 그런 사실을 근거로 하는 것으로서 직각설은 무엇보다 사실에 가까운 학설이다. 뿐만 아니라 행위의 선악이 이유의 설명을 허용하지 않는다는 것은 도덕의 위엄을 유지하는 일에 대단히 유효하다.

직각설은 간명하고 실천적으로 유효하지만, 그럼에도 윤리학설로서의 그것은 어느 정도로 가치가 있는 것일까. 직각설에 있어 직각적으로 명확하다는 것은 인성의 궁극적 목적과 같은 것이 아니라 행위의 법칙이다. 물론 직각설 속에도 두 가지가 있는바, 모든 행위의 선악이 개개의 경우에 직각적으로 명확하다는 것과 개개의 도덕적 판단을 총괄하는 근본적인 도덕법이 직각적으로 명료하다는 것이 그것이다. 그 둘 중 어느 쪽도 직접적으로 자명한 어떤 행위의 법칙이 있다고 전제하며 거기에 직각설의 생명이 있다. 그러나 일상의 행위에 대한 우리의 도덕적 판단, 곧 이른바 양심의 명령 같은 것 속에서 과연 직각론자가 말하는 직접적으로 자명하며 그렇기에 정확하고 모순 없는 도덕법을 발견할 수 있을까. 우선 개개의 경우를 살펴보면 결코 그러한 명확한 판단이란 없다는 것이 분명하다. 우리는 개개의 경우에 선악의 판단을 망설이는 일도 있으며 지금은 옳다고 생각해도 나중에는 틀렸다고 생각할 때도 있고 또 동일한 경우라도 사람에 따라 선악의 판단이 크게 달라지기도 하는 것이다. 개개의 모든 경우에 명확한 도덕적 판단이 있다는 따위의 말은 조금이라도 반성적 정신을 가진 사람에게는 도저히 생각할 수 없는 것이다. 그렇다면 일반의 경우에는 어떨까. 과연 그런 명확한 원칙이라는 것이 있는 것일까. 첫째로 이른바 직각론자가 자명한 원칙으로 들고 있는 것이 사람에 따라 다른 것이고 결코 언제나 일치하는 것은 아니라는 사실은 일반적으로 인정되어야 할 자명한 원칙이라는 것이 없음을 증명한다. 뿐만 아니라 세상 물정이 자명한 의무로 승인하고 있는 것 속에서는 단 하나라도 그러한 원칙을 발견할 수가 없는 것이다. 충효와 같은 것은 본디 당연한 의무이지만 충과 효 사이에는 충돌들이 있고 변천도 있으므로 어떻게 하는 것이 참된 충효인지는 결코 명료하지 않다. 또 지・용・인・의智勇仁義의 뜻을 생각해 보더라도 어떤 지혜와 어떤 용기가 참된 지・용인지는 명확치 않으며, 또 모든 지・용이 선하다고는 할 수 없는바 지・용이 오히려 악함을 위해 이용될 수도 있는 것이다. 어짊과 의로움이란 그 속에서 무엇보다 자명한 원칙에 가까운 것이지만 어짊은 언제 어떤 경우라도 절대적으로 선하다고는 할 수 없는데 부당한 어짊이 오히려 악한 결과를 낳기도 하기 때문이다. 또 정의에 있어서도 어떤 것이 참된 정의인지는 결코 자명하지 않은바, 예컨대 사람을 대우할 때 어떻게 하는 것이 정당한지를 두고서는 단순히 각 사람들 간의 평등이 정의인 것은 아니며 오히려 각 사람들의 가치를 따르는 것이 정의일 수 있다. 그런데 그렇게 사람들 각각의 가치에 따른다고 한다면 다름 아닌 그 가치를 정하는 것은 무엇인가. 요컨대 우리들은 우리의 도덕적 판단에 있어 직각론자가 말하는 것과 같은 자명한 원칙을 단 하나도 가지고 있지 않다. 때로 자명한 원칙이라고 여겨지는 것은 그저 아무 내용 없는 동의어를 반복한 명제에 지나지 않는 것이다.

위에서 논했듯이 직각설의 주장과 같이 선악의 직각을 증명하는 것이 불가능하다고 한다면 학설로서는 매우 가치가 떨어지는 것이지만, 가령 그런 직각이 있다고 치고 그것에 의해 주어진 법칙을 따르는 것이 선하다고 한다면 직각설이란 어떤 윤리학설이 될 것인지 생각해보자. 순수하게 직각이라고 한다면 직각론자가 말하듯이 이성에 따라 설명하는 것이 불가능하고, 또 고통・쾌락의 감정이나 좋고 싫음의 욕구에 관계없는 온전히 직접적으로 무의미한 의식이라고 할 수밖에는 없다. 만약 그런 직각에 따르는 것이 선하다고 한다면 선이란 우리에게 무의미한 것이고 우리가 선을 따르는 것은 그저 맹종인바, 그때 도덕 법칙은 인성에 대해 바깥에서 주어진 억압이 되고 직각설은 타율적 윤리학과 동일하게 되지 않을 수 없다. 그런데 많은 직각론자는 위와 같은 뜻에서의 직각을 주장하지 않는다. 어떤 이는 직각을 이성과 동일시한다. 즉 도덕의 근본적 법칙이 이성에 따라 자명한 것이라고 생각한다. 그러나 그렇게 말하면 선이란 이치에 따르는 것이

되고 선악의 구별은 직각에 따라 명확한 것이 아니라 이치에 따라 설명되는 것이다. 또 어떤 직각론자는 직각을 직접적 쾌·불쾌 또는 좋고 싫음과 동일시한다. 그러나 그렇게 말하면 일종의 쾌락 또는 만족을 주기에 선한 것인바, 곧 선악의 표준은 쾌락 또는 만족의 크고 작음으로 옮겨가게 된다. 직각의 그러한 말뜻에 따라 직각설은 다른 여러 윤리학설과 근접한다. 순수한 직각설이라고 한다면 완전히 무의미한 직각을 뜻하지 않으면 안 되는 것으로, 그런 윤리학설은 타율적 윤리학과 마찬가지로 왜 우리가 선을 따르지 않으면 안 되는가를 설명할 수 없다. 도덕의 뿌리는 전부 우연적이거나 무의미한 것이 되는 것이다. 원래 우리가 도덕적 직각이라고 실제로 말하고 있는 것 속에는 여러 원리가 포함되어 있다. 그 속에는 전적으로 다른 권위로부터 오는 타율적인 것도 있다고 한다면, 그 속에는 이성으로부터 오는 것 또는 감정 및 욕구로부터 오는 것도 포함되어 있는 것이다. 이는 이른바 자명한 원칙이라는 것이 여러 모순·충돌에 빠져들어 있는 이유이다. 그런 혼잡한 원리로 학설을 설립할 수 없다는 것은 명확하다.

제6장

윤리학의 학설들(2)

앞에서는 직각설의 불완전함을 논하고 더불어 직각의 의미에 따라서 서로 다른 여러 학설들로 변할 수 있음을 서술했다. 이제는 순수한 타율적 윤리학 즉 권력설에 관해 서술하려고 한다. 이 학설의 논자들은 우리가 도덕적 선이라고 말하는 것이 한쪽 면에서 자기의 쾌락 혹은 만족과 같은 인성의 요구와는 그 취지를 달리 하는 엄숙한 명령적 의미를 갖는 지점에 착안하며, 그렇게 도덕을 우리에 대해 절대적 위엄과 세력을 갖는 명령에서 발생하는 것으로 본다. 우리가 도덕 법칙에 따르는 것은 자기의 이해득실을 위해서가 아니라 오직 그 절대적인 권력의 명령에 따르는 것이며, 선과 악이란 마찬가지로 그런 권력자의 명령에 따라 정해진다고 생각하는 것이다. 우리의 모든 도덕적 판단의 뿌리는 스승・아버지의 교훈・법률・제도・습관에 따라 양성된 것이기에 윤리학설이 발생하는 것도 무리는 아닌바, 권력설은 정확히 직각설에서의 양심의 명령을 외부 세계의 권위로 대신하고 있는 것이다.

이런 종류의 학설에서 외부 세계의 권력자로 여겨지는 자는 물론 우리에 대해 그 자체로 절대의 위엄・세력을 가진 자여야 한다. 윤리학사에서 보이는 권력설 속에는 군주를 뿌리로 하는 군권적 권력설과 신을 뿌리로 하는 신권적 권력설이라는 두 종류가 있다. 신권적 윤리학은 그리스도교가 더없는 권력을 가지고 있던 중세 시대에 행해졌던 것으로 둔스 스코투스 등이 그 주장자이다.[26] 그에 따르면 신은 우리에 대해 무한의 세력을 갖는 것이고 또한 신의 뜻은 전적으로 자유이다. 신은 선하기에 명하는 것도 아니고 이치를 위하여 행하는 것도 아니다. 신은 그것들의 속박 바깥으로 완전히 초월하고 있다. 선하기에 신이 그것을 명하는 것이 아니라 신이 그것을 명하기에 선한 것이다. 둔스 스코투스는 극단까지 그런 논설을 추론하여 만약 신이 우리에게 명하여 살육을 행하도록 했다면 그 살육 또한 선하게 된다고까지 말한다. 군권적 권력설을 주장한 이는 근세 초기에 나온 영국의 홉스라는 인물이다. 그에 따르면 인성은 전적으로 악한 것이고 약육강식이 자연의 상태이다. 그것에서 기인하는 인생의 불행을 벗어나는 일은 오직 각각의 사람들이 모든 권력을 군주 한 사람에게 맡기고 절대적으로 그 명령에 복종하는 데서 가능하다. 그래서 홉스는 무엇이든 군주의 명에 따르는 것이 선이고 그 명을 등지는 것이 악이라고 말한다. 그 밖에 중국의 순자가 선왕의 길[王道]을 따르는 모든 것이 선이라고 말하고 있는 것 또한 일종의 권력설이다.

권력설의 입장에서 엄밀하게 논하면 어떤 결론에 이르게 될까. 권력설에 근거해서는 왜 우리가 선을 행하지 않으면 안 되는가를 설명할 수 없다. 아니 그런 설명이 불가능한 것이 권력설의 본뜻이다. 단지 권위이기 때문에 우리는 그것에 복종하는 것이다. 무언가 다른 이유로 복종하는 것은, 이미 권위 그 자체이기 때문에 복종하는 것은 아니게 된다. 어떤 사람은 공포라는 것이 권위에 복종하게 되는 최적의 동기라고 말하지만 공포의 이면에는 자기의 이해득실이라는 것이 포함되어 있다. 그러나 만약 자기의 이해득실을 위해 복종한다면 이미 권위로 인해 복종하는 것은 아니다. 그런 까닭에 홉스 같은 사람은 순수한 권위설의 입각지를 이탈하고 있다. 최근에 가장 재미있는 권위설을 논한 키르히만의 주장을 따르면 무엇이든 절대의 세력을 가진 것, 예컨대 높은 산이나 거대한 바다와 같은 것을 접할 때에 우리는 저절로 그 절대의 힘에 타격받아 동적인 놀라움의 감정을 낳는바, 그 감정은 공포도 아니고 고통도 아니며 외부 세계의 웅대한 사물에 사로잡힌 자기가 그것에 굴복하고 몰입하고 있는 상태라는 것이다. 키르히만은 그런 절대적 세력을 가진 것이 혹여 의지를 가진 것이라면 거기서 저절로 존경의 마음이 생겨나지 않으면 안 된다고 말하는바,[27] 곧 절대적 세력자의 명령에는 존경의 마음으로 복종하게 되고 그래서 그런 존경의 마음이라는 것이 권위에 복종하는 동기라는 것이다. 그러나 잘 생각해보면 우리가 다른 것을 존경한다는 것은 전혀 이유 없이 존경하는 것이 아니다. 우리들은 자신이 도달할 수 없는 이상을 실현할 수 있었던 사람들인 까닭에 그들을 존경하는 것이다. 그저 사람 그 자체를 존경하는 것이 아니라 이상을 존경하는 것이다. 금수들에게는 석가도 공자도 반 푼어치의 가치도 없다. 그래서 엄밀한 권력설에서 도덕은 온전히 맹목적인 복종이지 않으면 안 된다. 공포라는 것도 존경이라는 것도 전적으로 아무런 뜻 없는 맹목적 감정이지 않으면 안 되는 것이다. 이솝의 우화 속에는 새끼사슴이 개 짖는 소리에 놀라 도망친 어미사슴을 보고 어째서 개보다 큰 몸을 가졌으면서도 작은 개의 짖는 소리에 놀라 도망치는지를 묻는 이야기가 있다. 어미사슴은 왜 그런지를 알 수는 없는데 그저 개 짖는 소리가 무턱대고 무서워서 도망쳤다고 답한다. 그런 무의미한 공포가 권력설에서 가장 적당한 도덕적 동기가 되는 것이다. 사정이 그렇다면 도덕과 지식은 전적으로 정반대일 것이고 무지한 자가 가장 선한 자일 것이다. 그럴 때 인간의 진보·

발달은 하루라도 빨리 도덕의 속박을 벗어나지 않고서는 안 되는 것이 되며, 어떠한 선행이라도 권위의 명령에 복종한다는 생각 없이 자기 자신이 그렇게 행하지 않을 수 없는 이유를 스스로 얻어 행하는 것은 도덕적 선행일 수 없게 되는 것이다.

권위설로는 그런 도덕적 동기를 설명할 수 없을 뿐만 아니라 이른바 도덕법이라는 것도 무의미하게 되고 따라서 선악의 구별도 완전히 그 표준을 잃게 된다. 우리가 그저 권위이기에 맹목적으로 복종한다고 할 때 그 권위에는 여러 종류가 있다. 폭력적 권위도 있고 고상한 정신적 권위도 있다. 그러나 어느 쪽에 복종하더라도 권위에 복종하는 것은 마찬가지라고 해야 하는바, 곧 선악의 표준은 전혀 세워지지 않게 되는 것이다. 물론 힘의 강약과 크고 작음이라는 것이 표준이 된다고들 생각하지만, 힘의 강약과 크고 작음이라는 것도 무언가 우리가 이상으로 하는 것이 정해지고서야 비로소 논할 수 있는 것이다. 예수와 나폴레옹 중 누가 강한지는 우리의 이상이 정하는 바를 따르는 것이다. 만약에 그저 세계에 존재하는 힘을 가진 것이 유력한 것이라고 한다면 완력을 가진 것이 무엇보다 유력한 것이 되고 마는 것이다.

사이교 법사가 "곁에 누가 계시는지는 알 수 없으되 그저 송구스러워 눈물겨워지게 되네"라고 읊었던 것처럼[28] 도덕의 위엄은 실로 그렇게 측정불가능한 데에 있는 것이다. 권위설이 그 점에 착안했던 것은 한 방향의 진리를 내포한 것이긴 하지만, 그런 까닭에 인성자연人性自然의 요구를 완전히 망각했던 것은 커다란 결점이다. 도덕은 인성자연 위에 근거를 갖는 것인바, 어째서 선을 행하지 않으면 안 되는가를 인성 내부로부터 설명해야만 한다.

제7장

윤리학의 학설들(3)

위에서 말했듯이 타율적 윤리학으로는 우리가 왜 선을 행하지 않으면 안 되는가를 설명할 수 없다. 선이란 전적으로 무의미한 것이 되는 것이다. 그래서 우리는 도덕의 뿌리를 인성 속에서 구하지 않을 수 없게 된다. 선이란 어떤 것인가, 왜 선을 행해야만 하는가의 문제는 인성으로부터 설명하지 않을 수 없게 되는 것이다. 그런 윤리학을 자율적 윤리학이라고 한다. 그것에는 세 종류가 있는데, 첫째는 이성을 근본으로 하는 것으로 합리설 또는 주지설이라고 하고, 둘째는 고락의 감정을 근본으로 하는 것으로 쾌락설이라고 하며, 셋째는 의지의 활동을 근본으로 하는 것으로 활동설이라고 한다. 먼저 합리설에 대해 말하자.

합리적 또는 주지적 윤리학(dianoetic ethics)이라는 것은 도덕상의 선악・잘잘못이라는 것과 지식상의 진위라는 것을 동일시하고 있다. 사물의 진상이 곧 선이고 사물의 진상을 안다면 무엇을 해야만 하는지가 저절로 명확해지는바, 우리의 의무란 기하학적 진리와 같이 연역될 수 있는 것이라고 생각하는 것이다. 그래서 이 입장은 우리가 왜 선을 행하지 않으면 안 되는가라는 물음에 그것이 선이기 때문에 그렇다고 답한다. 우리들 인간은 이성을 지니고 있고 앎에 있어 이치를 따라야만 하듯이 실행에 있어서도 이치를 따르지 않으면 안 된다는 것이다(조금 주의해 놓고 싶은 것은 이치라는 단어에 철학적으로 여러 의미가 있다는 것인데, 여기서 이치라는 것은 일반적인 의미에서 추상적 개념의 관계를 말하는 것이다). 이런 논리는 한쪽에선 홉스 등이 말하는 도덕법이 군주의 의지에 따라 좌우될 수 있는 자의적인 것임에 반대하여 도덕법이란 사물의 성질이고 영구불변한다고 주장하며, 다른 한쪽에선 선악의 뿌리를 지각 또는 감정과 같이 감수성에서 구할 때 도덕법의 일반성이 설명 불가능하게 되고 의무의 위엄이 소멸되며 사람들 각각의 취향만이 유일한 표준이 되는 것을 우려하여 이치의 일반성에 기초해 도덕법의 일반성을 설명함으로써 의무의 위엄을 설립하려고 한다. 이런 논리는 종종 앞서 말했던 직각설과 혼동될 때가 많지만 직각이라는 것을 반드시 이성의 직각에 한정할 필요는 없다. 그 둘은 나눠 생각하는 쪽이 더 좋다고 본다.

나는 합리설에서 가장 한결같은 것이 클라크의 학설이라고 생각한다. 그의 생각에 기대면 인간 세계의 일들에서 모든 사물의 관계는 숫자의 이치와도 같이 명확한 것으로, 그럼으로써 저절로 사물의 적당·부적당을 알 수 있는 것이다. 예컨대 신은 우리들보다 무한히 우수하기 때문에 우리는 그것에 복종하지 않을 수 없는 것이라거나, 내게 타인이 행한 부정한 일은 내가 타인에게 행해도 부정하다는 것 등이다. 또한 그는 인간이 왜 선을 행하지 않으면 안 되는가를 논하여 합리적 동물은 이치를 따르지 않으면 안 된다고 말한다. 그리고 때로는 정의에 반대하여 움직이려는 것이 사물의 성질을 바꾸려는 것과 마찬가지라고까지 말함으로써 '있음'이라는 것과 '있어야만 함'이라는 것을 완전히 혼동하고 있다.[29]

합리설이 도덕법의 일반성을 명확히 하고 의무를 엄숙히 하는 것은 가능했을지라도, 그렇게 함으로써 도덕의 전모를 설명할 수 있었다고는 말할 수 없다. 과연 합리설의 논자들이 말하는 것처럼 형식적 이해력을 따라 우리들의 행위를 지도하는 도덕법이라는 것을 알 수 있는 것일까. 순수한 형식적 이해력은 논리학의 이른바 사상의 3법칙과도 같이 단지 형식적 이해의 법칙을 줄 수는 있겠지만 어떤 내용을 줄 수는 없다. 그들은 즐겨 기하학을 예로 들지만 기하학에서도 공리인 것은 단지 형식적 이해력을 따라 명확하게 되는 것이 아니라 공간의 성질로부터 가능해지는 것이다. 기하학의 연역적 추리는 공간의 성질에 대한 근본적 직각에 논리법을 응용한 것이다. 윤리학에서도 이미 근본원리가 명확하게 된 상태에서 그것을 응용하는 데에는 논리의 법칙을 따르지 않으면 안 되는 것이지만 그 원칙 자체는 논리의 법칙에 따라 명확하게 된 것이 아니다. 예컨대 너의 이웃을 사랑하라는 도덕법[30]이 단지 이해력을 따라 명확하게 되는 것이라고 할 수 있는 것일까. 우리에게 타인에 대한 사랑의 성질이 있다면 또한 자기에 대한 사랑의 성질도 있는 것이다. 그러하되 어째서 하나가 탁월한데 다른 하나는 뒤쳐져 있는 것일까. 이를 정하는 것은 이해력이 아니라 우리의 감정 또는 욕구이다. 우리는 단지 지식 위에서만 사물의 진상을 알 수 있을지라도 그것으로부터 무엇이 선한지를 알 수 있는 것은 아니다. 그렇게 있다는 것으로부터 그렇게 있어야만 한다는 것을 알 수는 없다. 클라크는 사물의 진상으로부터 적합·부적합을 알 수 있다고 말하지만 적합·부적합이라는 것은 이미 지식 위에서의 판단이 아니라 가치적 판단인 것이다. 무언가 요구하는 것이 있고 그런 연후에 적합·부적합의 판단이 일어나는 것이다.

다음으로 합리설의 논자들은 왜 우리가 선을 행하지 않으면 안 되는가를 설명하면서 우리가 이성적 동물이기 때문에 이치에 따라야만 하는 것이라고 답한다. 이치를 이해하는 자가 지식 위에서 이치를 따르지 않으면 안 된다는 것은 당연한 일이다. 그러나 단지 논리적 판단이라는 것과 의지의 선택은 다른 것이다. 논리의 판단이 반드시 의지의 원인인 것은 아니다. 의지는 감정 또는 충동에서 일어나는 것이지 단지 추상적 논리에서 일어나는 것이 아니다. 자기가 원하지 않는 것은 남에게도 시키지 말라는 격언 또한 만약에 서로 간의 동일한 감정이라는 동기가 없었다고 한다면 우리에게 거의 무의미한 것일 따름이다. 만약에 추상적 논리가 그 즉시 의지의 동기가 될 수 있는 것이라면 무엇보다 추리에 뛰어난 사람이 곧 최고로 선한 사람이라고 하지 않으면 안 될 것이다. 그런데 그에 반해 사실은 때로 앎을 가진 사람보다도 오히려 무지한 사람이 한층 더 선한 사람인 것은 누구도 부인할 수 없을 것이다.

앞서 합리설의 대표자로 클라크를 들었는데, 그는 합리설의 논리적 방면을 대표하는 자로서, 실행적 방면을 대표하는 자는 이른바 견유학파[31]일 것이다. 이 학파는 소크라테스가 선함과 앎을 동일시한 것에 근거하여 모든 정욕·쾌락을 악으로 간주하고 그것을 극복해 순리에 따르는 것을 유일한 선이라고 했다. 그 위에서 이른바 이치라는 것은 단지 정욕에 반하는 것일 따름이며 아무런 내용 없는 소극적인 것이라고 보았다. 도덕의 목적은 오직 정욕・쾌락을 이겨내어 정신의 자유를 유지하는 데에 있을 뿐이었다. 유명한 디오게네스와 같은 이가 그 좋은 모범이다. 그 학파 이후에는 스토아학파[32]가 있어 동일한 주장을 창도했다. 스토아학파에 따르면 우주는 유일한 이치에 따라 지배되고 있는 것으로 인간의 본질도 그 이성의 바깥에 있는 것이 아니며, 이치에 따르는 것은 곧 자연의 법칙에 따르는 것으로서 그것이 인간에게서의 유일한 선이다. 생명・건강・재산도 선이 아니며 빈곤과 병으로 죽는 것 또한 악이 아니다. 다만 마음 안의 자유와 평정이 최상의 선이라고 생각한 것이다. 그 결과 견유학파와 동일하게 모든 정욕을 배척하고 오직 무욕(Apathie)[33]이고자 하는 일에 힘쓰게 되었다. 에픽테토스와 같은 이는 그 좋은 예이다.

견유학파와 같이 정욕에 대해 전적으로 반대하는 순리로써 인성의 목적을 이루려고 할 때에는 이론상에서도 아무런 도덕적 동기를 줄 수 없는 것처럼 실행 상에서도 아무런 적극적 선의 내용을 줄 수 없다. 키니코스학파나 스토아학파가 말했듯이 단지 정욕을 극복한다는 것이 유일한 선으로 여겨질 수밖에는 없는 것이다. 그러나 우리가 정욕을 극복해야만 하는 것은 거듭해 무언가 큰 목적을 구해야 하는 것이 있기 때문이다. 단지 정욕을 제어하기 위한 것이 선이라고 한다면 그것만큼 불합리한 것은 없을 것이다.

제8장

윤리학의 학설들(4)

합리설은 타율적 윤리학에 비하면 거듭 한 걸음 더 나아간 것으로 인성자연 속에서 선을 설명하려고 했다. 그러나 단지 형식적 이상을 뿌리로 삼아서는 앞서 말했듯 왜 선을 행해야 하는가라는 근본적 문제를 도저히 설명할 수 없다. 그래서 우리가 자기 속에서 깊이 되돌려 살펴보면 의지란 모두 고통·즐거움의 감정에서 생겨나는 것이고, 쾌감을 구하고 불쾌감을 피하는 것은 사람 감정의 자연스러움이자 움직일 수 없는 사실인 것이다. 표면적으로 전혀 쾌락을 위한 것이 아닌 행위, 예컨대 몸을 죽여 인의를 행하는 것과 같은 경우에도 그 이면에서 탐색해보면 그 행위는 쾌락에 다름 아닌바, 우리가 쾌락을 인생의 목적으로 삼는다는 것은 다시금 설명을 요하지 않는 자명한 사실이다. 그래서 쾌락을 인성의 유일한 목적으로 삼고 도덕적 선악의 구별까지 그 원리에 따라 설명하려는 윤리학설이 정립되는 것은 자연스런 형세이다. 이를 두고 쾌락설이라고 한다. 그것에는 두 종류가 있는데, 하나를 자기적[개인적] 쾌락설이라고 하고 다른 하나를 공중적公衆的[이타적] 쾌락설이라고 한다.

자기적 쾌락설이란 자기의 쾌락을 인생의 유일한 목적으로 삼는 것으로, 우리가 타인을 위하는 경우에도 실제로는 자기의 쾌락을 구하는 것이라고 생각함으로써 자기의 최대 쾌락이 최대의 선으로 보는 것이다. 이 학설의 완전한 대표자는 그리스의 키레네학파와 에피쿠로스[34]이다. 아리스티포스는 육체적 쾌락 바깥에 정신적 쾌락이 있다는 것은 인정했지만 쾌락은 어떤 쾌락일지라도 모두 동일한 쾌락이며 오직 큰 쾌락이 선이라고 생각했다. 그렇게 그는 적극적 쾌락 모두를 존귀하게 여기고 일생의 쾌락보다는 오히려 순간의 쾌락을 중시했기에 무엇보다 순수한 쾌락설의 대표자라고 해야 한다. 에피쿠로스 역시 모든 쾌락을 동일하게 보고 쾌락이 유일한 선이며 어떤 쾌락도 고통스러운 결과를 낳지 않는 이상 배척되어서는 안 되는 것이라고 생각했지만, 순간의 쾌락보다는 일생의 쾌락을 중시함으로써 적극적 쾌락보다는 소극적 쾌락을, 곧 고뇌 없는 상태를 존귀하게 여겼다. 그가 최대의 선이라고 말하는 것은 마음의 평화(tranquility of mind)이다. 그러나 에피쿠로스의 근본주의는 어디까지나 이기적 쾌락설이고 그리스인의 이른바 네 가지 주요 덕목, 곧 예지·절제·용기·정의와 같은 것도 자기의 쾌락을 위한 수단으로서 필요한 것이다. 정의라는 것도 정의 그 자체가 가치 있는 것이 아니라 사람들 각자가 서로를 범하지 않고 행복을 누릴 수 있는 수단으로서 필요한 것이었다. 이런 주장은 사회적 생활에 관한 그의 견해에서 무엇보다 확실히 드러난다. 사회는 자기의 이익을 얻기 위해 필요한 것이다. 국가는 단지 개인의 안전을 도모하기 위해 존재하는 것이다. 혹여 사회적 번거로움을 피할 수 있고 그 위에 충분한 안전을 획득할 수 있다면 그것은 다들 바라마지 않는 일일 것이다. 에피쿠로스의 주장은 오히려 은둔주의(λάΘε βιώσας)이다. 그것에 따라 그는 되도록이면 가족생활조차 피하려고 했다.

다음으로 공중적 쾌락설, 소위 공리교公利敎에 대해 서술하자. 이 학설은 근본적 주장에서는 앞의 자기적 쾌락설과 동일하지만 다만 개인의 쾌락을 최상의 선으로 삼는 것이 아니라 사회공중의 쾌락을 최상의 선으로 삼는다는 점에서 다르다. 이 학설의 완전한 대표자는 벤담이다. 그에 따르면 인생의 목적은 쾌락이고 선은 쾌락 바깥에 있지 않다. 그리고 어떤 쾌락도 동일하며 쾌락에는 종류의 차별이 없다(바늘핀 놀이의 쾌락도 고상한 시·노래의 쾌락도 동일한 것이다). 다만 크고 작음의 수량적 차이가 있을 따름이다. 우리들 행위의 가치는 직각론자가 말하듯이 그 자체에 가치가 있는 것이 아니라 전적으로 그것에서 생겨나는 결과에 따라 정해지는 것이다. 다시 말해 큰 쾌락을 낳는 행위가 선행이다. 벤담은 어떤 행위가 가장 큰 선행인가에 두고, 쾌락설의 원칙에 따라 개인의 최대행복보다도 다수의 최대행복이 도리 상으로 한층 더 큰 쾌락이라고 생각해야 하므로 최상의 선이란 최대다수의 최대행복이라고 말한다. 그런 쾌락설에 따라 벤담은 행위의 가치를 정하는 과학적 방법도 논하고 있다. 그에 따르면 쾌락의 가치는 대개 수량적으로 정해질 수 있는 것으로, 예컨대 강도, 길고 짧음, 확실, 불확실 등의 표준에 따라 쾌락의 계산이 가능하다고 생각했던 것이다. 그의 학설은 쾌락설로서는 실로 조리 정연한 것이지만, 다만 어째서 개인의 최대쾌락이 아니라 최대다수의 최대행복이 최상의 선이지 않으면 안 되는가를 명료하게 설명하지는 못한다. 쾌락에는 쾌락을 감각하는 주관이 있어야만 한다. 쾌락을 감각하는 자가 있을 때만이 쾌락이 있는 것이다. 그리고 감각하는 주체란 언제나 개인이지 않으면 안 된다. 그렇다면 쾌락설의 원칙에 따라 어째서 개인의 쾌락보다도 다수의 쾌락이 상위에 놓여야만 하는 것인가. 인간에게는 감정의 동일함이라는 것이 있기에 자기 홀로 즐겁기보다는 사람들과 함께 즐기는 쪽이 한층 더한 쾌락일지도 모르는데, [J. S.] 밀 등은 그런 점에

주목하고 있다. 그러나 그 경우에도 감정의 동일함에서 나오는 쾌락은 타인의 쾌락이 아니라 자기의 쾌락인바, 역시 자기의 쾌락이 유일한 표준인 것이다. 만약에 자기의 쾌락과 타인의 쾌락이 서로 충돌하는 경우는 어찌될까. 그때 쾌락설의 입각지에서도 자기의 쾌락을 버리고 타인의 쾌락을 구해야 한다는 주장이 성립할 수 있을까. 생각건대 에피쿠로스처럼 이기주의가 되는 것이 오히려 공리적 쾌락설의 필연적 결과일 것이다. 벤담도 밀도 자기의 쾌락과 타인의 쾌락은 일치하는 것이라고 힘써 논하고 있지만, 그런 일치는 도저히 경험적 사실 위에서는 증명될 수 없을 것이다.[35]

이제까지 대체적으로 쾌락설의 주된 논점을 서술했는데 이제부터는 그것에 대한 비평으로 옮겨가자. 먼저 쾌락설의 근본적 가정, 곧 쾌락이란 인생의 유일한 목적이라는 것을 승인한다고 해서 과연 쾌락설에 의해 충분한 행위의 규범이 주어질 수 있을 것일까. 엄밀한 쾌락설의 입각지에서 보면 쾌락은 어떤 쾌락도 모두 같은 종류의 것이고 다만 크고 작음의 수량적 차이만 있어야 한다. 혹시 쾌락에 여러 질적 차이가 있고 그럼으로써 쾌락에 가치의 상이함이 있다고 한다면 쾌락 바깥에서 달리 가치를 정하는 원칙을 허용하지 않으면 안 되는바, 그때 그것은 쾌락이 행위의 가치를 정하는 유일한 원칙이라는 주장과 충돌한다. 벤담 이후를 이어받는 밀은 쾌락에 여러 성질상의 차이·분별이 있음을 허용하고 두 종류의 쾌락의 우열은 그 두 종류를 동일하게 경험할 수 있는 사람에게 쉽게 정해질 수 있는 것이라고 보았다. 예컨대 만족하는 돼지가 되기보다 불만족스런 소크라테스가 되는 것은 누구도 원하는 것이다. 그런데 그러한 차이·분별을 두고 밀은 인간 품위의 느낌(sense of dignity)에서 오는 것이라고 생각한다. 그러나 그런 생각은 분명히 쾌락설의 입각지를 이탈한 것인데, 쾌락설의 관점에서는 어떤 쾌락이 다른 쾌락보다 크기가 작음에도 다른 쾌락보다 더 고귀하다고 하는 것은 허용되지 않기 때문이다. 그렇다면 에피쿠로스나 벤담 같은 이들이 쾌락은 순수하게 동일한 것이고 다만 수량적으로 다른 것이라고 할 때 어떻게 쾌락의 수량적 관계를 정할 수 있고 이어 행위의 가치를 정할 수 있을 것인가. 아리스티포스는 단지 지식에 따라 분별할 수 있다고 말할 뿐으로 명료한 표준을 주지 않는다. 위에서 말했듯이 다만 벤담은 그런 표준에 대해 자세히 논하고 있다. 그러나 쾌락의 감정이라는 것은 한 사람의 인간에게도 때와 장소에 따라 대단히 변화하기 쉬운 것인바, 하나의 쾌락보다 다른 쾌락이 강도에 있어 우수한지 아닌지는 몹시도 불명료한 것이다. 게다가 어떤 정도의 강도가 어느 정도에 상응하여 계속되고 있는지를 정하는 것은 지극히 곤란한 일이다. 한 사람의 인간에게조차 그런 쾌락의 척도를 정하는 것이 곤란한 일이라고 한다면 공중적 쾌락설과 같이 타인의 쾌락을 계산하여 쾌락의 크고 작음을 정하려는 것은 더욱 곤란한 일이다. 흔히들 육체의 모든 쾌락보다 정신의 쾌락이 상위에 있다고 여기고 부유함보다 명예가 중요하며 자기 한 사람의 쾌락보다 다수의 쾌락이 고귀하다는 등 전설적으로 쾌락의 가치가 정해지는 것 같지만, 그런 표준은 여러 방면의 관찰들에서 만들어진 것이지 결코 쾌락의 단순한 크기에 따라 정해진 것이라고 할 수는 없다.

위의 내용은 쾌락설의 근본적 원리를 올바른 것으로서 논한 것이지만, 그렇게 보더라도 쾌락설에서 우리들 행위의 가치를 정할 수 있을 정확한 규범을 얻는 것은 매우 곤란하다. 이제 한걸음 더 나아가 쾌락설의 근본적 원리에 대해 논구하자. 모든 사람은 쾌락을 희망하며 쾌락이 인생의 유일한 목적이라는 것이 쾌락설의 근본적 가정이고 또 모든 사람들이 그렇다고 말하지만, 조금 생각해보면 결코 그것이 진리가 아니라는 것은 명확하다. 인간에게 이기적인 쾌락 외에 타인을 향한 고귀한 사랑의 욕구 또는 이상적인 욕구가 있다는 것은 인정되어야 한다. 예컨대 자기의 욕망을 누르고서도 사랑하는 사람에게 주고 싶다거나 자기의 몸을 버리고서도 이상을 실행하지 않으면 안 된다는 식의 사고는 누구나의 마음속에도 다소간 잠재하고 있는 것이다. 때에 따라 그러한 동기들이 대단한 힘으로 드러나며 사람으로 하여금 생각하기 어려운 비참한 희생적 행위마저 무릅쓰고 행하게 하는 일도 적지 않다. 쾌락론자가 말하는 것처럼 인간이 전적으로 자기의 쾌락을 구하고 있다는 것은 핵심을 깊이 꿰뚫는 진리인 것처럼 보이지만 오히려 사실에서 멀리 떨어진 것이다. 물론 쾌락론자도 그런 사실들을 인정하지 않는 것은 아니지만, 그들은 인간이 그러한 욕망들을 가지고 그걸 위해 희생적 행위를 무릅쓰는 것도 다름 아닌 자기의 욕망을 만족시키려는 것이라고, 이면에서 보면 마찬가지로 자기의 쾌락을 구하는 것에 지나지 않는다고 생각한다. 그러나 누구도 어떤 경우에도 욕구의 만족을 구하고 있는 것은 사실이지만 욕구의 만족을 구하는 자가 곧 쾌락을 구하는 자라고 할 수는 없다. 아무리 큰 고통이 뒤따르는 이상일지라도 그것을 실행할 수 있었던 때에는 반드시 만족의 감정이 동반되는 것이다. 그리고 그 감정은 일종의 쾌락임에 틀림없지만 그렇기 때문에 그 쾌감이 처음부터 행위의 목적이었다고 할 수는 없다. 그렇게 만족의 쾌감이라는 것이 일어나는 데에는 우리에게 먼저 자연스런 욕구라는 것이 없어서는 안 된다. 욕구가 있기에 그것을 실행하고 만족의 쾌락을 낳는 것이다. 그런데 그런 쾌감이 있기에 욕구가 전부 쾌락을 목적으로 한다고 간주하는 것은 원인과 결과를 혼동하는 것이다. 우리들 인간에게는 선천적으로 타[자]애의 본능이 있다. 그렇기 때문에 타자를 사랑한다는 것은 우리들에게 무한한 만족을 주는 것이다. 그러나 그렇기 때문에 자기의 쾌락을 위하여 타자를 사랑하는 것이라고 말할 수는 없다. 극히 조금이라도 자기의 쾌락을 위하여 타자를 사랑한다는 마음이 있다면 결코 타자로부터 오는 만족의 감정을 얻을 수 없을 것이다. 비단 타자애의 욕구뿐만이 아니라 완전히 재[기]애적 욕구라고 불리는 것도 단순히 쾌락을 목적으로 하고 있는 것은 아니다. 예컨대 식욕과 색욕 또한 쾌락을 목적으로 하고 있다기보다는 오히려 일종의 선천적 본능의 필연에 쫓겨 일어나는 것이다. 굶주린 사람은 오히려 식욕 있음을 슬퍼할 것이고 실연당한 사람은 오히려 애정 있음을 원망할 것이다. 혹여 인간에게 쾌락이 유일한 목적이라면 인생만큼 모순으로 넘쳐나는 것은 없을 것이다. 오히려 인간의 모든 욕구를 끊어버리는 쪽이 도리어 쾌락을 구하는 길이다. 에피쿠로스가 모든 욕망을 벗어난 상태, 곧 마음의 평정을 최상의 쾌락으로 삼으면서 오히려 정반대의 원리로부터 출발한 스토익의 이상과 일치했던 것도 그런 까닭에서다.

그러나 어떤 쾌락론자는 오늘날 우리들이 쾌락을 목적으로 하지 않는 자연스런 욕구로 여기는 것도 개인의 일생 또는 생물진화 과정에서의 관습에 따라 제2의 천성이 되었던 것인바, 원래는 의식적으로 쾌락을 구했던 것이 오늘날 의식하지 않게 되었다고 논한다. 곧 쾌락을 목적으로 하지 않는 자연스런 욕구란, 쾌락을 얻는 수단이었던 것이 관습에 따라 목적 그 자체로 된 것이라는 주장이다(이에 대해 밀 등은 자주 돈을 예로 든다). 물론 우리의 욕구 속에는 그러한 심리적 작용에 따라 제2의 천성이 된 것도 있을 것이다. 그러나 쾌락을 목적으로 하지 않는 요구가 모조리 그런 과정에 따라 생겨난 것이라고 할 수는 없다. 우리의 정신은 그 신체와 마찬가지로 태어나면서부터 활동적이다. 곧 여러 본능을 지니고 있는 것이다. 병아리가 태어나면서 볍씨를 먹고 오리 새끼가 태어나면서부터 물에 들어가는 것도 동일한 이치이다. 본능이라고 불러야할 그런 것들이 과연 유전에 의해 원래 의식적이었던 것이 무의식적 관습이 된 것이라고 할 수 있을까. 오늘날의 생물진화론에 따르면 생물의 본능은 결코 그러한 과정에 의해 이뤄진 것이 아니다. 그것은 원래 생물의 알에 갖춰져 있던 능력이고 사태의 형편에 알맞은 것이 생존하여 마침내 일종의 특유한 본능을 발휘하기에 이르렀던 것이다.

이제까지 논해왔듯이 쾌락설은 합리설에 비하면 한층 더 인성의 자연에 가까운 것이지만, 그런 쾌락설에 따르게 되면 선악의 판별은 단지 고통·쾌락의 감정에 따라 정해지는 것이고 정확한 객관적 표준을 얻을 수 없으며 또 도덕적 선의 명령적인 요소를 설명할 수 없게 된다. 뿐만 아니라 쾌락을 인생의 유일한 목적으로 삼는 것은 아직 참으로 인성자연의 사실에 부합하는 것이라고 할 수 없다. 우리는 결코 쾌락에 따라 만족할 수 없다. 혹여 단지 쾌락만을 목적으로 하는 이가 있다면 그는 도리어 인성에 어긋난 사람일 것이다.

제9장

선(활동설)

이미 선에 대한 여러 견해들을 논했고 또 그것들의 불충분함을 지적했으므로 선에 대한 참된 견해가 어떤 것인지는 자연스레 명확해졌으리라 생각한다. 우리의 의지가 목적으로 하지 않으면 안 되는 선, 즉 우리들 행위의 가치를 정하는 규범은 어디서 구해야 하는 것일까. 앞서 가치적 판단의 뿌리를 논했던 것처럼 그런 규범 판단의 뿌리는 반드시 의식의 직접경험에서 구해야 한다. 선이란 오직 의식의 내면적 요구로부터 설명해야 하는 것이지 그 바깥에서 설명해야 하는 것이 아니다. 단순히 사물이 그렇게 있다거나 그렇게 발생했다는 것으로부터 그렇게 있어야만 함을 설명할 수는 없다. 진리의 표준도 결국은 의식의 내면적 필연에 있으며 아우구스티누스나 데카르트와 같이 무엇보다 근본으로 되돌아가 사고했던 사람들 모두가 그런 의식의 내면적 필연에서 시작했던 것처럼, 선의 근본적 표준 또한 거기서 구하지 않으면 안 된다.[36] 그런데 타율적 윤리학은 선악의 표준을 바깥에서 구하려고 한다. 그리해서는 선을 왜 행해야하는가를 도저히 설명할 수 없게 된다. 합리설이 의식의 내면적 작용 중 하나인 이성으로부터 선악의 가치를 정하려고 하는 것은 타율적 윤리학설에 비해 한걸음 나아간 것이라고 할 수 있지만, 이치는 의지의 가치를 정할 수 있는 것이 아니다. 회프딩이 "의식은 의지의 활동으로 시작하고 또 그것으로 끝난다"고 했듯이[37] 의지는 추상적 이해의 작용보다도 근본적인 사실이다. 이해가 의지를 생겨나게 하는 것이 아니라 오히려 의지가 이해를 지배하는 것이다. 그렇다면 쾌락설은 어떤가. 감정과 의지는 대부분 동일현상에서의 강도의 차이라고 해도 좋은 것들이지만, 앞서 말했듯이 쾌락은 오히려 의식의 선천적 요구의 만족에서 일어나는 것으로, 이른바 충동・본능과 같은 선천적 요구가 쾌・불쾌의 감정보다도 근본적이라고 해야 한다.

그래서 선이란 무엇인가에 대한 설명은 의지 그 자체의 성질에서 구해지지 않으면 안 된다는 것이 분명해진다. 의지는 의식의 근본적 통일작용이며 또한 그 즉시 실재의 근본인 통일력의 발현이다. 의지는 다른 것으로 인한[다른 것을 위한] 활동이 아니라 자기 자신으로 인한[자기 자신을 위한] 활동이다. 의지의 가치를 정하는 근본은 의지 그 자체 속에서 구하는 것 외에 달리 있을 수 없는 것이다. 의지활동의 성질은 앞서 행위의 성질을 논했을 때 말했던 것처럼 그 근저에 선천적 요구(의식의 요소・원인)라는 것이 있고 의식 위로는 목적관념으로서 드러나는바 그에 따른 의식의 통일작용에 있는 것이다. 그런 통일이 완성되었을 때에, 곧 이상이 실현되었을 때에 우리에겐 만족의 감정이 생기고, 이와 반대될 때에 불만족의 감정이 생기는 것이다. 행위의 가치를 정하는 것은 전적으로 그러한 의지의 근본인 선천적 요구에 있는 것인바, 능히 그런 요구 즉 우리의 이상을 실현할 수 있었을 때 그 행위는 선으로 상찬되고 이와 반대될 때 그 행위는 악으로 비난당하는 것이다. 그래서 선이란 우리들의 내면적 요구 즉 이상의 실현, 바꿔 말해 의지의 발전・완성이 되는 것이다. 이처럼 근본적 이상에 기초한 윤리학설을 활동설(energetism)이라고 한다.

> 플라톤과 아리스토텔레스에서 활동설은 시작한다. 특히 아리스토텔레스는 그것에 기초하여 하나의 윤리를 조직했다. 그에 따르면 인생의 목적은 행복(eudaimonia)이다. 그러하되 그런 행복에 도달하게 되는 것은 쾌락을 요구함으로써가 아니라 완전한 활동에 의해서이다.[38]

세상의 이른바 도덕가라는 이들은 대부분 그런 활동적 방면을 놓치고 있다. 의무라거나 법칙 등을 말하면서 까닭 없이 자기의 요구를 억압하고 활동을 속박하는 것이 선의 본성이라고 굳게 여기고 있다. 물론 불완전한 우리는 이리저리 활동의 참된 의의를 이해하지 못한 채 갈림길에서 허우적거리는 경우가 많기 때문에 도덕가의 그런 경향이 생겨난 것도 무리는 아니지만, 우리는 한층 큰 요구를 붙잡고 올라가야하기에 작은 요구를 억제할 필요가 생기는 것이다. 까닭 없이 요구를 억압하는 것은 오히려 선의 본성에 어긋나는 것이다. 선이란 명령적 권위의 성질까지도 지니고 있지 않으면 안 되는 것이지만, 그보다는 자연적 애호好樂[즐김]라는 것이 더욱 필요한 성질이다. 이른바 도덕의 의무라거나 법칙이라는 것은 그런 의무 혹은 법칙 자체에 가치가 있는 것이 아니라 오히려 더 큰 요구에 기초하여 발생하는 것이다. 이 점에서 보면 선과 행복이란 서로 충돌하지 않을 뿐만 아니라 오히려 아리스토텔레스가 말하듯이 선이란 다름 아닌 행복이라고 말할 수 있게 되는 것이다. 우리들이 자기 자신의 요구를 충족시키거나 이상을 실현한다는 것은 언제나 행복한 것이다. 선의 이면에는 반드시 행복의 감정을 수반하는 요구가 있다. 쾌락설이 단순히 말하듯이 의지란 쾌락의 감정을 목적으로 하는 것이므로 쾌락이 곧 선이라고 할 수는 없다.

쾌락과 행복은 비슷하면서도 다른 것이다. 행복은 만족함으로써 얻을 수 있는 것이고 만족은 이상적 요구의 실현으로 발생하는 것이다. 공자가 "변변찮은 밥 먹으며 물마시고 팔 굽혀 베개 삼더라도 즐거움은 바로 그 속에 있으니"라고 했듯이[39] 우리들은 경우에 따라선 고통 속에서도 또한 행복을 유지할 수가 있는 것이다. 참된 행복은 오히려 엄숙한 이상의 실현을 통해 얻을 수 있어야 한다. 자기 이상의 실현이나 요구의 만족을 말하면 세상 사람들은 종종 그것을 이기주의 또는 제멋대로주의와 동일시한다. 그러나 무엇보다 깊은 자기 내면적 요구의 목소리는 우리에게 커다란 위력을 가지며 인생에서 그것보다 엄중한 것은 따로 없다.

그렇게 선이란 다름 아닌 이상의 실현이고 요구의 만족이라고 할 때, 그런 요구와 이상이라는 것은 무엇으로부터 발생하는 것이며 또 선이란 어떤 성질을 띠고 있는 것일까. 의지는 의식의 가장 깊은 통일작용이고 다름 아닌 자기 그 자체의 활동이기에 의지의 원인이 되는 본래의 요구 혹은 이상이란 요컨대 자기 그 자체의 성질로부터 발생하는 것이다. 그것은 곧 자기의 힘이라고 불러도 좋은 것이다. 우리의 의식은 사유・상상에 있어서도 의지에 있어서도 또한 이른바 지각・감정・충동에 있어서도 모두 그 근저에는 내면적 통일이라는 것이 작용하고 있는바, 의식현상이란 모두 그런 통일된 하나인 것의 발전 · 완성이다. 그리고 그 전체를 통일하는 가장 깊은 통일력이 우리들의 이른바 자기라는 것이고 의지란 무엇보다 능히 그런 통일의 힘을 발현시킨 것이다. 이렇게 생각해보면 의지의 발전 · 완성이란 즉시 자기의 발전 · 완성이 되는 것이므로 선이란 다름 아닌 자기의 발전 · 완성(self-realization)이라고 할 수 있게 된다. 곧 우리들의 정신이 여러 능력들을 발전시키고 원만한 발달을 이루는 것이 최상의 선인 것이다(아리스토텔레스의 이른바 entelechie[가장 완전한 현실태/완성태]가 곧 선이다40). 대나무는 대나무로 소나무는 소나무로 각자 그 천품을 충분히 발휘하듯이 인간이 인간의 천성자연天性自然을 발휘하는 것이 인간의 선이다. 스피노자도 덕이란 자기 고유의 성질에 따라 움직이는 것이라고 했었다.41

여기서 선의 개념은 미美의 개념과 근접해간다. 아름다움이란 이상이 실현될 때처럼 사물이 실현되는 경우에 느껴지는 것이다. 이상이 실현된다는 것은 사물이 자연의 본성을 발휘한다는 뜻이다. 그래서 꽃이 꽃의 본성을 드러낼 때에 무엇보다 아름다운 것처럼 인간이 인간의 본성을 드러낼 때 아름다움의 정상에 이르게 되는 것이다. 선은 곧 미다. 설령 큰 인성의 요구에서 보면 행위 그 자체가 아무 가치가 없는 것일지라도 그런 행위가 참으로 그 사람의 천성에서 나온 자연의 행위였을 때에는 일종의 미감을 이끌듯이 도덕상에서도 일종의 관용의 감정을 생기게 하는 것이다. 그리스인은 선과 미를 동일시한다. 그런 생각은 누구보다도 플라톤에게서 잘 드러난다.

다른 한쪽에서 보면 선의 개념은 실재의 개념과도 일치해 간다. 앞서 논했듯이 통일된 하나인 것의 발전・완성은 모든 실재성립의 근본적 형식인바 정신도 자연도 우주도 모두 그런 형식에서 성립한다. 그렇게 보면 지금 자기의 발전・완성으로서의 선이란 자기의 실재의 법칙을 따른다는 것이다. 즉 자기의 참된 실재와 일치하는 것이 최상의 선이 되는 것이다. 그래서 도덕의 법칙은 실재의 법칙 속에 포함되고 선이란 자기의 실재의 참된 성질로부터 설명될 수 있게 된다. 이른바 가치적 판단의 뿌리인 내면적 요구와 실재의 통일력은 하나이지 둘로 따로 있는 것이 아니다. 실재와 가치를 분리해 사고하는 것은 지식의 대상과 감정・의지의 대상을 분리해 추상적 작용에서 유래하는 것으로 여기는 것인바, 구체적인 참된 실재에 있어 그 둘은 원래 하나이다. 곧 선을 구하여[요구/요청하여] 선으로 옮겨간다는 것은 다름 아닌 자기의 참됨眞[진상]을 아는 것이 된다. 합리론자가 참됨과 선을 동일하게 본 것도 일면의 진리를 포함하고 있다. 그러나 추상적 지식과 선이 반드시 일치하지는 않는다. 그 경우 안다는 것은 다름 아닌 체득을 뜻하는 것이지 않으면 안 된다. 그런 생각들은 그리스에서의 플라톤과 인도에서의 우파니샤드의 근본적 사상이고 선에 대한 가장 깊은 사상이라고 할 수 있다(플라톤에게서 선의 이상은 실재의 근본이고 중세철학에도 omne ens est bonum[모든 실재는 선이다]이라는 구절이 있다[42]).

제10장

인격적 선

위에서는 먼저 선이란 어떤 것이지 않으면 안 되는지를 논하고 선에 대해 일반적 개념을 부여했던 것인데, 지금부터는 우리들 인간의 선이란 어떤 것인지를 고찰하고 그 특징을 밝히려고 한다. 우리들의 의지가 결코 단순한 하나의 활동이 아니라 여러 활동들의 종합이라는 것은 누구에게도 명확한 사실이다. 그렇게 보면 우리들의 요구라는 것도 결코 단순하지 않으며 당연히 여러 요구들이 있는 것이다. 그렇다면 그런 요구들 속에서 어떤 것을 충족시키는 것이 최상의 선인가. 우리들의 자기 전체의 선이란 어떤 것인가라는 문제가 생기는 것이다.

우리들의 의식현상에는 단 하나도 홀로 선 것이 없으며 반드시 다른 것과의 관계 위에서 성립한다. 한 순간의 의식에서도 이미 단순하지가 않으며 그 속에 복잡한 요소를 포함하고 있는 것이다. 그런데 그런 요소들은 서로 독립된 것이 아니라 상호 관계 위에서 일종의 의미를 갖는 것이다. 단지 한때의 의식이 그렇게 조직되어 있는 것만이 아니라 일생의 의식 또한 그렇게 하나의 체계인 것이다. 자기란 그런 전체의 통일에 붙인 이름이다.

그렇게 보면 우리의 요구라는 것도 결코 홀로 고독하게 일어나는 것이 아니며 반드시 다른 것과의 관계 위에서 발생한다. 우리들의 선이란 어떤 한 종류의 요구나 어떤 일시적인 요구만을 만족시키는 것이 아닌바, 어떤 한 가지 요구가 오직 전체와의 관계 위에서만 비로소 선이 되는 것은 명확한 일이다. 예컨대 신체의 선이 몸 일부분의 건강이 아니라 몸 전체의 건강한 관계에 있는 것과 마찬가지이다. 그래서 활동설의 관점에서 보면 선이란 먼저 여러 활동들의 일치・조화 혹은 중용이라는 것이 되지 않으면 안 된다. 우리들의 양심이란 조화・통일의 의식작용이 되는 것이다.

조화가 선이라는 것은 플라톤의 생각이었다. 그는 선을 음악의 조화에 비유한다. 영국의 샤프츠베리 등도 동일한 생각을 취하고 있다. 또 중용이 선이라는 것은 아리스토텔레스의 논설이고 동양의 『중용』에도 나온다. 아리스토텔레스는 모든 덕은 중용에 있다고 했던바, 예컨대 용기는 난폭함과 허약함・두려워함 사이의 중용이고 절약은 인색함과 낭비 사이의 중용이다. 그것은 자사의 생각과 곧잘 닮았다. 진화론의 윤리학자 스펜서와 같이 선이 여러 능력들의 평균이라고 말하는 뜻도 마찬가지이다.[43]

그러나 단지 조화나 중용만을 말하는 것으로는 아직 의미가 명료하지 않다. 조화란 어떤 뜻에서의 조화인가, 중용이란 어떤 뜻에서의 중용인가. 의식은 단순히 동렬에 놓인 활동들의 집합이 아니라 통일된 하나의 체계이다. 그 조화 또는 중용이라는 것은 수량적 의미가 아니라 체계적 질서의 의미이지 않으면 안 된다. 그렇다면 우리들 정신의 여러 활동들에 있어 고유한 질서란 어떤 것일까. 우리들의 정신도 그 낮은 정도에서는 동물의 정신과 마찬가지로 단지 본능활동이다. 곧 눈앞의 대상에 대해 충동적으로 움직이는 것이고 전적으로 육욕에 따라 움직여지게 되는 것이다. 그러나 의식현상은 아무리 단순하더라도 반드시 관념의 요구를 지니고 있다. 그래서 의식활동은 아무리 본능적일지라도 배후에 관념활동이 잠재해 있지 않으면 안 된다(동물들 중에서도 고등한 것은 반드시 그럴 것이다). 어떤 인간에게도 백치가 아닌 한 결코 육체적 욕망으로 순수하게 만족하는 사람은 없다. 반드시 마음 깊은 곳에서는 관념적 욕망이 움직이고 있는 것이다.

곧 어떤 사람도 무언가 이상을 품고 있다. 수전노가 이익을 탐하는 것도 일종의 이상으로부터 행해지는 것이다. 곧 인간은 육체 위에서 생존하고 있는 것이 아니라 관념 위에서 생명을 지니고 있는 것이다. 괴테의 「제비꽃」이라는 시에는 들판의 제비꽃이 어린 양치기 소녀에게 밟히면서도 사랑의 만족을 얻는 부분이 있다.[44] 그것이 모든 인간의 진정일 것이다. 그래서 관념활동이라는 것은 정신의 근본적 작용이며 그것에 따라 우리의 의식은 지배되어야 하는 것이다. 즉 그것으로부터 발생하는 욕구를 만족시키는 것이 우리들의 참된 선이지 않으면 안 된다. 그렇다면 한걸음 더 나아가 관념활동의 근본적 법칙이 어떤 것인지 말해볼 수 있겠는데, 그 법칙은 곧 이성의 법칙이 된다. 이성의 법칙이라는 것은 관념과 관념 사이의 가장 일반적이고 가장 근본적인 관계를 표현하는 것으로 관념활동을 지배하는 최상의 법칙이다. 또한 그래서 이성이라는 것은 우리들의 정신을 지배해야할 근본적 능력이고 이성의 만족이 곧 우리들 최상의 선이다. 무엇이든 이치에 따르는 것이 인간의 선이 되는 것이다. 그런 사고를 극단에서 주장했던 이들이 키니코스나 스토익인데, 그들은 사람 마음의 다른 모든 요구들을 악으로 배척하고 이치만을 따르는 것이 제1의 선이라고까지 말했다. 그러나 플라톤 만년의 사고나 아리스토텔레스는 이성의 활동에서 일어나는 것이 최상의 선이되, 그것으로부터 다른 활동을 지배하고 통어하는 것 또한 선이라고 말했다.

> 플라톤은 유명한 『공화국[국가(政體)]』에서 사람 마음의 조직을 국가의 조직과 동일시하고 이성에 의해 통어된 상태가 국가에 있어서도 최상의 선이라고 말한다.[45]

만약에 우리들의 의식이 여러 능력들의 종합에서 이뤄지고 그 중 하나가 다른 것들을 지배하도록 구성되어 있는 것이라면, 활동설에서의 선이란 위에서 말한 것처럼 이성에 따라 다른 것들을 제어하는 것에 있어야 할 것이다. 그러나 우리들의 의식은 원래 하나의 활동이다. 그 근저에는 언제나 유일한 힘이 작용하고 있다. 지각이나 충동 같은 순간적 의식활동에서도 이미 그런 힘이 드러난다. 더 나아가 사유・상상・의지와 같은 의식적 활동에 이르면 그 힘이 한층 심원한 형태로 드러나게 된다. 우리가 이성을 따른다는 것도 그런 심원한 통일력을 따른다는 것과 다르지 않다. 그렇지 않고 추상적으로 사고된 단순한 이성이라는 것은 앞서 합리설을 비평하면서 논술했듯이 아무 내용 없는 형식적 관계를 부여하는 것에 지나지 않는다. 의식의 통일력이라는 것은 결코 의식의 내용을 떠나 존재하는 것이 아니며 오히려 의식내용은 바로 그 힘에 따라 성립하는 것이다. 물론 의식의 내용을 각각 분석해 사고할 때는 그런 통일력을 발견할 수 없다. 그러하되 그 힘은 종합 위에서 움직일 수 없는 하나의 엄연한 사실로서 드러나는 것이다. 예컨대 그림에서 보이는 일종의 사상, 음악에서 보이는 일종의 감정과 같은 것은 분석·이해될 수 있는 것이 아니라 직각자득直覺自得되어야 하는 것이다. 그리고 그러한 통일력을 여기서 사람들 각각의 인격이라고 명명한다면, 선이란 그런 인격 즉 통일력의 유지·발전에 있는 것이다.

거기서 이른바 인격의 힘이란 식물의 생활력처럼 자연적 물질의 힘을 이루는 것이 아니다. 또한 본능처럼 무의식의 능력을 이루는 것도 아니다. 본능작용이란 유기적 작용으로 일어나는 일종의 물질의 힘이다. 이에 반해 인격이란 의식의 통일력이다. 그러나 그렇게 말할지라도 인격이란 각 사람들의 표면적 의식의 중심으로서, 지극히 주관적인 여러 희망과 같은 것을 말하는 게 아니다. 그런 희망이 얼마간 그 사람의 인격을 드러내는 것이기는 해도 오히려 그런 희망을 가라앉히고 자기를 잊어버리는 곳에서 참된 인격은 드러나는 것이다. 그러나 그렇더라도 그것이 칸트가 말하듯 전적으로 경험적인 내용을 떠나 각각의 사람들에게 일반화되는 순리의 작용과 같은 것도 아니다. 인격이란 각각의 사람들에 따라 특수한 의미를 갖는 것이지 않으면 안 된다. 참된 의식통일이란 [주체로서의] 우리를 모르고서 자연스레 발현되어 나오는 순일무잡純一無雜의 작용이며, 지 · 정 · 의의 분별이 없고 주객의 이격이 없이 독립되어 스스로 완전한 의식 본래의 상태이다. 그럴 때 우리들의 참된 인격은 그 전체를 드러내는 것이다. 그러므로 인격은 단순히 이성에 있는 것도 아니고 욕망에 있는 것도 아니며 하물며 무의식적 충동에 있는 것도 아닌바, 마치 천재의 신들림처럼 사람들 각각의 내부에서 직접적이고도 자발적으로 활동하는 무한한 통일력인 것이다(옛사람들도 길道은 지[식] · 무지에 속하지 않는다고 말했다[46]). 그리고 앞서 실재를 논하면서 서술했듯이 의식현상이 유일한 실재라고 한다면 우리들의 인격이란 즉시 우주 통일력의 발동이다. 곧 사물과 마음의 구별을 타파하는 유일실재가 상황에 응하여 어떤 특수한 형태로 발현한 것이 인격인 것이다.

우리들의 선이란 그렇게 위대한 힘의 실현인바 그 요구는 지극히 엄숙하다. 칸트 또한 이렇게 말하였다. 우리들이 언제나 무한한 찬미와 경외로 바라보는 두 가지가 있는바, 하나는 별들이 넘쳐흐르는 저 위의 하늘이고 다른 하나는 마음 안의 도덕적 법칙이라고.[47]

제11장

선행위의 동기(선의 형식)

위에서 논해왔던 것을 총괄하여 말하자면 선이란 자기의 내면적 요구를 만족시키는 것을 말하는바, 자기의 최대의 요구란 의식의 근본적 통일력 즉 인격의 요구이기에 그것을 만족시키는 일 즉 인격을 실현하는 일이 우리들에겐 절대적 선인 것이다. 그런데 그러한 인격의 요구란 의식의 통일력인 동시에 실재의 근본에 있어 무한한 통일력의 발현이므로, 우리들의 인격을 실현한다는 것은 그런 통일력에 합일한다는 것을 말한다. 선이라는 것이 그와 같다면 그로써 선행위란 어떤 행위인지를 정할 수 있을 것이다.

그런 생각에 따라 먼저 모든 선행위란 인격을 목적으로 하는 행위라는 것이 명확해진다. 인격은 모든 가치의 근본이며 우주 사이에서 오직 인격만이 절대적 가치를 갖는 것이다. 우리에게는 본디 여러 요구들이 있다. 육체적 욕구도 있으며 정신적 욕구도 있다. 따라서 부유함, 힘, 지식, 예술 등 귀하게 여겨야할 것들이 있음에 틀림없다. 그러나 아무리 강대한 요구나 고상한 요구일지라도 인격의 요구를 떠나서는 아무 가치를 갖지 못하는바, 오직 인격적 요구의 일부 또는 수단으로서만 가치를 갖는 것이다. 부귀, 권력, 건강, 기량, 학식 또한 그 자체로 선한 것은 아니며, 혹여 인격적 요구를 거스를 때에는 오히려 악이 된다. 그래서 절대적 선행이란 인격의 실현 그 자체를 목적으로 하는, 곧 의식통일 그 자체를 위해 작용하는 행위이지 않으면 안 된다.

> 칸트에 따르면 [사]물의 가치는 바깥으로부터 정해지는 것이므로 그 가치란 상대적인 것이지만 우리의 의지는 오직 스스로 가치를 정하는 것인바 곧 인격은 절대적 가치를 갖는다. 모두가 아는 것처럼 칸트의 가르침은 나 자신 및 타인의 인격을 공경하고 목적 그 자체(end in itself)로서 취급하라는 것, 결코 수단으로 사용하지 말라는 것이었다.48

그렇다면 참으로 인격 그 자체를 목적으로 하는 선행위란 어떤 행위여야만 할까. 이 물음에 답하는 것은 인격활동의 객관적 내용을 논하여 행위의 목적을 밝히지 않으면 안 되지만, 먼저 선행위에서의 주관적 성질 즉 그 동기를 논하기로 하자. 선행위란 모두 자기의 내면적 필연에서 발생하는 행위여야 한다. 앞서 말했듯이 우리들 인격 전체의 요구는 우리들이 아직 사려·분별하지 않는 직접경험의 상태에서만 자각할 수 있다. 그런 경우에 인격은 마음 깊은 곳으로부터 발현해 나오며 서서히 마음 전체를 포용하는 일종의 내면적 요구의 목소리이다. 인격 그 자체를 목적으로 하는 선행이란 그런 요구에 따른 행위이지 않으면 안 된다. 그런 요구를 등지면 자기의 인격을 부정하는 것이다. 지극한 성실至誠은 선행에 결여되어서는 안 되는 주요 조건이다. 그리스도 또한 천진난만한 어린아이와 같은 사람만이 천국에 들어갈 수 있다고 말했다.[49] 지극한 성실의 선함이란 그것에서 생기는 결과 때문에 선한 것이 아니라 그 자신으로서 선한 것이다. 사람을 속이는 것이 악한 것인 이유는 그로써 발생하는 결과에 따른 것이라기보다는 오히려 자기를 속여 자기의 인격을 부정하는 것이기 때문이다.

자기의 내면적 필연이라거나 천진한 요구라는 것은 종종 오해를 피할 수 없다. 어떤 이는 방종하고 무뢰한 사회의 규율을 고려하지 않고 자기의 정욕을 속박당하지 않는 것이 천진함이라고 생각한다. 그러나 인격의 내면적 필연 즉 지극한 성실이라는 것은 지·정·의의 합일 위에서의 요구이지 지식의 판단 및 인정의 요구에 반하여 단지 맹목적 충동에 따르는 것을 말하는 게 아니다. 자기의 앎을 다하고 정을 다한 위에서 비로소 참된 인격적 요구 즉 지극한 성실이 발현해 나오는 것이다. 자기의 전력을 다하는, 자기의 의식이 거의 없어져 자기가 자기를 의식하지 않는 곳에서야 비로소 참된 인격의 활동을 보는 것이다. 시험 삼아 예술작품에 대해 살펴보자. 화가의 참된 인격 곧 오리지널리티는 어떤 경우에 드러나는 것일까. 화가가 의식 위에서 여러 기획들을 행하는 동안에는 아직 참으로 화가의 인격을 볼 수 없다. 다년간 고심한 결과 기예 안에서 숙성되어 의도한대로 붓 스스로가 움직이는 데에서 비로소 화가의 참된 인격을 볼 수 있는 것이다. 도덕상에서의 인격의 발현 또한 다르지 않다. 인격을 발현하는 것은 한때의 정욕에 따르는 것이 아니라 무엇보다 엄숙한 내면의 요구에 따르는 것이다. 이는 방종・나약함과는 정반대이며 오히려 간난신고의 사업인 것이다.

자기의 진지한 내면적 요구에 따른다는 것, 즉 자기의 참된 인격을 실현한다는 것은 객관에 대해 주관을 세워 외부 사물을 자기에 따르게 한다는 뜻이 아니다. 자기의 주관적 공상을 모조리 소진・마멸시켜 온전히 사물과 일치되는 곳에서 오히려 자기의 참된 요구를 만족시키는 참된 자기를 볼 수 있는 것이다. 어떤 면에서 보면 각자의 객관적 세계란 각자의 인격의 반영이라고 할 수 있다. 아니 각자의 참된 자기란 각자의 앞에 발현하는 실재, 독립되어 스스로 완전한 실재의 체계 그 자체에 다름 아닌 것이다. 그래서 어떤 사람일지라도 그 사람의 가장 진지한 요구는 언제나 그 사람이 보는 객관적 세계의 이상과 항상 일치하는 것이지 않으면 안 된다. 예컨대 아무리 사욕으로 채워진 인간일지라도 그 사람에게 타인과 동일한 감정이라는 것이 조금이나마 있다면 그 사람의 최대 요구는 반드시 자기의 만족을 얻은 다음에는 타인에게 만족을 주고 싶다는 것이 될 것이다. 자기의 요구라는 것이 단순히 육체적 욕망에 한정되지 않고 이상적 요구라는 것을 포함하고 있는 것이라면 어찌해도 그렇게 말하지 않을 수 없다. 사욕적으로 되면 될수록 타인의 사욕을 해치는 것에 적지 않은 마음의 고민을 느끼는 것이다. 오히려 사욕이 없는 사람이고서야 비로소 안심하고 타인의 사욕을 깨는 것이 가능할 것이다. 그래서 자기의 최대 요구를 충족시켜 자기를 실현한다는 것은 자기의 객관적 이상을 실현한다는 것이 된다. 곧 객관과 일치한다는 것이다. 이 점에서 보면 선행위란 반드시 사랑이라고 할 수 있다. 사랑이라는 것은 모두 자신과 타인 간의 일치의 감정이다. 주객합일의 감정인 것이다. 단지 사람이 사람을 대하는 경우만이 아니라 화가가 자연을 대하는 경우도 사랑이다.

플라톤은 유명한 『심포지움[향연]』에서 사랑이란 결

여되어 있던 것이 원래의 온전한 상태로 되돌아가려는 정情이라고 말한다.[50]

그러나 한걸음 더 나아가 생각해보면 참된 선행이라는 것은 객관을 주관에 따르게 하는 것도 아니고 주관이 객관을 따르는 것도 아니다. 주객이 서로를 가라앉히고 사물과 자아가 서로를 잊어버리는 천지 유일실재의 활동으로 있을 때만이 비로소 선행의 극치에 도달하는 것이다. 사물이 자아를 움직였다고 해도 좋고 자아가 사물을 움직였다는 것도 좋다. 셋슈[51]가 자연을 그렸다는 것도 좋고 자연이 셋슈를 통해 자기를 그렸다는 것도 좋다. 사물과 자아의 구별이 원래부터 있는 것은 아니며 객관적 세계가 자기의 반영이라고 할 수 있듯이 자기는 객관적 세계의 반영이다. 내가 보는 세계를 떠나 나는 없다(제2편 「실재」의 9장 '정신'을 참조하라). 하늘과 땅은 같은 뿌리이고 만물은 일체이다. 이를 두고 인도의 옛 성현은 '그것은 자네다'(Tat twam asi)라고 했고, 바울은 '더 이상 내가 사는 것이 아니라 그리스도가 내게서 사는 것'이라고 했으며(갈라디아서 2장 20절), 공자는 '마음이 원하는 바를 따를지라도 법도矩를 넘지 않는다'고 했던 것이다.[52]

제12장

선행위의 목적(선의 내용)

인격 그 자체를 목적으로 하는 선행위를 설명함에 있어, 위에서는 먼저 선행위가 어떤 동기에서 발생하는 것이지 않으면 안 되는가를 제시했는데, 지금부터는 선행위가 어떤 목적을 지닌 행위인가를 논해보기로 하자. 선행위라는 것도 단순히 의식 내면의 일이 아니라 이 사실세계에 어떤 객관적 결과를 낳는 것을 목적으로 하는 동작이므로 지금 우리는 그 목적의 구체적 내용을 밝히지 않으면 안 된다. 앞서 논했던 것은 이른바 선의 형식이며 지금 논하려는 것은 선의 내용이다.

의식의 통일력이면서 또한 겸하여 실재의 통일력인 인격은 먼저 우리들 개인에게서 실현된다. 우리들 의식의 근저에는 분석 불가능한 개인성이라는 것이 있다. 의식활동은 모두 개인들 인성의 발동이다. 사람들 각각의 지식 · 감정 · 의지는 모조리 그 사람들 각각에 있어 특유한 성질을 갖는다. 의식현상뿐만 아니라 각 사람들의 용모 · 언어 · 거동에서도 그런 개인성이 드러난다. 초상화가 드러내려는 것은 실로 그 개인성이다. 그런 개인성은 사람이 이 세상에 태어남과 동시에 활동을 시작하고 죽음에 이르기까지 여러 경험들과 경우들에 따라 다양한 발전을 이루는 것이다. 과학자들은 그것을 뇌의 요소 · 성질에 귀속시킬 것이지만, 누차 말했듯이 나는 그것이 실재의 무한한 통일력의 발현이라고 생각한다. 그래서 우리들은 먼저 그 개인성의 실현이라는 것을 목적으로 하지 않으면 안 된다. 곧 그것이 무엇보다 직접적인 선이다. 건강이라거나 지식이라는 것도 본디 귀하게 여겨야 할 것이다. 그러나 건강 · 지식 그 자체가 선은 아니다. 우리는 단순히 그것들만으로는 만족할 수 없다. 개인에게 절대의 만족을 주는 것은 자기 개인성의 실현이다. 곧 타인이 모방할 수 없는 자기 자신의 특색을 실행함으로써 발휘되는 것이다. 개인성의 발휘라는 것은 그 사람의 천부적이거나 후천적인 경우들에 관계없이 누구라도 가능한 것이다. 어떤 인간도 각각의 얼굴이 똑같지 않듯이 타인이 모방할 수 없는 유일무이한 특색을 갖고 있다. 그런데 그런 개인성의 실현은 각각의 사람들에게 더없는 만족을 주고 또 우주진화에 없어서는 안 될 일원이 되게끔 하는 것이다. 이제껏 세상 사람들은 개인적 선이라는 것에 그다지 중점을 두지 않았다. 그러나 나는 개인의 선이란 무엇보다 중요한 것으로서 다른 모든 선의 기초가 되는 것이라고 생각한다. 참된 위인이란 그 사업이 위대하기 때문에 위대한 것이 아니라 강대한 개인성을 발휘하기 때문에 위대한 것이다. 높은 곳에 올라가 외치면 그 목소리는 먼 곳까지 이를 것이지만, 이는 목소리가 크기 때문이 아니라 서있는 곳이 높기 때문이다. 나는 자기의 본분을 잊고 까닭없이 다른 것을 위해 분주하는 사람보다는 능히 자신의 본색을 발휘하는 사람이 위인이라고 생각한 다.

그러나 내가 여기서 개인적 선이라고 말하는 것은 사리사욕이라는 것과는 다르다. 개인주의와 이기주의는 엄격히 구별되지 않으면 안 된다. 이기주의란 자기의 쾌락을 목적으로 하는 것, 곧 제멋대로라는 것이다. 개인주의는 그것과 정반대이다. 사람들 각각이 자기의 물질욕을 방자하게 성취하는 것은 오히려 개인성을 박탈하는 것이 된다. 돼지가 여러 마리 있더라도 그 사이에 개인성은 없다. 사람들은 개인주의와 공동주의가 서로 반대되는 것처럼 말하지만 나는 그 둘이 일치하는 것이라고 본다. 한 사회 속에 있는 개인이 제각기 충분히 활동하고 그 천품을 발휘할 때야말로 비로소 사회가 진보하는 것이다. 개인을 무시한 사회는 결코 건전한 사회라고 할 수 없다.

개인적 선에 무엇보다 필요한 덕은 강성한 의지이다. 입센의 브란[53]과 같은 사람이 개인적 도덕의 이상이다. 이에 반해 의지의 박약함과 허영심은 무엇보다 꺼려해야할 악이다(이는 동시에 자중함의 뜻을 잃음으로써 생기는 것이다). 또 개인에 대해 최대의 죄를 범하는 것은 실망의 극한에서 자살을 택하는 것이다.

위에서 말했듯이 참된 개인주의는 결코 비난되어야할 것이 아니며, 또 사회와 충돌할 수밖에 없는 것도 아니다. 그러하되 사람들 각각의 이른바 개인성이라는 것은 제각기 독립되어 서로 관계 맺지 않는 실재인 것일까, 아니면 우리들 각 개인의 뿌리에는 사회적 자기라는 것이 있어 우리들 각각은 그것의 발현인 것일까. 그 둘 중에 만약 앞의 것이 맞다면 개인적 선이 우리들 최상의 선이지 않으면 안 된다. 만약 뒤의 것이라면 우리들에게는 한층 더 큰 사회의 선이 있다고 하지 않으면 안 된다. 나는 아리스토텔레스가 『정치학』 서두에서 인간은 사회적 동물이라고 했던 것을 움직일 수 없는 진리라고 생각한다. 오늘날의 생리학 위에서 생각해보면 우리의 육체는 이미 개인적인 것이 아니다. 우리들 육체의 뿌리는 선조의 세포에 있다. 우리들은 우리의 자손과 더불어 동일 세포의 분열에 따라 생겨난 것이며, 생물의 전체 종·속 분류를 통해 동일한 생물로 볼 수 있는 것이다. 생물학자는 오늘날 생물은 죽지 않는다고 말한다. 의식생활을 살피더라도 그러하다. 인간이 공동생활을 영위하는 곳에서는 반드시 사람들 각각의 의식을 통일하는 사회적 의식이라는 것이 있다. 언어 · 풍속 · 관습 · 제도 · 법률 · 종교 · 문학 등은 모두 그런 사회적 의식의 현상이다. 우리들의 개인적 의식이란 그런 사회적 의식 속에서 발생하고 그 속에서 양성되는 것으로 그러한 커다란 의식을 구성하는 세포 하나일 따름이다. 지식도 도덕도 취미도 모두 사회적 의의를 갖는다. 가장 보편적인 학문조차도 사회적 인습을 벗어나지 않는다(그래서 오늘날 각 나라들에는 학풍이라는 것이 있다). 이른바 개인의 특성이라는 것은 그러한 사회적 의식이라는 기초 위에서 드러나는 다양한 변화일 따름이다. 아무리 기발한 천재라도 그런 사회적 의식의 범위를 벗어날 수는 없는 것이다. 오히려 그는 사회적 의식의 심대한 의의를 발휘했던 사람이다(유대교에 대한 예수 그리스도의 관계가 그 한 예이다[54]). 참으로 사회적 의식과는 아무런 관계도 맺지 않는 것은 광인의 의식과 같은 것일 뿐이다.

위와 같은 사실은 누구도 거부할 수 없는 것이지만, 막상 그러한 공동적 의식이라는 것이 개인적 의식과 동일한 의미로 존재하는 것으로서 하나의 인격으로 간주될 수 있는가의 여부에 대해서는 여러 논리들이 있다. 회프딩 같은 이들은 통일적 의식의 실재를 부정하면서 숲은 나무의 집합이므로 그것을 나눠서는 숲이라는 것이 있을 수 없는바 사회도 개인의 집합이므로 개인 바깥에 사회라는 독립된 존재가 따로 있는 게 아니라고 말한다(Höffding, Ethik, S. 157) 그러나 분석해보고는 통일이 실재하지 않기 때문에 그런 통일이 없다고 말할 수는 없는 것이다. 개인의 의식에서도 그것을 분석하여 따로 통일적 자기라는 것을 발견할 수 있는 것은 아니다. 통일 위에 하나의 특색이 있고 여러 현상들이란 그런 통일에 따라 성립하는 것으로 봐야 하므로 살아있는 실재 하나로 간주할 수 있는 것이다. 사회적 의식 또한 동일한 이유에서 하나의 살아있는 실재로 볼 수 있는 것이다. 사회적 의식 또한 개인적 의식과 마찬가지로 중심도 있고 접속도 있는 훌륭한 하나의 체계이다. 다만 개인적 의식에는 육체라는 하나의 기초가 있다. 이는 사회적 의식과는 다른 점이지만 개인의 뇌라는 것도 결코 단순한 물체가 아니라 세포의 집합이다. 사회가 개인이라는 세포에 따라 이뤄지고 있음은 달라지지 않는다.

이렇게 사회적 의식이라는 것이 있고 우리들의 개인적 의식은 그 일부이기에 우리들의 요구 대부분은 사회적이다. 혹여 우리들의 욕망 속에서 그 타자애적인 요소를 제거해버린다면 거의 아무것도 남아있지 않을 정도이다. 우리들의 생명욕 또한 그 주된 원인은 타자애에 있다고 해도 틀리지 않는다. 우리들은 자기의 만족보다는 오히려 자기가 사랑하는 것 또는 자기가 속한 사회의 만족에 의해 만족하는 것이다. 원래 우리들 자기의 중심은 개체 속에 한정되는 것이 아니다. 어미의 자기는 아이 속에 있고 충신의 자기는 군주 속에 있다. 자신의 인격이 위대해짐에 따라 자기의 요구가 사회적으로 되어가는 것이다.

지금부터는 사회적 선의 단계·등급에 대해 조금 서술하자. 사회적 의식에는 여러 단계·등급이 있다. 그 속에서 가장 작고 직접적인 것이 가족인바, 가족은 우리들의 인격이 사회로 발전하는 최초의 단계·등급이라고 해야 한다. 남녀가 만나 한 가족을 이루는 것의 목적은 단지 자손을 남긴다는 것보다 한층 더 심원한 정신적(도덕적) 목적을 갖는다. 플라톤의 『심포지움』 속에는 남녀가 원래 일체였으나 신에 의해 분할된 이후 서로를 연모하게 된 것이라는 이야기가 있다. 이는 정말이지 재밌는 생각이다. 인류라는 전형에서 본다면 개인적인 남녀는 완전한 인간이 아니며 남녀를 합한 것이 완전해진 한 인간이다. 오토 바이닝거는 인간은 육체에서도 정신에서도 남성적 요소와 여성적 요소가 결합함으로써 이뤄진 것인바 남성과 여성이 서로 사랑하는 것은 그 두 요소가 합해져야 완전한 인간이 되기 때문이라고 말한다.[55] 남자의 성격이 인류의 완전한 전형이 아닌 것처럼 여자의 성격도 완전한 전형일 수 없다. 남녀 두 성이 서로를 보완함으로써 완전한 인격의 발전이 가능한 것이다.

그러나 우리들의 사회적 의식의 발달은 가족과 같은 작은 단체에 한정되는 것이 아니다. 우리들의 정신적 · 물질적 생활은 모두 각각의 사회적 단체에서 발달할 수 있는 것들이다. 가족에 뒤이어 우리들의 의식활동 전체를 통일하는 것이자 한 인격의 발현으로도 간주해야 하는 것은 국가이다. 국가의 목적에 대해서는 여러 논설들이 있다. 어떤 이는 국가의 본체를 주권의 권위에 두고 그 목적을 단지 외부적으로는 적을 막고 내부적으로는 국민 상호 간의 생명 · 재산을 보호하는 것이라고 생각한다(쇼펜하우어, 텐느, 홉스 등이 이에 속한다). 이와 달리 어떤 이는 국가의 본체를 개인 위에 두고 그 목적은 단지 개인 인격의 발전을 조화시키는 것이라고 생각한다(루소 등의 논설이 그렇다). 그러나 국가의 참된 목적은 첫 번째 논자들이 말하듯이 물질적이고 소극적인 것이 아니며 두 번째 논자들이 말하듯이 개인의 인격이 국가의 기초인 것도 아니다. 우리들 개인은 오히려 한 사회의 세포로서 발달해왔던 것이다. 국가의 본체는 우리들 정신의 근저인 공동적 의식의 발현이다. 우리는 국가에서 인격의 큰 발전을 이룰 수 있는 것이다. 국가는 통일된 하나의 인격이고 국가의 제도·법률은 그러한 공동의식의 의지의 발현이다(이런 논설에 해당하는 이들은 고대의 플라톤·아리스토텔레스, 근대의 헤겔이다). 우리가 국가를 위해 진력하는 것은 위대한 인격의 발전·완성을 위해서이다. 국가가 사람을 벌하는 것은 복수를 위한 것도 아니고 사회의 안녕을 위한 것도 아니며 다름 아닌 그 인격에 침범할 수 없는 위엄이 있기 때문인 것이다.

오늘날 국가는 통일된 공동적 의식의 가장 위대한 발현이지만, 우리의 인격적 발현은 거기에 머무를 수 없으며 한층 더 큰 것을 요구한다. 그것은 곧 인류를 고르게 어우른 인류적 사회의 단결이다. 그러한 이상은 이미 바울의 그리스도교에서 또 스토익 학파에서 드러나고 있다. 그러하되 그런 이상이 쉽게 실현될 수는 없다. 오늘날은 아직 무장한 평화의 시대이다.

먼 역사의 시초부터 인류 발달의 발자취를 더듬어 보면 국가라는 것은 인류 최종의 목적이 아니었다. 인류의 발달에는 일관된 의미·목적이 있고 각각의 국가들은 그런 의미·목적 일부의 사명을 충족시키기 위해 흥망성쇠를 거듭했던 것 같다(만국사萬國史는 헤겔의 이른바 세계적 정신의 발전이다56). 그러나 참된 세계주의라는 것은 각각의 국가들이 없어진다는 뜻이 아니다. 그것은 국가들 각각이 점점 더 강고해져 각자의 특징을 발휘함으로써 세계의 역사에 공헌한다는 뜻이다.

제13장

완전한 선행

선이란 한마디로 말해 인격의 실현이다. 이를 내부에서 보면 진지한 요구의 만족 곧 의식통일이고 그 극한은 자기와 타자가 서로의 경계를 잊고 주체와 객체가 함께 가라앉는 곳에 이르지 않으면 안 된다. 그것을 외부로 드러나는 사실로서 보면 작은 것은 개인성의 발전에서 나아가 인류 일반의 통일적 발달에 이르러 그 정점에 도달하는 것이다. 안팎에서 본 그런 견해로부터 또 한 가지 중요한 문제를 설명해야할 필요가 생겨난다. 내부에서 큰 만족을 주는 것이 반드시 그리고 사실에 있어서도 큰 선이라고 말할 수 있는 것일까. 곧 선에 대한 안팎 두 견해의 해석이 과연 언제나 일치하는 것일까의 문제가 그것이다.

나는 우선 앞서 서술했던 실재론에서 추론하여 위의 두 견해가 결코 서로 모순·충돌하는 것이 아니라고 단언한다.

원래 현상에 안팎의 구별은 없는 것이며, 주관적 의식이라는 것도 객관적 실재계라는 것도 동일한 현상을 다른 방면에서 본 것인바, 구체적으로는 다만 하나의 사실이 있을 따름이다. 누차 말했듯이 세계는 자기의 의식통일에 따라 성립한다고 해도 좋은 것이며 자기는 실재의 어떤 특수한 작은 체계라고 해도 좋은 것이다. 불교의 근본적 사상과도 같이 자기와 우주는 동일한 근저를 갖는다. 아니 그 둘은 즉각 동일물이다. 그런 까닭에 우리는 자기의 마음 내부에서 지식을 통해서는 무한의 진리로서 감정을 통해서는 무한의 아름다움으로서 의지를 통해서는 무한의 선으로서 모두 실재무한의 의의를 느낄 수가 있는 것이다. 우리가 실재를 안다는 것은 자기 바깥의 사물을 안다는 것이 아니라 자기 자신을 안다는 것이다. 실재의 진・선・미는 즉각 자기의 진・선・미이지 않으면 안 된다. 그렇다면 어째서 이 세상에 거짓・추함・악함이 있는가라는 의구심이 일어날 것이다. 깊이 생각해보면 세상 속에 절대적 진・선・미라는 것이 없다면 절대적 거짓・추함・악함이라는 것도 없다. 거짓・추함・악함은 언제나 추상적으로 사물의 일면을 보기에 전모를 모르는 곳에서, 그렇게 한쪽으로 치우쳐 전체의 통일을 거스르는 곳에서 드러나는 것이다(앞선 「실재」 5장에서 말했듯이 일면에서 보면 거짓・추함・악함이란 실재성립에 필요한 이른바 대립적 원리에서 생겨나는 것이다).

> 아우구스티누스에 따르면 세상에 악이라는 것은 원래 없다. 신에 의해 만들어진 자연은 모두 선하다. 오직 본질의 결여가 악이다. 또 신은 아름다운 시와 같이 대립을 통해 세계를 장식했다. 그림자가 그림의 아름다움을 배가시키는 것처럼, 혹여 진리를 깨달았을 때 세계란 죄를 지니면서도 아름답다.[57]

시험 삼아 선의 사실과 선의 요구가 충돌하는 경우를 생각해보면, 거기에는 두 가지가 있다. 하나는 어떤 행위가 사실로서는 선이지만 그 동기는 선이 아닌 경우이고 다른 하나는 동기는 선이지만 사실로서는 선이 아닌 경우이다. 먼저 첫 번째 경우에 대해 생각해보면 내면적 동기가 사리사욕에 있고 단지 외면적 사실에서만 선목적善目的에 합치하는 것이라면 그것은 결코 인격실현을 목적으로 한 선행이라고 할 수 없다. 우리는 때로 그런 행위까지도 상찬할 경우가 있을 것이지만 그것은 결코 도덕의 관점에서 본 것이 아니라 단지 이익이라는 관점에서 본 것이다. 도덕의 관점에서 보면 그런 행위란, 설령 어리석다고 할지라도 자신이 힘써 행한 지극한 성실보다 열등한 것이다. 어쩌면 자기 자신을 정결히 하려는 한 사람의 선행보다 더 순수한 선동기善動機로부터 다른 한 사람이 행위한다고 할지라도 그것보다는 다수의 사람들을 이롭게 하는 행위 쪽이 더 낫다고 할 수도 있을 것이다. 그러나 사람을 유익하게 한다는 것에도 여러 가지 의미가 있으니, 그것이 단지 물질적인 이익을 주는 것일 때에는 그 이익이 선한 목적에 사용된다면 좋겠지만 혹여 나쁜 목적에 사용된다면 오히려 악을 돕게 되기도 하는 것이다. 또 이른바 세상의 도리와 사람의 마음을 유익하게 하는 행위에 대해 참으로 도덕적인 이로움의 뜻에서 말하자면, 그런 유익한 행위가 내면적으로 참된 선행이 아닐 때 그것은 단지 선행을 돕는 수단이지 선행 그 자체는 아닌 것인바, 그때 그것은 설령 작더라도 참된 선행 그 자체와는 비교될 수 없다. 이어 두 번째 경우를 생각해보자. 동기가 선하더라도 그것이 사실에 있어서도 반드시 선이라고 할 수 없는 경우가 있다. 흔히 개인의 지극한 성실과 인류 일반의 최상의 선이 충돌할 때가 있다고들 말한다. 그러나 그렇게 말하는 이들은 지극한 성실이라는 단어를 정당하게 이해하고 있지 못하다. 만일 지극한 성실이라는 단어를 참으로 정신 전체의 가장 깊은 요구라는 뜻에서 사용한다면 그들이 말하는 바의 대부분은 사실이 아니라고 할 수 있다. 우리들의 진지한 요구는 우리들의 작위에 의한 것이 아니라 자연의 사실이다. 진·미에 있어 사람 마음의 근본에 일반적 요소가 포함되듯이 선에 있어서도 일반적 요소가 포함되어 있다. 파우스트가 인간 세상에 대해 크게 번민한 후 깊은 밤 들판을 산보하고 쓸쓸히 자신의 서재로 돌아왔을 때와도 같이, 한밤 고요히 마음 평정한 때에 저절로 그런 감정이 작용하게 되는 것이다(Goethe, Faust, Erster Teil, Studierzimmer[58]). 우리들과는 의식의 근본을 완전히 달리하는 것이 있다면 몰라도 그렇지 않고 모든 사람들에게 공통된 이성을 지닌 인간이라면 반드시 동일하게 사고하고 동일하게 요구해야할 것이다. 물론 인류 최대의 요구가 경우에 따라서는 다만 가능성에 머물 뿐 현실이 되어 작용하지 않을 때도 있을 것이다. 하지만 그 경우에도 요구가 없는 것은 아니다. 단지 가려져 있는 것이며 자기가 참된 자기를 알지 못하는 것이다.

위에서 서술한 마찬가지의 이유로 우리들의 가장 깊은 요구와 최대의 목적은 절로 일치하는 것이라고 생각할 수 있다. 우리가 안으로 자기를 단련하고 자기의 참된 본체에 도달함과 동시에 또한 인류 한 결의 사랑을 낳고 최상의 선목적에 합치하게 되는 것, 이를 완전해진 참된 선행이라고 하는 것이다. 그렇게 완전해진 선행은 한쪽에서 보면 극히 어려운 일인 것 같지만 다른 한쪽에서 보면 누구에게도 가능하지 않으면 안 되는 것이다. 도덕의 일은 자기 바깥에 있는 것을 구하는 것이 아니라 오직 자기에게 있는 것을 발견해내는 것이다. 세상 사람들은 종종 선의 본질과 그 겉껍질을 혼동하기에 뭔가 세계적이고 인류적인 사업이라도 하지 않으면 최대의 선이 아닌 것처럼 생각한다. 그러나 사업의 종류는 그 사람의 능력과 경우에 따라 정해지는 것으로 누구에게도 동일한 사업이란 불가능하다. 그러하되 우리들은 아무리 사업이 다를지라도 동일한 정신으로 움직일 수 있다. 아무리 작은 사업일지라도 언제나 인류 한 결의 애정으로부터 움직이는 사람은 위대한 인류적 인격을 실현하고 있는 사람이라고 해야 한다. 라파엘의 고상하고 우아하며 아름다운 성격은 성모에게서 가장 적당한 실현의 재료를 얻었던 것일지 모르지만, 라파엘의 성격은 단지 성모에게서만이 아니라 그가 그린 모든 그림에서 드러나고 있는 것이다. 설령 라파엘과 미켈란젤로가 동일한 회화 주제를 선택했을지라도 라파엘은 라파엘의 성격을 드러내고 미켈란젤로는 미켈란젤로의 성격을 드러내는 것이다. 미술이나 도덕의 본체는 정신에 있는 것이지 외부 세계의 사물에 있는 것이 아니다.

끝으로 한마디 해놓는다. 선을 학문적으로 설명한다면 여러 가지로 가능하겠지만 실제로 참된 선이란 오직 하나가 있을 따름이다. 곧 참된 자기를 안다는 것 말고는 없는 것이다. 우리들의 참된 자기는 우주의 본체인바, 참된 자기를 안다면 비단 인류 일반의 선과 합치할 뿐만 아니라 우주의 본체와 융합하고 신의 뜻과 어느새 합치하는 것이다. 종교도 도덕도 실로 거기 말고는 없는 것이다. 그런데 참된 자기를 알아서 신과 합치하는 법은 오직 주객합일의 힘을 스스로 얻는 데에 있을 따름이다. 그리고 그 힘은 우리의 이 거짓 자아를 죽이는 일에 진력하여 일단 이 세상의 욕망으로부터 죽은 뒤에 다시 소생함으로써만 얻을 수 있는 것이다(마호메트가 말했듯이 천국은 칼의 그림자에 있다[59]). 그렇게 할 때 비로소 참으로 주객합일의 영역에 도달할 수 있다. 이것이 종교 · 도덕 · 미술의 지극한 경지이다. 이를 그리스도교에서는 재생이라고 하고 불교에서는 견성見性[60]이라고 한다. 과거 로마교황 베네딕토 11세가 조토에게 화가로서의 실력을 드러낼 작품을 선보이라고 했을 때 조토는 다만 동그라미 하나를 그려보였다는 이야기가 있다. 우리는 도덕에 있어 조토의 그 동그라미 하나를 얻지 않으면 안 된다.[61]

제4편

종교

제1장

종교적 요구

종교적 요구는 자기에 대한 요구, 자기의 생명에 대한 요구이다. 우리들 각각의 자기가 상대적으로 유한한 것을 지각함과 더불어 절대무한의 힘에 합일함으로써 영원의 참된 생명을 얻으려는 요구인 것이다. 바울이 '더 이상 내가 사는 것이 아니라 그리스도가 내게서 사는 것'이라고 했듯이 육체적 생명 전부를 십자가에 못 박아 끝내고 오직 신을 따라 살고자 하는 정情인 것이다. 참된 종교란 자기의 변환, 생명의 혁신을 구하는 것이다. 그리스도가 '십자가를 지고 나를 따르지 않는 사람은 내게 적합하지 않은 자다'[62]라고 했듯이, 단 하나라도 여전히 자기를 신념하고 있는 동안에는 아직 참된 종교심이라고 할 수 없는 것이다.

현세의 이익을 위해 신에게 기도하는 것은 말할 것도 없고 쓸데없이 왕생을 목적으로 염불하는 것도 참된 종교심이 아니다. 『탄니쇼歎異抄』도 '왕생의 업을 위해 힘쓰는 우리 마음의 염불 또한 자행自行이 되고 만다.'[63]고 말한다. 또한 오로지 신의 도움만을 믿고 의지할 뿐 신의 벌을 두려워하는 식이어서는 참된 그리스도교일 수 없다. 그것들은 모두 이기심의 변형에 지나지 않는 것이다. 뿐만 아니라 나는 현재의 많은 이들이 종교가 자기의 안심을 위한 것이라고 말하는 것조차 잘못되어 있다고 생각한다. 그런 생각을 갖고 있기 때문에 진취적인 활동의 기상을 소멸시키고 욕심이 적기에 근심이 없는 소극적 생활로 종교의 참뜻을 얻었다고 믿게 되는 것이다. 우리는 자기의 안심을 위해 종교를 구하는 것이 아니다. 안심이란 종교로부터 오는 결과에 지나지 않는다. 종교적 요구는 우리가 그만두려 해도 그만둘 수 없는 큰 생명의 요구, 엄숙한 의지의 요구이다. 종교는 인간의 목적 그 자체이며 결코 달리 수단으로 삼아서는 안 되는 것이다.

의지 중심적 학설의 심리학자가 말하듯이 의지는 정신의 근본적 작용이고 모든 정신현상이 의지의 형태를 이루고 있는 것이라면, 우리의 정신은 욕구의 체계이고 이 체계의 중심이 되는 가장 유력한 욕구는 우리들의 자기라는 것이 된다. 그러하되 그 중심에서 모든 것을 통일해가는 것, 즉 자기를 유지・발전시키는 것은 우리들의 정신적 생명이다. 그런 통일이 진행되는 동안 우리는 살아있지만, 혹여 그 통일이 깨졌을 때는 설령 육체적으로는 살아있을지라도 정신에서는 죽은 것과 마찬가지이다. 그렇다면 우리는 개인적 욕구를 중심으로 모든 것을 통일할 수 있는 것일까. 즉 개인적 생명이라는 것은 어디까지나 유지・발전될 수 있는 것일까. 세계는 개인을 위해 만들어진 것이 아니며 또 개인적 욕구가 인생 최대의 욕구인 것도 아니다. 개인적 생명은 반드시 밖으로 세계와 충돌하고 안으로 스스로 모순에 빠지지 않을 수 없다. 거기서 우리는 거듭 큰 생명을 구하지 않으면 안 되게 된다. 곧 의식 중심의 추이를 따라 거듭 큰 통일을 구하지 않으면 안 되게 되는 것이다. 그런 요구 전부는 우리들의 공동적 정신이 발생하는 경우에도 볼 수 있는 것이지만, 그런 요구의 극점이 종교적 요구인 것이다. 우리들이 객관적 세계에 대해 주관적 자기를 세우고 그것으로 객관적 세계를 통일하려는 동안에는 그 주관적 자기가 아무리 클지라도 그것에 의한 통일은 아직 상대적임을 면할 수 없는바, 절대적 통일이란 오직 주관적 통일을 온전히 버리고서 객관적 통일에 일치함으로써만 얻을 수 있는 것이다.

원래 의식의 통일이라는 것은 의식성립의 요건이며 그 근본적 요구이다. 통일 없는 의식은 무와 마찬가지다. 의식은 내용의 대립에 따라 성립할 수 있으며 그 내용이 다양하면 할수록 한쪽에서 큰 통일을 필요로 하는 것이다. 그런 통일의 끝 간 데가 우리들의 이른바 객관적 실재라는 것으로, 그 통일은 주객의 합일에 이르러 정점에 도달하는 것이다. 객관적 실재라는 것도 주관적 의식을 떠나서 따로 존재하는 것이 아니다. 의식통일의 결과, 의심하려해도 의심할 수 없고 구하려 해도 그것 이상으로 구할 길이 없는 것을 말하는 것이다. 그리고 그러한 의식통일의 정점 즉 주객합일의 상태란 단지 의식의 근본적 요구일 뿐만 아니라 실로 의식 본래의 상태이다. 콩디약이 말한 것처럼 우리가 비로소 빛을 보았을 때엔 그것을 본다기보다는 오히려 내가 곧 빛 그 자체이다. 최초의 모든 감각은 아이에게 있어선 즉시 우주 그 자체이지 않을 수 없다.[64] 그런 환경에서는 아직 주객의 분리가 없는, 물아일체, 그 사실 하나가 있을 따름이다. 나와 사물이 하나가 되기 때문에 진리로 따로 구해야할 것 없이, 욕망으로 따로 채워야 할 것 없이, 인간은 신과 함께[동시에] 있다. 에덴의 화원이란 그런 것을 말할 것이다. 그런데 의식이 분화・발전함에 따라 주객이 서로 대립하고 사물과 내가 서로를 등지는바, 거기에 인생의 요구가 있고 고뇌가 있으며, 인간은 신으로부터 이탈되고 낙원은 영구히 아담의 자손에 의해 폐쇄되기에 이르는 것이다. 그러하되 의식은 아무리 분화・발전하더라도 도저히 주객합일의 통일로부터 이탈될 수 없는 것이다. 우리는 지식에서도 의지에서도 처음부터 끝까지 그런 통일을 구하고 있는 것이다. 의식의 분화·발전은 통일의 다른 면이며 그 역시 의식성립의 요건이다. 의식이 분화·발전하는 것은 오히려 한층 더 큰 통일을 구하는 것이다. 통일은 실로 의식의 알파이자 오메가라고 하지 않을 수 없다. 종교적 요구는 그런 의미에서 의식통일의 요구이며 겸하여 우주와의 합일의 요구이다.

그렇게 종교적 요구는 사람 마음의 가장 깊고 가장 큰 요구이다. 우리는 여러 육체적 요구들이나 정신적 요구를 지니고 있지만 그것들은 모두 자기의 일부의 요구에 지나지 않는다. 종교는 오직 자기 그 자체의 해결이다. 우리는 지식에서도 또 의지에서도 의식의 통일을 구해 주객의 합일을 구한다. 그러나 그 각각은 여전히 반쪽면의 통일에 지나지 않는다. 종교는 지식과 의지 각각의 통일의 배후에서 가장 깊은 통일을 구한다. 지식과 의지가 분화되기 이전의 통일을 구하는 것이다. 우리의 모든 요구는 종교적 요구로부터 분화한 것이며 또 그 발전의 결과 종교로 귀착한다고 말해도 좋다. 사람의 지혜가 아직 개화하지 않았을 때에 사람들은 오히려 종교적인바, 학문·도덕의 극치는 종교로 들어가지 않으면 안 되게 된다. 세상에는 종종 어째서 종교가 필요한지를 묻는 이들이 있다. 그러나 그런 물음은 어째서 살아갈 필요가 있는가라는 질문과 같다. 종교는 자기의 생명을 떠나 존재하는 것이 아니다. 그 요구는 생명 그 자체의 요구이다. 그런 질문을 던지는 것은 자기 생애가 진면목을 지니지 못했음을 드러내는 것이다. 진지하게 생각하고 진지하게 살아가려는 이는 반드시 열렬한 종교적 요구를 느끼지 않을 수 없는 것이다.

제2장

종교의 본질

종교란 신과 인간 간의 관계이다. 신에 대해서는 여러 사고방식이 있을 것이지만 신을 우주의 근본으로 봐두는 것이 가장 적당하지 않을까 한다. 그리고 인간이란 우리들의 개인적 의식을 가리키는 것이다. 신과 인간 간의 관계에 대한 사고방식에 따라 여러 종교들이 결정되는 것이다. 그렇다면 어떤 관계가 참된 종교적 관계일까. 혹여 신과 우리가 그 근저에서 본질을 달리하고 신은 단지 인간 이상의 위대한 힘인 것처럼 여긴다면 우리는 거기서 털끝만큼도 종교적 동기를 발견해낼 수 없다. 어쩌면 신을 두려워하여 그 명령에 따르기도 할 것이고 어쩌면 신에 아양을 떨며 복됨과 이익을 구하기도 할 것이다. 그러나 그것은 모두 이기심에서 나오는 것에 지나지 않는다. 본질을 달리하는 것의 상호 간 관계는 이기심에서 말고는 성립할 수 없는 것이다. 로버트슨 스미스도 종교는 알 수 없는 힘을 두려워하는 것에서 발생하는 것이 아니라 자신과 혈족에 관계 맺는 신을 경애하는 것에서 발생하는 것이고, 또한 종교는 초자연적인 힘에 대한 개인의 임의적 관계가 아니라 한 사회의 각 구성원이 그 사회의 안녕 · 질서를 유지하는 힘에 대한 공동적 관계라고 말한다. 모든 종교의 뿌리에는 신인동성神人同性의 관계가 있지 않으면 안 된다. 곧 아비와 자식의 관계이지 않으면 안 된다. 그러나 단순히 신과 인간의 이해관계를 동일시하여 신은 우리를 돕고 또 보호한다고만 말하는 것은 아직 참된 종교가 아니다. 신은 우주의 근본이고 겸하여 우리의 근본이어야 한다. 우리들이 신에게 돌아가는 것은 그 뿌리로 돌아가는 것이다. 또 신은 만물의 목적이기에 곧 인간의 목적이어야 하는 것으로, 인간은 제각기 신에게서 자신의 참된 목적을 발견하는 것이다. 손과 발이 인간의 것이듯이 인간은 신의 것이다. 우리가 신에게 돌아가는 것은 한쪽에서 보면 자기를 잃어버리는 것이지만 다른 한쪽에서 보면 자기를 얻는 근거이기도 하다. 그리스도가 자신의 생명을 얻으려는 사람은 그것을 잃으며 나를 위하여 생명을 잃는 자는 그것을 얻으리라[65]고 했던 것이 무엇보다 순일한 종교인 것이다. 참된 종교에 있어 신과 인간의 관계는 반드시 그런 것이지 않으면 안 된다. 우리가 신에게 기도하고 또 감사하는 것도 자신의 존재를 위한 것이 아니라 자기 본분의 고향인 신에게로 자신이 돌아가려는 일을 빌고 또 그 일에 감사해하는 것이다. 신이 인간을 사랑한다는 것도 인간에게 이 세상의 행복을 주는 것이 아니라 인간이 신 자신에게로 돌아가게 하려는 것이다. 신은 생명의 원천이다. 우리는 오직 신에게서 산다. 그렇기에 종교는 생명으로 충만하고 참된 경건의 마음도 나오게 되는 것이다. 그만 단념하겠다고 말하고 그저 맡긴다고 말하는 식으로는 여전히 자기의 역한 냄새를 벗어나지 못하고 있는 것이며 아직 참된 경건의 마음이라고 할 수 없는 것이다. 신에게서 참된 자기를 발견한다는 말을 두고 혹여 그것이 자기에게 무게중심을 둔 것이라고 생각할지도 모르지만, 오히려 그것이 참으로 자기를 버리고 신을 존숭하는 근거인 것이다.

신과 인간의 본성을 동일하게 하고 인간이 신에게서 그 뿌리로 돌아간다는 것은 모든 종교의 근본적 사상인바, 그것에 기초함으로써만 비로소 참된 종교라고 할 수 있을 것이다. 그러나 그런 하나의 사상 위에서도 신과 인간의 관계를 여러모로 생각할 수 있다. 신은 우주 바깥으로 초월하고 바깥에서 세계를 지배하며 인간에 대해서도 바깥에서부터 작용하는 것이라고 생각할 수도 있고, 신은 내재적이므로 인간은 신의 일부이며 신은 내부에서 인간에게 작용하는 것이라고 생각할 수도 있다. 앞의 것은 이른바 유신론有神論(theism)의 사고이고 뒤의 것은 이른바 범신론汎神論(pantheism)의 사고이다. 범신론처럼 생각할 때는 합리적일지도 모르겠지만 많은 종교가는 그것에 반대한다. 왜냐하면 신과 자연을 동일시하는 것은 신의 인격성을 없애버리는 것이 되고 만물의 존재를 신의 변형처럼 간주하는 것은 신의 초월성을 박탈해 그 존엄을 해칠 뿐 아니라 악의 근원마저 신에 귀속시키지 않으면 안 되는 곤란함을 초래하기 때문이다. 그러나 잘 생각해보면 반드시 범신론적 사상에만 그런 결점들이 있다고 할 수는 없으며, 유신론에 반드시 그런 결점들이 없다고도 할 수 없다. 신과 실재의 본체를 동일시하는 것도 실재의 근본이 정신적이라고 한다면 반드시 신의 인격성을 없애는 것이 되지는 않는다. 또한 그 어떤 범신론일지라도 개개의 만물 그대로가 그 즉시 신이라고 말하는 것은 아닌바, 스피노자 철학에서도 만물은 신의 차이·분별상差別相[양태들](modes)이다. 유신론에서도 신의 전지전능함과 이 세상 속의 악의 존재는 쉽게 조화될 수 없다.[66] 이는 중세철학에서도 실로 숱한 이들의 골치를 썩게 했던 문제였다.

초월적 신이 있어 바깥에서 세계를 지배한다는 생각은 단지 우리의 이성과 충돌할 뿐만 아니라 그런 생각과 관련된 종교를 종교의 가장 깊은 것일 수는 없다고 생각하게 한다. 초월적 신에 대한 그런 생각에 따르면 우리가 신의 뜻으로 알아야만 하는 것은 자연의 이치 · 법도理法일 뿐이며 그것 말고 하늘의 계시라고 해야 할 것은 따로 없다. 물론 신은 예측 불가능하기에 우리가 아는 바는 그 일부에 지나지 않을 것이다. 그러하되 그 이외에 하늘의 계시라는 것이 있다고 할지라도 우리는 그것을 알 수가 없는 것이며, 또 혹여 그에 반하여 하늘의 계시라는 것이 있다고 한다면 그것은 오히려 신의 모순을 드러내는 것이 된다. 우리가 그리스도의 신성을 믿는 것은 그 일생이 인생의 가장 깊은 진리를 포함하고 있기 때문이다. 우리들의 신이란 천지 그것에 따라 위치지어지고 만물 그것에 따라 육성되는 우주의 내면적 통일력이지 않으면 안 된다. 그것 말고 신이라고 불러야할 것은 없다. 혹여 신이 인격적이라고 한다면 그것은 그렇게 실재의 근본에 있어 그 즉시 인격적 의의를 인정한다는 뜻이어야 한다. 그때 따로 초자연적인 것을 운운하는 것은 역사적 전설에 의한 것이 아니라면 자신의 주관적 공상에 지나지 않는 것이다. 우리가 그런 자연의 근저에서 그리고 자기의 근저에서 그 즉시 신을 보는 것이라면, 그것이야말로 신에게서 무한의 따뜻함을 느끼는 것이며 그때야말로 신에게서 산다고 하는 종교의 진수에 도달하는 일 또한 가능해지는 것이다. 오직 그 속에서만 신에 대한 참된 존경 · 사랑敬愛의 마음이 나올 수 있다. 사랑이라는 것은 두 인격이 합해져 하나가 됨을 말하며 존경이란 부분적 인격이 인격 전체를 향해 일으키는 감정이다. 경애의 뿌리에는 반드시 인격의 통일이라는 것이 없어서는 안 된다. 따라서 경애의 마음은 인간과 인간 사이에서 일어날 뿐만 아니라 자기의 의식 속에서도 드러나는 것이다. 어제 오늘이 다른 우리의 의식이 동일한 의식중심을 갖는 것이기에 자신을 향한 경애의 마음으로 충만해질 수 있는 것처럼 신을 향한 우리의 경애는 신과 동일한 근저를 갖기 때문에야말로 그럴 수 있는 것이며 우리의 정신이 신의 부분적 의식이기 때문에야말로 그럴 수 있는 것이다. 물론 신과 인간이 동일한 정신의 근저를 갖는다고 할지라도 동일한 사상을 갖는 두 사람의 정신이 서로 독립해 있는 것처럼 신과 인간의 정신 또한 독립해 있다고 생각할 수도 있을 것이다. 그러나 그것은 육체의 관점에서 시공간적으로 정신을 구별한 것이다. 정신에 있어서는 동일한 근저를 가진 것은 동일한 정신이다. 우리의 매일매일 변하는 의식이 동일한 통일을 갖기에 동일한 정신으로 보이는 것처럼 우리의 정신은 신과 동일체이지 않으면 안 된다. 그렇게 우리가 신에게서 산다는 것도 단지 비유가 아니라 사실일 수 있는 것이다(베스트코트라는 비숍[사제/주교]도 「요한전傳[요한복음]」 제17장 제21절에 붙인 주석에서 신을 믿는 신자의 일치란 단순히 목적감정 등의 moral unity[도덕적 합치]가 아니라 vital unity[생동적 합치]라고 말하고 있다[67]).

그렇게 가장 깊은 종교는 신인동체神人同體 위에서 성립할 수 있으며, 종교의 참된 뜻은 그런 신인합일의 의의를 획득하는 데에 있는 것이다. 곧 우리가 의식의 근저에서 자기의 의식을 깨트리며 작용하는 당당한 우주적 정신을 실험하는 데에 있는 것이다. 신념이라는 것은 전설이나 이론에 따라 바깥에서 주어지는 것이 아니라 내부에서 연마되어 나와야 하는 것이다. 야콥 뵈메가 말하듯이 우리는 가장 깊은 내적 생동內生(die innerste Geburt[내적 탄생/분만])에 따라 신에 도달하는 것이다.[68] 우리는 그런 내면적 재생에서 그 즉시 신을 보는 바, 거기서 신을 믿음과 동시에 자기의 참된 생명을 발견하고 무한한 힘을 느낄 수 있는 것이다. 신념이란 단순히 지식이 아니며 그런 뜻에서 신념은 직관인 동시에 활력이다. 우리들의 모든 정신활동의 근저에는 하나의 통일력이 작용하고 있는바, 그것을 우리들 각각의 자기라고 하고 또 인격이라고도 하는 것이다. 욕구와 같은 건 말할 것도 없이 지식과 같은 가장 객관적인 것 또한 그런 통일력 즉 사람들 각각이 지닌 인격의 색깔을 띠고 있지 않는 것은 없다. 지식도 욕망도 모두 그런 통일력에 따라 성립하는 것이다. 신념이란 그런 지식을 초월하는 통일력이다. 지식이나 의지에 따라 신념이 지탱되고 있다기보다는 오히려 신념에 따라 지식이나 의지가 지탱되고 있는 것이다. 그런 뜻에서 신념은 신비적이다. 신념이 신비적이라는 것은 지식에 반대된다는 뜻이 아니며, 지식과 충돌하는 신념이라면 그것으로는 생명의 뿌리를 이룰 수 없다. 우리는 지[식]에 진력하고 의[지]에 진력하는 데에서 믿지 않으려 해도 믿지 않을 수 없는 신념을 내부로부터 얻는 것이다.

제3장

신

신이란 이 우주의 근본을 말하는 것이다. 위에서 서술했듯이 나는 신을 우주 바깥으로 초월하는 조물주라고 보지는 않는바 신이란 즉시 이 실재의 근저라고 생각한다. 신과 우주의 관계는 예술가와 작품의 관계 같은 것이 아니라 본체와 현상의 관계이다. 우주는 신의 소작물이 아니라 신의 표현(manifestation[발현/현현])이다. 바깥으로는 해・달・별의 운행에서 안으로는 사람 마음의 낌새에 이르기까지 모조리 신의 표현 아닌 것이 없다. 우리는 그것들의 근저에서 하나하나 신의 영적인 빛을 받을 수 있는 것이다.

뉴턴이나 케플러가 천체의 정제된 운행을 보고 경건한 마음의 요동을 느꼈듯이, 우리는 자연의 현상을 연구하면 할수록 그 배후에 하나의 통일력이 지배하고 있음을 알 수 있다. 학문의 진보란 그런 지식의 통일을 말하는 것일 따름이다. 그렇게 바깥으로는 자연의 근저에서 하나의 통일력에 의한 지배를 인정하듯이 안으로는 사람 마음의 근저에서도 또한 하나의 통일력에 의한 지배를 인정하지 않으면 안 된다. 사람 마음이란 천태만상으로 대부분 정법이 없는 것처럼 보이지만, 이를 깨달을 때는 고금에 통하고 동서로 이어지는 위대한 통일력이 지배하고 있는 듯이 느낄 것이다. 더 나아가 생각하면 자연과 정신은 서로 완전히 교섭하지 않는 것이 아니라 상호 밀접한 관계를 맺는다. 우리는 그 둘의 통일을 생각하지 않고는 존재할 수 없는바, 곧 그 둘의 근저에 더 큰 유일한 통일력이 있어야만 하는 것이다. 철학도 과학도 모두 그런 통일을 인정하지 않는 것은 아니다. 그런데 그 통일이 다름 아닌 신이다. 물론 유물론자나 일반적인 과학자들이 말하듯이 물체가 유일한 실재이고 만물은 단지 물질적 힘의 법칙에 따르는 것이라면 신과 같은 것을 사고할 수는 없을 것이다. 그러나 실재의 진상이 과연 그런 것일까.

내가 앞서 실재에 대해 논했듯이 물체라는 것도 우리의 의식현상을 떠나 따로 독립된 실재를 알 수는 없다. 우리에게 주어진 직접경험의 사실은 오직 그런 의식현상일 따름이다. 공간이라고 하고 시간이라고 하고 물질적 힘이라고 하는 것들 모두가 그런 사실을 통일・설명하기 위해 설정된 개념에 지나지 않는다. 물리학자가 말하는 것처럼 우리들 개인의 본성을 모두 제거한 순물질 같은 것은 구체적 사실로부터 가장 멀리 떨어진 추상적 개념이다. 구체적 사실에 근접하면 할수록 개인적으로 된다. 가장 구체적인 사실은 가장 개인적인 것이다. 그렇기에 원시적 설명은 신화에서처럼 모두 의인적이었지만, 순[수] 지식의 진행에 따라 점점 더 일반적으로 되고 추상적으로 되어 마침내 순물질 같은 개념을 낳기에 이른 것이다. 그러나 그런 개념을 통한 설명은 지극히 외면적이고 천박하다. 그런 설명의 배후에도 우리들의 주관적 통일이라는 것이 잠재하고 있음을 잊어서는 안 된다. 가장 근본적인 설명은 반드시 자기에게로 귀환하는 것이다. 우주를 설명하는 비밀의 열쇠는 바로 그 자기에게 있다. 물체에 따라 정신을 설명하려는 것은 그 본말이 전도된 것이라고 하지 않으면 안 된다.

뉴턴이나 케플러가 본 정제된 자연현상을 이루는 것도 실제로는 우리들의 의식현상이 정제되어 있다는 것일 따름이다. 모든 의식은 통일에 따라 성립한다. 그리고 그 통일이라는 것은 작게는 개인 각자의 하루하루의 의식 사이에서 이뤄지는 통일로부터 크게는 모든 사람의 의식을 결합하는 우주적 의식통일에까지 이르는 것이다(의식통일을 개인적 의식 내부에 한정하는 것은 순수경험에 가해지는 독단일 뿐이다). 자연계라는 것은 그런 초개인적 통일에 의해 이뤄지는 의식의 한 체계이다. 우리는 개인적 주관에 따라 자기의 경험을 통일하고 다시금 초개인적 주관에 따라 사람들 각자의 경험을 통일해 가는바, 자연계는 그런 초개인적 주관의 대상으로서 생겨나는 것이다. 로이스도 자연의 존재는 우리들 동포의 존재의 신앙과 결합되어 있다고 말한다(Royce, The World and the Individual, Second Series, Lect. IV). 그렇기에 자연계의 통일이라는 것도 필경 의식통일의 일종에 지나지 않는다고 말할 수 있게 된다. 원래부터 정신과 자연이라는 두 종류의 실재가 있던 것은 아니다. 그 둘의 구별은 동일실재를 향한 관점의 상이함에서 발생하는 것이다. 직접경험의 사실에서는 주객의 대립이 없는, 정신과 물체의 구별이 없는, 사물이 곧 마음이고 마음이 곧 사물인 오직 한 개의 현실일 따름이다. 오직 그와 같은 실재체계의 충돌 즉 한쪽에서 보자면 그 발전 위에서 주객의 대립이 생겨난다. 바꿔 말하면 지각의 연속에서는 주객의 나뉨이란 없으며 단지 그 대립은 반성적 사고에 따라 생겨나는 것이다. 실재체계가 충돌할 때 그 통일작용의 방면이 정신이라고 여겨지는 것이고 그 통일작용을 대상으로 그것에 대항하는 방면이 자연이라고 여겨지는 것이다. 그러나 이른바 객관적 자연 또한 실제로는 주관적 통일을 떠나서 존재할 수는 없는바, 주관적 통일이라는 것도 통일의 대상 즉 내용이 없이는 통일일 수 없다. 그 둘 모두 동일한 종류의 실재이며 단지 그 통일의 형태를 달리하는 것이다. 둘 중 어느 하나가 한쪽으로 치우칠 때 그것은 추상적이고 불완전한 실재이다. 그런 실재는 둘의 합일 속에서 비로소 완전해진 구체적 실재가 되는 것이다. 정신과 자연의 통일이라는 것은 두 종류의 체계를 통일하는 것이 아니라 원래 동일한 통일 아래에 있는 것이다.

그렇게 실재에 정신과 자연의 구별이 없다면, 따라서 두 종류의 통일이 있는 것이 아니라 오직 동일한 직접경험의 사실 그 자체가 관점에 따라 여러 차이·분별을 낳는 것이라고 한다면, 내가 앞서 말한 실재의 근저인 신이란 그런 직접경험의 사실 즉 우리들 의식현상의 근저이지 않으면 안 된다. 그런데 우리들의 의식현상 전부는 체계를 이룬 것이다. 초개인적 통일에 의해 이뤄지는 이른바 자연현상이라고 할지라도 그 형식을 떠나는 것은 불가능하다. 통일적인 어떤 것의 자기 발전이 모든 실재의 형식이고 신이란 그런 실재의 통일자이다. 우주와 신의 관계는 우리들의 의식현상과 그 통일 간의 관계이다. 사유에서도 의지에서도 마음 형상이 하나의 목적관념에 따라 통일되고, 모든 것이 그런 통일적 관념의 표현으로 간주되는 것처럼 신은 우주의 통일자이고 우주는 신의 표현이다. 이 비교는 단지 비유가 아니라 사실이다. 신은 우리들 의식의 최대·최후의 통일자이다. 아니 우리들의 의식은 신의 의식의 일부이고 그 통일은 신의 통일로부터 오는 것이다. 작게는 우리들의 일희일비로부터 크게는 해·달·별의 운행에 이르기까지 모두 그 통일에 따르지 않는 것은 없다. 뉴턴이나 케플러도 그런 위대한 우주적 의식의 통일에 마음의 요동을 느낀 것이다.

그렇다면 그런 뜻에서 우주의 통일자이고 실재의 근저인 신이란 어떤 것일까. 정신을 지배하는 것은 정신의 법칙이어야 한다. 물질과 같은 것은 위에서 말했듯이 설명을 위해 설정된 가장 천박한 추상적 개념에 지나지 않는다. 정신현상이란 이른바 지·정·의의 작용이고, 그것을 지배하는 것 또한 지·정·의의 법칙이어야 한다. 그리고 정신은 단지 그것들의 작용의 집합이 아니며 그 배후에 하나의 통일력이 있는바, 지·정·의의 현상은 그런 통일력의 발현이다. 여기서 그 통일력을 인격이라고 명명한다면 신은 우주의 근저인 일대 인격이라고 하지 않으면 안 된다. 자연의 현상으로부터 인류의 역사적 발전에 이르기까지 하나하나 큰 사상, 큰 의지의 형태를 이루지 않는 것은 없다. 우주는 신의 인격적 발현이 된다. 그러나 그렇게 말하더라도 나는 어느 일파의 사람들이 말하는 것처럼 신이 우주 바깥으로 초월하고 우주의 진행을 떠나 따로 특수한 사상과 의지를 갖는 우리들의 주관적 정신과 같은 것이라고 생각할 수는 없다. 신에게선 앎이 곧 행함이고 행함이 곧 앎이기에 실재는 그 즉시 신의 사상이자 의지여야 한다(Spinoza, Ethica, I Pr. 16 Schol.를 보라). 우리들의 주관적 사유 및 의지와 같은 것은 여러 체계의 충돌에서 발생하는 불완전하고 추상적인 실재이다. 그런 것으로써 직접적으로 신에 견줄 수는 없다. 일링워스(Illingworth)라는 사람은 『인간 및 신의 인격』이라는 제목의 책 속에서 인격의 요소로 지각, 의지의 자유, 사랑을 들고 있다. 그러나 그 세 가지가 인격의 요소를 이룬다고 하기 전에 그것들의 작용이 실제로 어떤 사실을 뜻하는가를 밝혀두지 않으면 안 된다. 자각이란 부분적 의식체계가 의식 전체의 중심에서 통일되는 경우에 수반되는 현상이다. 자각은 반성적 사고에 따라 일어나고 자기의 반성적 사고란 그러한 의식의 중심을 구하는 작용이다. 자기란 의식의 통일작용 이외에 다른 것이 아니며, 그 통일이 변하면 자기도 변한다. 이 이외에 자기의 본체라는 것은 허명에 지나지 않는 것이다. 우리들은 안으로 성찰하여 어떤 특별한 자기의 의식을 얻는 것처럼 여기지만 그것은 심리학자가 말하듯이 통일에 수반되는 감정에 지나지 않는다. 이와 같이 의식이 있기에 통일이 행해지는 것이 아니라 통일이 있기에 그러한 의식을 낳는 것이다. 통일 그 자체는 지식의 대상이 될 수 없으며 우리는 통일 그 자체가 되어 작용할 수는 있으되 그것을 아는 것은 불가능하다. 참된 자각이란 오히려 의지활동 위에 있는 것이지 지적 반성 위에 있는 것이 아니다. 혹여 신의 인격에 있어서의 자각이라고 말한다면, 이 우주현상의 통일이 하나하나 그런 자각이지 않으면 안 된다. 예컨대 삼각형의 모든 내각의 합이 180도라는 것은 누구에게도 또 어떤 시대에도 그렇게 생각되어야만 하는 것이다. 이 또한 신의 자각 중 하나이다. 우리들의 모든 정신을 지배하는 우주통일의 마음은 신의 자기동일적 의식이라고 해도 좋을 것이다. 만물은 신의 통일에 따라 성립하고 신에게선 모든 것이 현실이다. 신은 언제나 능동적이다. 신에게는 과거도 미래도 없다. 시공간은 우주적 의식통일에 따라 생기는 것이다. 신에게선 모든 것이 현재이다. 아우구스티누스가 말했던 것처럼 시간은 신에 의해 만들어졌고, 그렇게 시간을 초월하기에 신은 영구적인 지금으로서 있다. 그러므로 신에게는 반성적 사고가 없으며 기억이 없고 희망이 없는바, 따라서 신에게는 특별한 자기의 의식이 없다. 모든 것이 자기이고 자기 바깥에 따로 사물이 없기에 자기의 의식이라는 것이 따로 없는 것이다.

다음으로 의지의 자유라는 것에도 여러 의미들이 있겠는데, 참된 자유란 자기의 내면적 성질로부터 작용하는 이른바 필연적 자유를 뜻하는 것이지 않으면 안 된다. 전적으로 원인 없는 의지와 같은 것은 단지 불합리할 뿐만 아니라 자기에게도 전적으로 우연한 사건이기에 자기의 자유적 행위로는 느껴질 수 없는 것이다. 신은 만유의 근본이고 신 바깥에 따로 사물이 없는바, 만물은 모조리 신의 내면적 성질로부터 나오는 것이므로 신은 자유롭다. 그런 뜻에서 신은 실로 절대적으로 자유이다. 이렇게 말하면 신은 자기의 성질에 속박되어 그 전능함을 잃어버리는 것처럼 보일지 모르지만, 자기의 성질을 거슬러 작용한다는 것은 자기 성질의 불완전함이나 어떤 모순을 드러내 보이는 것이다. 신의 완전함이자 전지적임과 그의 일정하지 않은 자유의지는 서로 양립할 수 없는 것이다. 아우구스티누스도 신의 의지는 불변하기에 때로는 원하고 때로는 원하지 않는, 하물며 앞의 결단을 뒤에 번복하는 일 따위란 없다고 말한다(Conf. XII. 15). 선택적 의지라는 것은 오히려 우리들의 불완전한 의식상태에 수반되는 것이므로 그것으로 신에 견줄 수는 없다. 예컨대 우리에게 충분히 숙달된 일들에는 조금의 선택적 의지도 들어설 여지가 없다. 선택적 의지는 의혹 · 모순 · 충돌의 경우에 필요해지는 것이다. 물론 누구나 말하듯이 안다는 것 속에는 이미 자유라는 것이 포함되어 있는바 앎은 곧 가능함을 뜻하는 것이기 때문이다. 그러나 그 가능함이 반드시 일정하지 않은 가능함을 뜻해야만 하는 것은 아니다. 앎이란 반성적 사고의 경우에만 말해질 수 있는 것이 아니다. 직각 또한 앎이다. 직각 쪽이 오히려 참된 앎이다. 앎이 완전해져 갈수록 오히려 일정하지 않은 가능함은 없어지게 되는 것이다. 그렇게 신에게는 일정하지 않은 의지 곧 임의적 의지라는 것이 없기에 신의 사랑이라는 것 또한 신이 어떤 자는 사랑하고 어떤 자는 증오하며 어떤 자는 번영시키고 어떤 자는 멸망시키는 그런 편협한 사랑이 아니다. 신은 모든 실재의 근저로서 신의 사랑은 평등하고 보편적이지 않으면 안 되며, 또 그런 자기발전 그 자체가 즉시 우리에게 무한한 사랑이지 않으면 안 된다. 만물 · 자연의 발전 바깥에 특별한 신의 사랑이 있는 것이 아니다. 원래 사랑이란 통일을 구하는 마음이다. 자기통일의 요구가 자기애이고 자기와 타자 간의 통일에 대한 요구가 타자애이다. 신의 통일작용은 그 즉시 만물의 통일작용이기에, 에크하르트가 말하듯이 신의 타자애는 곧바로 그 자기애이지 않으면 안 된다. 우리가 자기의 손과 발을 사랑하는 것처럼 신은 만물을 사랑하는 것이다. 에크하르트도 신이 인간을 사랑하는 것은 임의적 행동이 아니라, 그렇게 하지 않으면 안 되는 것이라고 말한다.

이제까지 논했듯이 신이 인격적이라고 할지라도 곧바로 그것을 우리들의 주관적 정신과 동일하게 볼 수 있는 것이 아니다. 그것은 오히려 주객의 분리가 없고 물아의 차이 · 분별이 없는 순수경험의 상태에 견주어야 하는 것이다. 이 상태가 실로 우리들 정신의 시작이자 끝이며, 더불어 또한 실재의 진상인 것이다. 그리스도가 마음 깨끗한 자가 신을 볼 수 있다고 말하고 또 어린 아이와 같을 때 천국에 들어갈 수 있다고 말했듯이[69], 그때 우리들의 마음은 신에 가장 근접해 있는 것이다. 순수경험이라는 것도 단순히 지각적 의식을 가리키는 것이 아니다. 반성적 의식의 배후에도 통일이 있고 그 통일에 의해 반성적 의식은 성립하는바, 그것 또한 일종의 순수경험인 것이다. 우리들 의식의 근저에는 어떤 경우라도 순수경험의 통일이 있고 우리는 그 바깥으로 뛰쳐나갈 수 없다(이 책의 제1편을 보라). 어떤 의미에서 신은 우주의 근저에 있어서의 일대 지적 직관으로 볼 수 있고 또 우주를 포괄하는 순수경험의 통일자로 볼 수 있다. 그리하여 아우구스티누스가 신은 불변적 직관으로 만물을 직관한다고 말했던 것도, 또 신은 고요함靜이면서 움직임動이고 움직임이면서 고요함이라고 말했던 것도 이해될 수 있으며(Storz, Die Philosophie des HL. Augstinus, §20), 에크하르트의 Gottheit[신성] 및 뵈메의 Stille ohne Wesen[본질 없는 고요함][70]이라는 말의 뜻도 살필 수 있다. 모든 의식의 통일은 변화 위로 초월하여 고요히 움직이지 않아야만 하는바, 변화는 그런 통일로부터 일어나는 것이다. 즉 움직이되 움직이지 않는 것이다. 또 의식의 통일은 지식의 대상이 될 수 없으며 모든 범주를 초월하고 있다.

우리는 그것에 어떤 정해진 형태를 부여할 수 없으며 만물은 그것에 의해 성립한다. 그래서 신의 정신과 같은 것은 한쪽에서 보면 어찌해도 불가지적이지만 다른 한쪽에서 보면 오히려 우리들의 정신과 밀접해 있는 것이다. 우리는 그런 의식통일의 근저에서 즉시 신의 모습을 접할 수 있는 것이다. 그렇기에 뵈메도 하늘은 도처에 있으니 당신이 서있는 곳이나 가고 있는 곳 모두에 하늘은 있다고 말하고 또 가장 깊은 내적 생동[탄생/분만]을 따라 신에게로 도달한다고 말하는 것이다 (Morgenröte).

어떤 사람은 말할 것이다. 위와 같이 논했을 때 신은 사물의 본질과 동일하게 되어버리는 게 아닌가, 가령 신이 정신적으로 된다고 할지라도 이성 또는 양심과는 아무 구별이 없어져 그 살아있는 개인적 인격을 잃어버리게 되는 게 아닌가. 개인성은 오직 일정치 않은 자유의지로부터 생겨날 수 있는 것이므로(이는 일찍이 중세철학에 있어 스코투스가 토마스 아퀴나스에 반대했던 논점이었다[71]), 그런 신에 대해 우리는 결코 종교적 감정을 일으킬 수 없다는 것이다. 종교에서의 죄란 단지 법을 어기는 것이 아니라 인격을 등지는 것이고, 후회란 단지 도덕적 후회가 아니라 부모를 해치고 은인을 배신한 데서 오는 절실한 후회이다. 얼스킨(Erskine of Linlathen)은 종교와 도덕은 양심의 배후에서 인격을 인정하는가 아닌가에 따라 나눠진다고 말한다. 그러나 헤겔 등이 말하듯이 참된 개인성이라는 것은 일반성을 떠나 존재하는 것이 아니다. 일반성이 한정된 것이 개인성이 되는 것이다(bestimmte Allgemeinheit). 일반적인 것은 구체적인 것의 정신이다. 개인성이란 일반성에 바깥으로부터 무언가가 부가된 것이 아니다. 일반성이 발전한 것이 개인성이 되는 것이다. 무언가 내면적 통일이 없는 단순히 여러 성질의 우연적 결합과 같은 것에는 개인성이라고 할 만한 것이 없다. 개인적 인격의 요소인 의지의 자유라는 것은 일반적인 것이 자기 자신을 한정함을 말한다(self-determination). 삼각형의 개념이 여러 삼각형으로 분화할 수 있듯이 어떤 일반적인 것이 그 속에 포함된 여러 가지 한정의 가능함을 자각하는 것이 자유의 느낌이다. 아무런 기초 없는 절대적 자유로부터는 오히려 아무런 개인적 자각도 일어나지 않을 것이다. 개성이라는 것에 이유란 없다(ratio singularitatis frustra quaeritur)는 말도 있지만, 참으로 그런 개인성이란 아무 내용 없는 무와 동일한 것이지 않으면 안 된다. 구체적인 개인성은 추상적 개념으로는 알 수가 없는 것이다. 추상적 개념으로 드러날 수 없는 개인성이라도 화가나 소설가의 붓에서 선명하게 드러날 수가 있는 것이다.

신이 우주의 통일이라는 것은 단지 추상적 개념의 통일이 아니다. 신은 우리들 각각의 개인적 자기와 같이 구체적인 통일, 즉 하나의 살아있는 정신이다. 우리의 정신이 위에서 말한 의미에서 개인적이라고 할 수 있듯이 신 또한 개인적이라고 할 수 있을 것이다. 이성이나 양심은 신의 통일작용의 일부이지만 그 살아있는 정신 자체인 것은 아니다. 그러한 신성적 정신의 존재라는 것은 단지 철학 상의 논의가 아니라 실제로 영성적 마음心靈的의 경험사실이다. 우리들 의식의 밑바닥에는 누구에게도 그런 정신이 작용하고 있는 것이다(이성이나 양심은 그런 정신의 목소리이다). 단지 우리들의 작은 자기에 의해 방해받아 그런 작용을 알 수 없을 따름이다. 예컨대 시인 테니슨 또한 다음과 같은 경험을 했었다. 그가 고요히 자신의 이름을 부르면 자기의 개인적 의식의 깊은 밑바닥에서 자기 개인이 용해되어 무한의 실재가 되는바, 의식은 결코 몽롱한 것이 아니라 무엇보다 명석 · 확실한 것이었다. 그때 그에게 죽음이란 가소롭고도 불가능한 사태로, 그는 개인의 죽음이라는 것이 참된 삶 · 생명으로 느껴진다고 말한다. 그는 유년기부터 쓸쓸한 독신 생활에 이르기까지 자주 그런 일을 경험했다고 말한다. 또 문학자 시몬즈(J. A. Symonds)와 같은 사람도 우리들의 통상적 의식이 점점 더 엷어짐과 동시에 그 근저에 있는 본래의 의식이 강해지고, 마침내는 하나의 순수한 절대적 · 추상적 자기만이 남는다고 말한다. 이외에 종교적 신비가들의 경험을 들자면 끝이 없을 것이다(James, The Varieties of Religious Experience, Lect. XVI, XVII). 어쩌면 그런 현상을 모조리 병적인 것으로 간주할지도 모르겠지만 과연 그것이 병적인가 아닌가의 문제는 합리적인가 아닌가에 따라 정해지는 것이다. 내가 앞서 서술했듯이 실재란 정신적이고 우리의 정신은 그 작은 일부에 지나지 않는다고 한다면, 우리가 자기의 작은 의식을 깨트리고 하나의 큰 정신을 감각할 수 있는 것은 털끝도 괴이한 것일 이유가 없다. 우리들의 작은 의식 범위를 고집하는 것이 오히려 미망일지도 모르는 것이다. 위인에겐 반드시 그런 범상한 사람보다는 한층 심원한 영적 마음의 경험이 없어서는 안 될 것이다.

제4장

신과 세계

순수경험의 사실이 유일한 실재이고 신은 그 통일이라고 한다면, 신의 성질 및 세계와의 관계 전체도 우리들 순수경험의 통일, 곧 의식통일의 성질 및 그것과 그 내용 간의 관계로부터 알 수가 있는 것이다. 먼저 우리들의 의식통일은 볼 수도 들을 수도 없는 것, 전혀 지식의 대상이 될 수 없는 것이다. 그것에 의해 모든 것이 성립되는 까닭에 모든 것은 능히 모든 것을 월등히 넘어서고 있다. 검정색과 합쳐져 검게 드러나더라도 마음은 검게 되지 않으며 흰색과 합쳐져 희게 드러나더라도 마음은 희게 되지 않는 것이다. 불교는 말할 것도 없이, 중세철학에서 디오니시우스(Dionysius)[72] 일파의 이른바 소극적 신학[곧, 부정신학]이 신을 부정으로 논했던 것 또한 그런 면모를 묘사하고 있다. 니콜라우스 쿠자누스와 같은 이는 신이란 있고 없음마저 초월하는바 신은 있음有이면서 또 없음無이 된다고 말한다. 우리가 깊게 자기 의식 심층부를 반성적으로 사고할 때 야콥 뵈메가 앞서 신을 두고 본질[존재/(사)물] 없는 고요함이라거나 근저 없음(Ungrund) 또는 Wille ohne Gegenstand[대상 없는 의지]73라고 말했던 것의 깊은 의미를 발견해낼 수 있으며, 또 일종의 숭고함이자 불가사의한 느낌에 마음의 요동을 느끼게 될 수도 있을 것이다. 이외에 신의 영구성이나 편재함, 전지전능함 등에 대해 말하는 것도 모두 그런 의식통일의 성질에서 해석하지 않으면 안 된다. 시공간은 의식통일에 따라 성립하는 까닭에 신은 시공간을 월등히 넘어서 영구불멸하고 있지 않은 곳이 없다. 모든 것은 의식통일에 따라 생겨나는 까닭에 신은 전지전능하며, 그렇게 모르는 바도 없으며 [가]능하지 않은 것도 없다. 신에게는 앎과 능함이 동일하다.

그렇다면 위와 같은 절대무한인 신과 이 세계의 관계는 어떤 것일까. 있음을 떠나있는 무는 참된 무가 아니다. 모든 것을 떠나있는 하나는 참된 하나가 아니다. 차별을 떠나있는 평등은 참된 평등이 아니다. 신이 없다면 세계가 없듯이 세계가 없다면 신도 없다. 본디 여기서 세계라고 말하는 것은 우리들의 이 세계만을 가리키는 것이 아니다. 스피노자가 말하듯이 신의 속성(attributes)은 무한이기에 신은 무한의 세계를 포함하고 있지 않으면 안 된다. 세계적 표현은 오직 신의 본질에 속해야하는 것이지 결코 그 우연적 작용이 아니다. 신은 오래전에 한번 세계를 창조했던 것이 아니라 그 영구적인 창조자이다(헤겔).74 요컨대 신과 세계의 관계는 의식통일과 그 내용 간의 관계이다. 의식내용은 통일에 따라 성립하지만 또 의식내용을 떠나 통일인 것은 없다. 의식내용과 그 통일은 통일되는 것과 통일하는 것 두 가지가 있는 것이 아니라 동일실재의 두 방면일 따름이다. 모든 의식현상은 그 직접경험의 상태에서는 오직 하나의 활동이지만, 그것을 지식의 대상으로서 반성적으로 사고할 때 그 내용은 여러 가지로 분석되어 차이 · 분별을 낳게 되는 것이다. 가령 그런 발전의 과정에서 말한다면 먼저 전체가 하나의 활동으로서 충동적으로 드러났던 것이 모순 · 충돌에 의해 그 내용이 반성적으로 사고됨으로써 차이 · 분별을 낳게 되는 것이다. 나는 여기서도 뵈메의 말을 상기하지 않을 수 없다. 그는 대상 없는 의지라고도 할 수 있을 발현 이전의 신이 자기 자신을 돌이켜 살피는 것, 즉 신이 자기 자신을 거울로 삼는 것에 의해 주관과 객관이 나눠지고 그 일로부터 신과 세계가 발전한다고 말한다.

원래 실재의 분화와 그 통일은 하나이지 둘이어야 하는 게 아니다. 한쪽에서 통일인 것은 다른 한쪽에서 분화를 뜻하고 있다. 예컨대 나무에게서는 꽃은 충분히 꽃이고 잎은 충분히 잎인 것이 그 나무의 본질을 드러낸다. 분화와 통일에 대한 그런 구별은 단지 우리들 사상상의 일이지 직접적인 사실상의 일은 아닌 것이다. 괴테가 Natur hat weder Kern noch Schale, alles ist sie mit einem Male[자연은 핵도 겉껍질도 갖지 않으며 모든 것이 핵인 동시에 겉껍질이다][75]라고 말하듯이 구체적인 참된 실재 즉 직접경험의 사실에 있어서는 분화와 통일은 유일한 활동인 것이다. 예컨대 그림 한 폭과 한 곡의 악보에서 한 번의 터치와 소리 하나는 그 어느 쪽도 즉시 전체의 정신을 드러내며, 화가나 음악가에게 하나의 감흥인 것이 그 즉시 넘치는 천변만화의 산과 물이 되고 우여곡절의 음악도 되는 것이다. 그런 상태에 있어 신은 곧 세계이고 세계는 곧 신이다. 괴테가 「에페소인의 [여신] 디아나는 위대하도다」[76]라는 시에서 말한 것처럼, 인간 뇌리 속의 추상적인 신에 의해 소란스러워지는 쪽보다는 마음을 다해 디아나의 은관만을 만들뿐 바울의 가르침은 돌아보지 않는 은세공사 쪽이 어떤 의미에서 오히려 참된 신에게 접근했던 것이라고 할 수도 있다. 에크하르트가 말했듯이 신마저도 잃어버린 곳에서 참된 신을 보는 것이다. 그런 상태에 있어 천지는 단지 손가락 하나이고 만물과 내가 일체이지만, 앞서 말했듯이 한쪽에서 보면 실재체계의 충돌에 의해, 다른 한쪽에서 보면 그 발전의 필연적 과정으로서 실재체계의 분열이 초래되는 것이다. 이른바 반성적 사고라는 것이 일어나지 않으면 안 되는 것이다. 그로써 현실이었던 것이 관념적으로 되고 구체적이었던 것이 추상적으로 되며 하나였던 것이 많은 것이 된다. 그렇게 한쪽에 신이 있다면 한쪽에 세계가 있고 한쪽에 내가 있다면 한쪽에 사물이 있어 서로 맞서고 사물과 사물이 서로 등지게 된다. 우리들의 선조가 지혜의 나무에 달린 열매를 먹어 신의 낙원에서 추방된 것도 바로 그런 진리를 뜻할 것이다. 인간 선조의 타락은 아담·에바의 옛날일일 뿐만 아니라 우리들 마음속에서 시시각각 행해지고 있는 것이다. 그러나 뒤집어 생각해 보면 분열이라고 말하고 반성적 사고라고 말하는 것은 서로 다른 두 작용으로 있는 것이 아니라 모두 통일의 반쪽 측면인 분화작용의 발전일 따름인 것이다. 분열이나 반성적 사고의 배후에는 더욱 심원한 통일의 가능성이 포함되어 있다. 반성적 사고는 깊은 통일에 이르는 길이다(선한 사람 또한 왕생하는데 하물며 악한 사람이 어찌 왕생하지 않겠는가라는 말이 있다[77]). 신은 그 가장 깊은 통일을 드러냄에 있어 먼저 크게 분열하지 않으면 안 된다. 인간은 한쪽에서 보면 즉시 신의 자각이다. 그리스도교의 전설을 빌려 말하자면 아담의 타락이 있기에 비로소 그리스도의 구제가 있고, 그럼으로써 무한한 신의 사랑이 명확해지는 것이다.

그렇다면 세계와 신의 관계에 대한 위와 같은 사고로부터 우리의 개인성은 어떻게 설명되어야만 할까. 만물은 신의 표현이고 오직 신만이 참된 실재라고 한다면 우리의 개인성은 헛된 가상이고 물거품과 같은 전혀 무의미한 것이라고 여겨야하는 것일까. 나는 반드시 그렇게 생각해야할 필요는 없다고 본다. 본디 신에게서 이탈하여 독립된 개인성이란 없을 것이다. 그러나 그런 까닭에 우리의 개인성을 전혀 헛된 환상으로 봐야만 하는 것은 아니다. 오히려 신의 발전의 일부로 보는 것도 가능한바, 곧 그 분화작용의 하나로 볼 수도 있는 것이다. 모든 인간이 각자 신에 의해 주어진 사명을 지니고 태어났다고 하듯이, 우리의 개인성은 신성이 분화된 것이고 각자의 발전은 곧 신의 발전을 완성하는 것이다. 그런 뜻에서 우리의 개인성은 영구적인 생명을 갖는 것이며 영원한 발전을 이룬다고 말할 수 있는 것이다(로이스의 영혼불멸론을 보라). 신과 우리들의 개인적 의식 간의 관계는 의식의 전체와 그 부분의 관계이다. 모든 정신현상에 있어 각 부분은 전체의 통일 아래에서 성립함과 동시에 각자가 독립된 의식이지 않으면 안 된다(정신현상에 있어 각각의 부분은 end in itself[목적 그 자체]이다). 만물이 유일한 신의 표현이라는 것이 반드시 사람들 각각의 자각적 독립을 부정하는 것일 필요는 없다. 그것은 예컨대 우리들 시시각각의 의식이 개인적 통일 아래에 있음과 동시에 각기 독립된 의식이라고 볼 수 있는 것과 마찬가지이다. 일링워스는 하나의 인격은 반드시 다른 인격을 요구하고 자기의 인격은 다른 인격에 있어 인격 전체의 만족을 얻는 것으로, 곧 사랑이란 인격의 결여될 수 없는 특징이라고 말한다. 다른 인격을 인정한다는 것은 곧 자기의 인격을 인정하는 것이다. 그러나 그렇게 각자가 상호 간에 인격을 인정하는 관계란 다름 아닌 사랑이고, 그것은 한쪽에서 보면 두 인격의 합일이다. 사랑에서 두 개의 인격은 서로 존중하고 서로 독립해 있으면서 더불어 합일하여 하나의 인격을 형성한다. 이렇게 생각하면 신은 무한의 사랑인 까닭에 모든 인격을 포함함과 동시에 모든 인격의 독립을 인정한다고 말할 수 있다.

다음으로 생각할 것은 만물이 신의 표현이라고 말하는 것과 같은 범신론적 사상을 비난하는 것이 어떻게 악의 근본을 설명할 수 있는가라는 점이다. 내가 생각하기엔 원래 절대적으로 악이라고 해야만 하는 것은 없으며 사물은 모두 그 본래면목에 있어서는 선이다. 실재는 곧 선이라고 하지 않으면 안 된다. 종교가는 극구 육체의 악을 주장하지만 육욕일지라도 절대적으로 악은 아니며, 다만 그 정신적 향상을 방해하는 점에서 악이 되는 것이다. 또 진화론의 윤리학자가 말하듯이 오늘 우리가 죄악이라고 부르는 것도 어떤 시대에는 도덕이었다. 과거 도덕의 유물이라고도 할 수 있는 것이 단지 현재에 적절하지 않기 때문에 악이 되는 것이다. 그렇다면 사물 그 자체에 본래 악한 것이 있는 게 아니라 악은 실재체계의 모순・충돌에 의해서 일어나는 것이다. 그런데 그런 충돌이 무엇에서 일어나는지를 말하자면, 그것은 실재의 분화작용에 기초한 것으로서 실재발전의 한 요건이다. 실재는 모순・충돌에 따라 발전하는 것이다. 메피스토펠레스가 언제나 악을 요구하고 스스로를 언제나 선을 만드는 힘의 일부라고 밝히듯이[78] 악은 우주를 구성하는 한 요소라고 말해도 좋은 것이다. 본디 악은 우주의 통일・진보의 작용이 아니기 때문에 물론 그런 작용을 악 스스로가 목적으로 삼아야하는 것은 아니다. 그러나 또한 어떤 죄악도 없이 또 어떤 불만도 없이 평온무사한 세계란 극히 평범하고도 천박한 세계라고 하지 않으면 안 된다. 죄를 모르는 자는 참으로 신의 사랑이 어떤 것인지 알 수 없다. 불만 없고 고뇌 없는 자는 깊은 정신적 정취를 해득할 수 없는 것이다. 죄악・불만・고뇌와 같은 것들은 우리들 인간의 정신적 향상의 요건이다. 그렇기에 참된 종교가는 그것들에서 신의 모순을 보는 게 아니라 오히려 신의 깊은 은총을 감지하는 것이다. 그것들이 있기에 세계란 그만큼 불완전해지는 것이 아니라 오히려 풍부하고 심원해지는 것이다. 만약 이 세상에서 그것들이 모조리 제거된다면 단지 정신적 향상의 길을 잃게 될 뿐만 아니라 얼마나

많은 아름다운 정신적 사업들이 함께 이 세상에서 사라져버릴 것인가. 우주 전체의 관점에서 생각하고 또 우주가 정신적 의의에 따라 세워진 것이라고 한다면, 그런 죄악 · 불만 · 고뇌의 존재로 인해 어떤 불완전함을 발견할 수 있는 것이 아니라 오히려 그것들이 필요불가결한 이유를 알 수 있게 되는 것이다. 죄는 미워해야만 하는 것이지만 그러나 회개된 죄만큼 세상에 아름다운 것도 없다. 나는 여기서 오스카 와일드의 De Profundis[『옥중기』] 속의 한 구절을 상기하지 않을 수 없다. 그리스도는 죄인을 인간의 완성에 무엇보다 가까운 사람으로서 사랑하였다. 우스꽝스런 도적을 장황하고도 번거롭게 정직한 사람으로 변화시키는 것은 그리스도의 목적이 아니었다. 그리스도는 일찍이 세상에 알려지지 않은 방법으로 죄와 고뇌를 아름다운 신성한 것으로 이루었다. 물론 죄인은 회개하지 않으면 안 된다. 그러하되 그것은 죄인이 행했던 바를 완성하는 일이다. 그리스인들은 자기 스스로가 과거를 변하게 할 수는 없다고 생각했다. 신조차도 과거를 변화시킬 수는 없다는 말도 있었다. 그러나 그리스도는 가장 흔한 죄인마저도 그렇게 할 수 있음을 보였다. 예의 저 방탕한 자식이 무릎을 꿇고 울고 있을 때 그는 과거의 죄악과 고뇌를 자신의 생애 속에서 무엇보다 아름다운 신성한 때로서 이루었던 것이라고 그리스도는 말한다. 와일드는 죄의 인간이었다. 그렇기에 능히 죄의 본질을 알았던 것이다.

제5장

앎과 사랑

이 장은 이 책의 연장선에서 쓴 것이 아니다. 그러나 이 책의 사상과 연계된다고 생각되기에 여기에 더해놓기로 했다.

앎과 사랑은 일반적으로 전혀 다른 정신작용으로 여겨진다. 그러나 나는 그 두 정신작용이 결코 다른 종류의 것이 아니라 본래 동일한 정신작용이라고 생각한다. 어떤 정신작용인지를 한마디로 말하자면 주객합일의 작용, 곧 사물에 내가 일치하는 작용이다. 어째서 앎은 주객합일인가. 우리가 사물의 진상을 안다는 것은 자기의 망상과 억단, 이른바 주관적인 것 모두를 소거・마멸시켜 사물의 진상에 일치할 때, 곧 순[수] 객관에 일치할 때 비로소 그런 앎을 능히 행하는 것이다. 예컨대 밝은 달의 거무스름한 곳에 토끼가 떡방아를 찧고 있다거나 지진은 지하의 거대한 메기가 움직이는 것이라는 말들은 주관적 망상이다. 우리는 천문・지질의 학문에서 그런 주관적 망상을 완전히 버리고 순[수] 객관적 자연법칙에 따라 고찰하며, 거기서 비로소 그런 현상들의 진상에 도달할 수가 있는 것이다. 우리는 객관적으로 되면 될수록 점점 더 능히 사물의 진상을 알 수 있는 것이다. 다음으로 어째서 사랑이 주객합일인지 이야기해보자. 우리가 사물을 사랑한다는 것은 자기를 버리고 타자에 일치한다는 것을 말한다. 자타합일, 그 사이에 한 점의 간극도 없을 때에 비로소 참된 애정이 일어나는 것이다. 우리가 꽃을 사랑하는 것은 자신이 꽃과 일치하는 것이다. 달을 사랑하는 것은 달에 일치하는 것이다. 부모가 아이가 되고 아이가 부모가 되는 곳에서 비로소 부모자식 간의 애정이 생기는 것이다. 부모가 아이가 되기에 아이의 이로움과 해로움 하나하나는 부모 자신의 것처럼 느껴지고, 아이가 부모가 되기에 부모의 기쁨과 걱정 하나하나는 아이 자신의 것처럼 느껴지는 것이다. 우리가 자기의 사적인 상태를 버리고 순[수] 객관적인, 곧 사적인 것이 없는 상태無私가 되면 될수록 사랑은 크게 되고 깊게 된다. 부모자식・부부의 사랑에서 친구의 사랑으로 나아가고 친구의 사랑에서 인류의 사랑으로 나아간다. 붓다의 사랑은 금수초목에까지도 미치는 것이다.

이와 같이 앎과 사랑은 동일한 정신작용이다. 그래서 사물을 아는 것은 그것을 사랑하는 것이지 않으면 안 되고 사물을 사랑하는 것은 그것을 아는 것이지 않으면 안 된다. 수학자는 자기를 버리고 수의 이치를 사랑하고 수의 이치 자체와 일치되기에 그 이치를 명확히 할 수 있다. 미술가는 능히 자연을 사랑하고 자연에 일치하여 자기를 자연 속에 가라앉힘으로써 비로소 자연의 참됨을 간파할 수 있다. 또 한쪽에서 생각해 보면 우리는 우리의 친구를 아는 것이기에 그를 사랑하는 것이다. 형편을 같이 하고 사상적 취미를 같이 하여 서로 간의 도리를 깨달아 점점 깊어지면 깊어질수록 서로의 같은 정감은 더욱 짙어지게 될 것이다. 그러나 사랑은 앎의 결과이고 앎은 사랑의 결과라고 말하듯이 그렇게 두 작용을 나누어 생각해서는 아직 사랑과 앎의 진상을 얻은 것이 아니다. 앎은 사랑이고 사랑은 앎이다. 예컨대 우리들이 각자 자기가 좋아하는 것에 열중할 때에는 거의 무의식적인바, 그때는 자기를 잊으며 오직 자기보다 위에 있는 불가사의한 힘이 홀로 당당히 작용하고 있는 것이다. 그때가 주객이 따로 없는 참된 주객합일의 상태이며, 그때가 앎 곧 사랑, 사랑 곧 앎인 상태이다. 수의 이치가 지닌 오묘함에 마음을 뺏겨 자고 먹는 일마저 잊고 빠져있을 때, 우리는 수의 이치를 아는 것과 동시에 그것을 사랑하고 있는 것이다. 또 우리가 타인의 기쁨과 걱정을 마주하여 전혀 자타의 구별 없이 타인이 느끼는 것을 그 즉시 자기가 느낌으로써 함께 웃고 함께 우는 그때, 우리는 타인을 사랑하고 있으며 또 타인을 알고 있는 것이다. 사랑은 타인의 감정을 직각하는 것이다. 연못에 빠질 것 같은 어린 아이를 구하는 데에는 불쌍하다는 생각조차 일어날 여지가 없다.

흔히들 사랑은 감정이므로 순수한 지식과는 구별되어야 한다고 말한다. 그러나 사실상의 정신현상에 있어 순[수] 지식이라는 것이 없다면 순[수] 감정이라는 것도 없다. 그러한 구별은 심리학자가 학문상의 편의를 위해 만든 추상적 개념에 지나지 않는다. 학문적 이치의 연구가 일종의 감정에 따라 유지되지 않으면 안 되는 것처럼 타자를 사랑하는 데에는 일종의 직각이 그 기초가 되어야 한다. 내 생각에 보통의 앎이란 비인격적 대상의 지식이다. 설령 대상이 인격적이더라도 그것을 비인격적으로 볼 때의 지식이다. 이에 반해 사랑이란 인격적 대상의 지식인바 설령 대상이 비인격적이더라도 그것을 인격적으로 볼 때의 지식인 것이다. 둘의 차이는 정신작용 그 자체에 있는 것이 아니라 오히려 대상의 종류에 따른 것이라고 해도 좋다. 그런데 예로부터의 다양한 학자·철인이 말했듯이 우주 실재의 본체가 인격적인 것이라고 한다면, 사랑은 실재의 본체를 포착하는 힘이다. 곧 사물의 무엇보다 깊은 지식이다. 분석·추론의 지식은 사물의 표면적 지식이지 실재 그 자체를 포착할 수는 없는 것이다. 우리는 오직 사랑으로써만 실재 그 자체의 포착에 이를 수 있다. 사랑은 앎의 극점이다.

여기까지 앎과 사랑의 관계를 약간 서술했는데, 지금부터는 그것을 종교상의 일에 맞추어 생각해보자. 주관은 자력自力이고 객관은 타력他力이다. 우리가 사물을 알고 사물을 사랑한다는 것은 자력을 버리고 타력의 믿는 마음에 들어간다는 것을 말한다. 인간 평생의 일이 앎과 사랑 말고는 달리 없다고 한다면 우리는 하루하루 타력신심 위에서 움직이고 있는 것이다. 학문도 도덕도 모두 붓다의 광명이고 종교라는 것은 그런 작용의 극치이다. 학문이나 도덕은 각각의 차이 · 분별적 현상 위에서 그런 타력의 밝은 빛을 받는 것이지만, 종교는 우주 전체 위에서 절대무한의 붓다 그 자체에 접촉하는 것이다. "아버지, 하실 수만 있으시다면 이 잔을 제게서 거두어주소서. 그러하되 제 뜻대로 하지 마시고 오직 아버지의 뜻대로 하소서"[79]라는 말, "염불은 진정으로 정토에서 태어나는 씨앗인가, 아니면 지옥에 떨어지는 업인가, 나는 전혀 알 수가 없네"[80]와 같은 말이 종교의 지극한 뜻이다. 그런데 그런 절대무한의 부처 또는 신을 안다는 것은 오직 그것을 사랑함으로써만 능히 행할 수 있는 것이다. 그것을 사랑한다는 것이 곧 그것을 아는 것이다. 인도의 베다교, 신플라톤학파, 불교의 성도문聖道門은 그것을 안다고 하고 그리스도교나 정토종淨土宗은 그것을 사랑한다고 하거나 의지한다고 한다. 각기 그 특색이 없지는 않지만 그 본질에서는 동일하다. 신은 분석이나 추론에 따라 알 수 있는 것이 아니다. 실재의 본질이 인격적인 것이라고 한다면 신은 무엇보다 가장 인격적인 것이다. 우리가 신을 안다는 것은 오직 사랑 또는 믿음의 직각에 따라 알 수 있다는 것이다. 그렇기에 우리가 신을 모르고서 오직 신을 사랑하고 믿는다는 것은 무엇보다 신을 잘 알고 있다는 것이다.

주석

1. "처음에는 마하 등을 읽어보았지만 도무지 만족되지가 않았다": 에른스트 마하(Ernst Mach, 1838~1916). 오스트리아의 물리학자, 철학자. 근대 실증주의철학의 대표자. 속도 단위 '마하'로 알려져 있다. ["철학 상의 주저는 『감각의 분석』(1886) 및 『인식과 오류』(1905). 마하는 실체나 인과 관계 등의 형이상학적 범주 및 물심이원론의 가정을 배제하고, 세계를 형성하는 궁극적인 요소는 물적이지도 심적이지도 않은 중성적인 감각적 요소들(색, 소리, 열, 누름[押] 등)이라고 주장했다."(『현상학사전』, 도서출판 b)]
2. "당시엔 뮌스터베르크의 심리학이나 헤겔의 논리학에 […] 타협했다는 느낌이 든다": 이 문장은 1921년 2판 이후부터는 삭제되었다. —옮긴이
3. "사색 따위나 하는 녀석은 푸른 들판에서 마른 풀이나 먹는 동물과 같다고 메피스토에게 조롱당할지도 모를 일이지만": 괴테의 『파우스트』[1808/1832] 제1부 「서재」 장에 나오는 메피스토펠레스의 말을 요약한 것.
4. "의식의 가장자리(fringe)": "윌리엄 제임스의 현상학적 심리학의 주요 개념. 의식영역 중심의 명확한 개념이나 심상으로 이루어진 '핵' 내지 '주제'를 의미화하는 주위[주변·가장자리]의 추이적 부분."(『현상학사전』) —옮긴이

5. “지각적 활동의 배후에도 역시 어떤 무의식적인 통일의 힘이 작용하고 있지 않으면 안 되며”: 여기서 ‘무의식’ ‘무의식적인’은 주관과 객관을 나누는 구별적 인식으로서의 ‘의식’ 작용이 정지된 상태, 의식-없음 또는 의식-아님을 뜻하는 ‘통일작용’을 뜻한다. 이후 거듭 나오는 ‘무의식’이라는 용어도 마찬가지이다. —옮긴이
6. “의식의 흐름”: stream of consciousness. “의식의 가변적이고 유동적인 속성을 윌리엄 제임스는 의식의 흐름이라 부른다. 무언가 의식이 진행되고 있다는 것이 심리학의 기본적 소여이지만, 의식은 (1) 누군가 개인의 마음에 속하는 것으로서, (2) 부단히 변화하면서, (3) 언제나 연속적으로 흐르지만, (4) 그 대상의 어떤 일부분에 흥미를 지니고서 다른 것을 무시하는 선택적 지향성으로 진행된다. 제임스는 특히 의식의 가변성, 유동성, 선택성을 역설한다. 의식의 연속성이란 의식의 흐름에는 간격, 균열, 구분이 없다는 뜻이다. 따라서 순간순간마다 새로운 의식이 차례차례 잇따라 일어나는 마음의 비유로 가장 적절한 것은 ‘사슬’이나 ‘열(列)’이 아니라 ‘시냇물’ 혹은 ‘흐름’이다. 의식의 흐름 속에서 가변성과 유동성이 농후한 ‘추이적 부분’이 ‘프린지(테두리[가장자리])’라고 불리며, 비교적 안정되고 명확한 ‘실질적 부분’이 ‘핵’이라고 불린다.”(『현상학사전』) —옮긴이
7. “사상의 3법칙”: 동일성의 원리, 모순의 원리, 배중률의 논리.

8. "가장 천박한 형식": 이 구절은 2판 이후 "하나의 형식"으로 수정되었다. ―옮긴이

9. "괴테가 '의욕하지 않는 하늘의 별은 아름답다'고 했듯이": 괴테의 소품 「눈물 속에 있는 위로(Trost in Tränen)」의 한 구절. "별을 붙잡으려 하지는 않으리. / 우리는 별빛에 기뻐하고 / 맑게 게인 밤하늘을 올려다보면서 / 커다란 환희를 온몸으로 느끼네."(『괴테 시집』 1권, 이와나미문고, 124쪽)

10. "셸링의 Identität": 주관과 객관, 정신과 자연의 동일성. 실재에 대해 셸링은 주관과 객관이나 정신과 자연이라는 식의 분리가 없는, 차이・구별이 없는 것(無差別者), '동일자'라고 생각했다. [셸링, 「인간적 자유의 본질 및 그것에 관련된 대상에 대한 철학적 탐구」(『인간적 자유의 본질』, 최신한 옮김, 한길사, 2000)를 참조.]

11. "하루 종일 행하였음에도 행한 것이 없다": 『벽암록(碧巖錄)』 16칙에 있는 비슷한 말을 염두에 두고 있는 듯하다.

12. "브라만 즉 아트만임을 아는 것": 범아일여(梵我一如). 우주의 근본원리인 범(梵, brahman)과 개인인 아(我, ātman; 숨・호흡을 뜻함)는 하나라는 사상으로, 고대 인도 바라문교의 세계관.

13. "엘레아학파": 기원전 6세기 엘레아가 세운 학파. 크세노파네스, 파르메니데스, 제논 등. 이 학파의 대표자인 파르메니데스는 사유만이 존재를 포착할 수 있다고 하고 감각에 비춰지는 변화나 운동은 가상에 지나지 않는다고 주장했다.

그의 제자 제논은 감각에 비춰지는 그런 변화나 운동을 사고할 때 모순에 빠지게 된다는 것을 '날아가는 화살의 정지상태' '아킬레우스와 거북의 경주' 등의 역설을 통해 파르메니데스의 논설을 간접적으로 증명하려했다.

14. "진실로 존재하는 것은 다름 아닌 앎(有即知, esse=percipi)": 버클리, 『인간 지성의 원리에 관한 논고』, 1부 3절(1710)의 한 구절. "사물이 존재한다는 것은 그것이 인지・감지되고 있다는 것이다. 사물이 마음 바깥에, 곧 인지・감지하는 사유적 사물 바깥에 존재한다는 것은 불가능하다." [니시다가 거듭 예로 드는 사물 '책상', 곧 실체(substantia)로서 자기 완결적으로 존재하는 책상이 아니라 인지・감지됨으로써 존재하는 것이 되는 책상은 버클리의 논법(esse est percipi)이자 예시의 성분을 공유하고 있다.]

15. "존재하는 것은 다름 아닌 활동(有即活動)": 버클리의 명제 곁에서 제기된 니시다의 이 명제는 '활동과 그 소산으로서의 존재의 일치'를 주장한 피히테의 '실행(事行, Tathandlung)'과 가깝다. [피히테가 말하는 앎・지성의 근본적 원칙으로서의 '[실]행하는 활동'은 여기서 니시다가 말하는 "참된 실재" 곧 "의식현상으로도 물체현상으로도 이름붙일 수 없는 것"과 접촉한다. 피히테의 한 문장은 다음과 같다. "그 원칙은 우리 의식의 경험적 규정 아래 나타나지도 않고 또 나타날 수도 없으며, 오히려 모든 의식의 근거에 있으면서 그 의식을 가능하게 하는 그런 [실]행하는 활동을 표현해야만 한다."(피히테, 『전체 지식학의 기초』, 1794)]

16. "하이네가 고요한 밤하늘의 별을 올려다보면서 창공에 박혀있는 황금 못이라고 했을 때": 하이네의 시집 『북해(Die Nordsee)』[1825~1826] 속 「밤의 선실에서」의 한 구절[하인리히 하이네, 『노래의 책』(김재혁 옮김, 문학과지성사, 2001)에 수록].

17. "번개는 올림푸스 산 정상 제우스 신의 분노이고 두견새의 목소리는 필로메네 천고의 원한이었다(Schiller, Die Götter Griechenlands를 살펴볼 것)": 프리드리히 폰 실러의 『그리스의 신들』[장상용 옮김, 인하대학교출판부, 2000]에 나오는 한 구절.

18. "그리스의 철학자 헤라클레이토스가 만물은 유전[운동/변화]하므로 어떤 것도 멈춤이 없다(Alles fliesst und nichts hat Bestand)고 했듯이": 『소크라테스 이전 철학자들의 단편 선집』(강철웅 외 옮김, 아카넷, 2005) 속의 헤라클레이토스 단편 91번: "같은 강에 두 번 발을 담글 수 없고 가사적인 것을 고정된 상태에서 두 번 접촉할 수도 없다. 그것은 변화의 급격함과 빠름에 의해서 흩어졌다가 또다시 모이고(아니 '다시'도 '나중'도 아닌, 차라리 '동시에' 합쳐졌다가 떨어지며 다가왔다가 멀어진다."(243쪽) —옮긴이

19. "헤라클레이토스가 싸움은 만물의 아버지라고 했듯이": 『소크라테스 이전 철학자들의 단편 선집』 속의 헤라클레이토스 단편 53번; 80번: "전쟁은 만물의 아버지이고 만물의 왕이다. 그것은 어떤 이들은 신으로 어떤 이들은 인간으로 드러내며. 어떤 이들은 노예로 어떤 이들은 자유인으로

만든다."; "전쟁(polemos)은 공통된 것이고 투쟁(eris)이 정의이며, 모든 것은 투쟁과 필연에 따라서 생겨난다는 것을 알아야한다."(『선집』, 249쪽) —옮긴이

20. "자연현상의 배후에는 본원적 현상(Urphänomen)이 있다": 괴테의 『색채론(Zur Farbenlehre)』(1810[권오상 · 장희창 옮김, 민음사, 2003])에서 전개된 사상. 오늘날에는 '원현상'이나 '근원현상'으로 옮긴다. 경험적 세계의 근저에서 다양한 현상들을 포함하는, 근본이 되는 현상을 말한다.

21. "라이프니츠가 말했듯이 발전(Evolution)은 곧 내적인[내부로부터의] 전개內展(Involution)이다": 이는 『모나드론』과 관련된다. "우리가 탄생이라고 부르는 것은 발전이고 성장인 반면 우리가 죽음이라고 부르는 것은 주름이고 감소다"(§73); "사람들은 유기체는 잉태 이전에 이미 있었을 뿐만 아니라 몸속에 영혼, 즉, 짐승 자신이 이미 있었고 이 짐승은 잉태를 수단으로 다른 종류의 짐승이 되기 위해 단지 대형으로 변형되는 인자로서만 마련되게 설정되었다고 판단했다. 예를 들어, 생산은 아니지만 구더기가 파리가 되고 애벌레가 나비가 될 때 사람들은 그와 비슷한 것을 관찰하게 된다.(『변신론』 서언 5b, §86, §89, §90, §187~188, §397, §403)."(§74, 라이프니츠, 『모나드론』, 배선복 옮김, 책세상, 2007, 58~59쪽) —옮긴이

22. "야콥 뵈메가 말했듯이 뒤바뀌진 눈(umgewandtes Auge)으로 신을 보는 것이다": 야콥 뵈메(Jakob Böhme, 1575~1624), 독일의 신비주의 철학자. 자기의 신비체험을 기초로 한

독자적인 자연철학과 범신론을 결합시킨 사상을 펼쳤고, 셸링이나 독일 낭만주의에 다대한 영향을 주었다. 저서로는 『서광』이 있다[『그리스도에 이르는 길』(정남수 옮김, 누멘, 2010), 『고백: 신과 악마의 투쟁』(조미나 옮김, 누멘, 2009)]. 뵈메는 신성의 근원인 '근저 없음(無底, Ungrund)'을 우리들의 내적인 근저의 중심이라고 생각했다. 여기서 '뒤바뀌진 눈'이라는 것은 자기 내면의 심층부로 향해지고 있는 시선이라는 뜻이다.

23. "쿠자누스 […] (De docta ignorantia, Cap. 24)": 니콜라우스 쿠자누스(Nicolaus Cusanus, 1401~1464), 독일의 신비주의 철학자, 성직자. 신플라톤주의자. 신을 극대인 동시에 극소라는 모순의 통일자로서, 혹은 '반대의 일치'로서 설명했다. 저서로는 『지(知)인 무지』 『신앙의 평화』가 있다['반대의 일치(coincidentia oppositorum)'는 수학자이기도 했던 쿠자누스가 원과 삼각형을 예로 들어 무한 · 절대로서의 신에게서는 대립 · 차이 · 구별이 정지해 있음을 설명하기 위해 고안한 용어이다. 이는 브루노의 범신론, 셸링의 동일철학, 독일 낭만주의에 영향을 미쳤다]. 니시다에 의해 간접 인용되고 있는 쿠자누스의 위 저작 24장에서 쿠자누스는 신을 '모든 절대와 무한에 앞서있는 무한한 일자성'으로 포착하고, 그것이 어떤 긍정적 언사를 통해서도 규정될 수 없다고 말한다. 긍정적인 언사로 규정될 수 있는 모든 것은 피조물일 뿐이며 신은 부정적 언사를 통해서만 규정될 수 있다는 것이다[니콜라우스 쿠자누스, 『박학한 무

지』(조규홍 옮김, 지만지, 2013) 24장 「신의 이름과 긍정신학에 관하여」를 참조.]

24. "왕양명이 지행동일(知行同一)을 주장했듯이": 왕양명(王陽明, 1472~1528), 명대의 유학자, 정치가. 양명학의 창시자. 『대학』에 있는 '격물(格物)'을 주자처럼 '이치(理)를 논구함[사물의 이치를 궁구하여 궁극에 도달함]'이라는 뜻에서가 아니라 '마음(心)을 바로함'이라는 실천적 의미로 해석함으로써, 초기에는 '마음 곧 이치(心卽理)'설을 주장, 후기에는 '치양지(致良知[만인의 선천적이고 보편적인 마음의 본체인 좋은 앎을 실천함])'설을 주장했다. 저서 『전습록(傳習錄)』.

25. "소크라테스를 독살한 아테네 사람들보다도 소크라테스 쪽이 자유의 인간이다. 파스칼 또한 […]": '자유의 인간'으로서의 '소크라테스-파스칼'을 보증하는 『팡세』(1670) 인용의 원문맥은 다음과 같다: "인간은 자연에서 가장 연약한 한 줄기 갈대일 뿐이다. 그러나 그는 생각하는 갈대이다. 그를 박살내기 위해 우주 전체가 무장할 필요는 없다. 한번 뿜은 증기, 한 방울의 물이면 그를 죽이기에 충분하다. 그러나 우주가 그를 박살낸다 해도 인간은 그를 죽이는 우주보다 더 고귀할 것이다. 인간은 자기가 죽는 다는 것을, 그리고 우주가 자기보다 우월하다는 것을 알기 때문이다. 우주는 아무것도 모르기 때문이다."(블레즈 파스칼, 『팡세』, 이환 옮김, 민음사, 2003, 213쪽) —옮긴이

26. "신권적 윤리학은 […] 둔스 스코투스 등이 그 주장자이다":

요한네스 둔스 스코투스(Johannes Duns Scotus, 1266~1308), 영국의 스콜라 철학자, 신학자. 프란체스코 수도사, 토마스주의와 대립. 이성에 대한 의지의 우위를 주장하고 신의 의지를 도덕의 최고원칙으로 보았다[저작으로는 둔스 스코투스, 『제일원리론』(박우석 옮김, 누멘, 2010)].

27. "키르히만은 그런 절대적 세력을 가진 것이 혹여 의지를 가진 것이라면 거기서 저절로 존경의 마음이 생겨나지 않으면 안 된다고 말하는바": 율리우스 키르히만(Jurius H. v. Kirchmann, 1802~1884), 독일의 법학자, 철학자. 도덕의 모든 기초는 절대적인 힘에 대한 경탄이고, 그 절대적인 힘이 의지를 갖는 경우 권위·권력이 되며, 그것들에 대한 존경이 생겨남으로써 그것들을 따르게 되는 것이 도덕적 행위라고 설명한다. 니시다에 의해 간접 인용되고 있는 내용은 키르히만, 『법과 도덕의 근본개념』(1873) 3장에 있다.

28. "사이교 법사가 '곁에 누가 계시는지는 알 수 없으되 그저 송구스러워 눈물겨워지게 되네'라고 읊었던 것처럼": 『사이교 법사 가집』에 수록. [사이교(西行, 1118~1190), 헤이안 시대 말기부터 가마쿠라 시대 초기에 걸친 사무라이, 승려, 가인.]

29. "나는 합리설에서 가장 한결같은 것이 클라크의 학설이라고 생각한다. […] '있음'이라는 것과 '있어야만 함'이라는 것을 완전히 혼동하고 있다": 사무엘 클라크(Samuel Clarke, 1675~1729), 영국의 도덕철학자, 신학자인 동시에 뉴턴

사상의 일반화에 애썼다. 신의 존재나 영혼의 불멸이나 의지의 자유 등 도덕적 문제에 관해서는 합리적 · 주지주의적 입장을 취했다. 시간이나 공간에 관한 라이프니츠와의 논쟁으로 알려져 있다. 본문의 해당 부분은 클라크, 『신의 존재와 여러 속성들의 증명』(1704~1705)의 12장에 있음.

30. "너의 이웃을 사랑하라는 도덕법": 「마태복음」 22장 39절("네 이웃을 너 자신처럼 사랑해야 한다.") —옮긴이

31. "견유학파"(p. 174, "키니코스학파"): 소크라테스의 제자 안티스테네스[Antisthenes, BC 445?~BC 365?]가 시작한 금욕주의적 학파. 행복이란 외적인 조건에 좌우되지 않는 유덕한 생활에 있고, 그것은 모든 욕망을 의지로 단절함으로써 도달할 수 있다는 입장을 취했다. 안티스테네스의 제자 디오게네스(Diogenēs ho Sinope, BC 400?~BC 323?)가 개처럼 걸식 생활을 했던 것으로 견유(犬儒)['키니코스'는 '개'라는 단어에서 유래함]라는 말로 불렸다.

32. "스토아학파": 헬레니즘 시대에 키프로스의 제논이 시작한 금욕주의적 학파. 제논이 스토아 포이키레(좌우 기둥이 늘어서있는 회랑이나 복도)가 있는 어떤 건물에서 강의했던 것에서 유래한 이름. 이성으로 욕망을 통어하고 자연에 따른 금욕적 생활을 이상으로 삼았다. 이후 로마의 현인들에게 수용되었고, 그리스도교 도덕의 기초가 되기도 했다.

33. "[스토아학파의] 무욕(Apathie)"; "에픽테토스": 그리스어 아파테이아의 독일어역. apatheia는 문자대로 pathos(격

정 · 번뇌 · 정욕)이 없는 마음의 평정 상태를 가리킨다. 일반적으로 '부동심(不動心)'으로 옮긴다.

34. "키레네학파와 에피쿠로스"; "아리스티포스"; "마음의 평화(tranquility of mind)": 키레네학파. 창시자는 아리스티포스(Aristippos, BC 435~BC 355). 북아프리카의 큐레네에서 시작했던 것에서 유래. 감각주의의 입장에서 우리가 기대는 것은 개인적인 감각일 뿐이며 감각적 쾌락만을 선이라고 보았다. 에피쿠로스(Epikuros, BC 341~BC 270)는 데모크리토스 원자론의 영향을 받았던 유물론자. 인생의 목적은 쾌락에 있다고 하는 쾌락주의자였지만, 그가 말하는 참된 쾌락은 욕망의 충족이 아니라 오히려 욕망에서 해방된 '마음의 평화'—아타락시아(ataraxia)—에 있었다. [참조할 수 있는 저작들로는 에피쿠로스, 『쾌락』(오유석 옮김, 문학과지성사, 1998년); 루크레티우스, 『사물의 본성에 관하여』(강대진 옮김, 아카넷, 2012); 칼 맑스, 『데모크리토스와 에피쿠로스 자연철학의 차이』(고병권 옮김, 그린비, 2001); 장 살렘, 『고대 원자론: 쾌락의 윤리로서의 유물론』(양창렬 옮김, 난장, 2009)]

35. "벤담도 밀도 자기의 쾌락과 타인의 쾌락은 일치하는 것이라고 힘써 논하고 있지만, […]": 벤담(Jeremy Bentham, 1748~1832), 영국의 철학자, 공리주의의 창시자. 쾌락과 고통을 인간 행위의 지배원리로 삼은 쾌락주의를 출발점으로 하여, 그 쾌락과 고통의 원리를 공리성의 원리와 동일시하고 '최대다수의 최대행복'의 실현을 슬로건으로 내세운 공중

적/이타적 쾌락주의를 설파했다. 저작으로는 『도덕과 입법의 원칙들에 대한 서론』[강준호 옮김, 아카넷, 2013(초판 1789)]이 있다. 존 스튜어트 밀(John Stuart Mill, 1806~1873)은 그런 벤담의 공리주의를 더욱 이타적인 방향으로 개량하고자 했던 『공리주의』[서병훈 옮김, 책세상, 2007(초판 1863)]를 썼다. 본문의 해당내용은 벤담의 책 제4장[「쾌락 혹은 고통의 가치와 측정 방법」] 및 밀의 책 제2장[「공리주의란 무엇인가」]에 있다.

36. "아우구스티누스나 데카르트와 같이 무엇보다 근본으로 되돌아가 사고했던 사람들 모두가 그런 의식의 내면적 필연에서 시작했던 것처럼, 선의 근본적 표준 또한 거기서 구하지 않으면 안 된다": 여기서 니시다는 데카르트의 '나는 생각한다, 고로 존재한다'는 원리를 염두에 두고 있지만, 아우구스티누스도 자기의 존재함에 관하여, 설령 자기가 속임을 당하더라도 그렇게 속고 있는 이상 자기란 존재하지 않으면 안 되며 존재하지 않는 것은 그렇게 속임을 당하지도 않기 때문이라고 말한다(『자유의지론』 제2권 3장 참조. ['존재'에 방점 찍는 주해자 코사카의 의지를 조금 비켜나서 니시다의 본문과 다시 접촉할 수 있는 아우구스티누스의 문장은 다음과 같다: "의지가 불변하고 공통된 선—고유한 선이 아니라 공통된 선을 말한다. 진리가 이런 선에 해당하는데, 진리에 관해서는 위에서 우리가 많은 말을 했지만 결코 진리에 합당하게 이야기를 다하지는 못하는 법이다—에 결속할 때에만 사람은 행복한 삶을

얻게 된다. 그리고 행복한 삶, 다시 말해서 불변하는 선에 결속하는 정신의 자세야말로 인간의 고유한 선이고 첫째가는 선이다. 그리고 이 선에 모든 덕성들이 들어 있으니 이것들은 아무도 악용을 못한다."(아우구스티누스, 『자유의지론』, 성염 옮김, 분도출판사, 1998, 261쪽).]

37. "회프딩이 '의식은 의지의 활동으로 시작하고 또 그것으로 끝난다'고 했듯이 의지는 추상적 이해의 작용보다도 근본적인 사실이다": 회프딩(Harald Höffding, 1843~1931), 덴마크의 철학자. 키르케고어, 칸트, 쇼펜하우어, 실증주의의 영향을 받았고 심리학, 윤리학, 철학사에 관한 저작을 남겼다. 저서로는 『근대철학사』(전 2권). 니시다의 인용부분은 『경험에 기초한 심리학 요강』, 독일어역 제3판, 1901(초판 1882), 제4장 7절에 있다.

38. "플라톤과 아리스토텔레스에서 활동설은 시작한다. 특히 아리스토텔레스는 그것에 기초하여 하나의 윤리를 조직했다. 그에 따르면 인생의 목적은 행복(eudaimonia)이다. 그러하되 그런 행복에 도달하게 되는 것은 쾌락을 요구함으로써가 아니라 완전한 활동에 의해서이다": 니시다의 문맥 속에서 아리스토텔레스의 에우다이모니아(행복)에 관계된 문장을 뽑으면 다음과 같다: "행복은 완전하고 자족적인 어떤 것으로서, 행위를 통해 성취할 수 있는 것들의 목적이다."; "그런데 인간은 본성상 폴리스적 동물이기 때문에 우리가 이야기하는 자족성은 자기 혼자만을 위한 자족성, 고립된 삶을 살아가는 사람을 위한 자족성이 아니다. 부모,

자식, 아내와 일반적으로 친구들과 동료 시민들을 위한 자족성이다."; "우리가 여기서 찾고 있는 삶은 활동(energeia)에 따른 삶이라고 해야 할 것이다."(아리스토텔레스, 『니코마코스 윤리학』, 김재홍 · 강상진 · 이창우 옮김, 이제이북스, 2006, 28~30쪽). —옮긴이

39. "공자가 '변변찮은 밥먹으며 물마시고 팔굽혀 베개삼더라도 즐거움은 바로 그 속에 있으니'라고 했듯이": 『논어』 술이편(述而篇) 제7장.

40. "우리들의 정신이 여러 능력들을 발전시키고 원만한 발달을 이루는 것이 최상의 선이다(아리스토텔레스의 이른바 entelechie[가장 완전한 현실태/완성태]가 선이다)": 엔텔레키(완전 · 실현태)는 단순한 가능태(뒤나미스)에 대립하는 상태로서, 완전하게 행해지는 행위 혹은 완성된 현실성을 뜻한다. [니시다의 문맥 속에 들어있는 아리스토텔레스의 한 문장은 다음과 같다: "각 실체는 완성 상태(의 것)이자 일정한 실재다."(아리스토텔레스, 『형이상학』, 김진성 옮김, 이제이북스, 2007, 364쪽).]

41. "스피노자도 덕이란 자기 고유의 성질에 따라 움직이는 것이라고 했었다": 스피노자는 '덕(virtus)'과 '능력(potentia)'을 동일시하고 '덕이란 자기에게 고유한 본성의 법칙에 따라 작용하는 것'이라고 말한다. 『에티카』 제4부 정리 18을 참조[(무릅쓰고) 인용해 놓자면 다음과 같다: "덕이란 (제4부 정의 8에 의해) 고유한 본성의 법칙에 따른 작용에 지나지 않으며, 누구든지 고유한 본성의 법칙에 따라서만

자신의 유(有)를 유지하려고 하므로(제3부의 정리 7에 의해) 이로부터 다음과 같은 결론이 나온다. 첫째로 덕의 기초는 고유한 유(有)를 유지하려는 노력 자체이며 행복은 인간이 자신의 유를 유지할 수 있는 것 안에서 성립한다. 둘째로 덕은 그 자체를 위해서 추구되어야 하며, 덕 자체보다 더 가치 있는 것 또는 우리들에게 덕보다 더 가치 있는 것, 그것들 때문에 덕을 추구해야만 한다는 것은 결코 존재하지 않는다. 마지막 셋째로 자살하는 사람은 마음이 무력하며 자기의 본성과 모순되는 외적 원인에 전적으로 정복당하는 사람들이라는 결론이 나온다."(스피노자, 『에티카』, 강영계 옮김, 서광사, 1990, 225쪽)]

42. "플라톤에게서 선의 이상은 실재의 근본이고 중세철학에도 omne ens est bonum[모든 실재는 선이다]이라는 구절이 있다": 플라톤의 문장은 다음과 같다. "'좋음(善: to agathon')의 이데아가 '가장 큰(중요한) 배움'이라는 것을, 그리고 바로 이 이데아 덕분에 올바른 것들도 그 밖의 다른 것들도 유용하고 유익한 것들로 된다는 것을 자네는 여러 차례 들었을 테니까 말일세."(플라톤, 『국가』, 박종현 역주, 서광사, 2005, 428쪽) '모든 실재는 선이다'라는 구절은 아퀴나스 『신학대전』 제1부 5문 3항의 문장이다. "신 아닌 유[실재]는 모두 신의 피조물이다. 그런데 「티모테오[디모데]에게 보낸 첫째 편지」 4장 4절에서 말하는 바와 같이 신은 최고로 선하다. 그러므로 모든 유는 선이다."(토마스 아퀴나스, 『신학대전』 1권, 정의채 옮김, 바오로딸, 2002, 289쪽), 이

문장 속에 있는 「디모데전서」의 한 구절은 다음과 같다: "하느님께서 만드신 것은 모두 다 좋은 것이고 감사하는 마음으로 받으면 하나도 버릴 것이 없습니다." —옮긴이

43. "아리스토텔레스는 모든 덕은 중용에 있다고 했던바, […] 그것은 자사의 생각과 곧잘 닮았다. 진화론의 윤리학자 스펜서와 같이 선이 여러 능력들의 평균이라고 말하는 뜻도 마찬가지이다": 아리스토텔레스, 『니코마코스 윤리학』 제2권 6장 · 7장 참조. 자사(子思, BC 483~BC 402), 춘추시대의 학자, 증자의 제자, 공자의 손자. '지극한 성실(至誠)'과 '중용'을 설파했다. 스펜서(Herbert Spencer, 1820~1903)는 영국의 사회진화론자. 본문의 관련 내용은 그의 『종합철학체계』(전10권) 9권의 1부 1편 6장 30절.

44. "괴테의 「제비꽃」이라는 시에는 들판의 제비꽃이 어린 양치기 소녀에게 밟히면서도 사랑의 만족을 얻는 부분이 있다": 니체의 그 시에 대한 김출곤의 번역은 다음과 같다: "[…] 아아! 제비꽃은 생각하네, 자연에서 나 홀로 / 아아, 잠시 잠깐 동안이라도, / 제일 아름다운 꽃이 되기라도 한다면, / 나를 저 사랑스러운 이가 꺾으려니 / 가슴에 묻혀 시들기라도 하련만! / 아아 그저, 아아 그저 / 15분 동안만이라도! // 아아! 그러나 아아! 아가씨는 오더니 / 제비꽃에 눈길 한 번 주지 않고 무심코 / 가련한 제비꽃 밟아버리더라. / 제비꽃 주저앉네 죽어가네, 그래도 기뻐하네: / 그래 나 죽는구나, 그러나 이렇게 죽는구나, / 그이 때문에, 그이 때문에, / 그래도 그이 발에 밟혀서. // 가련한 제비꽃이어

라! / 어여쁜 제비꽃이었거늘!"(http://www.gosinga.net에서 인용) —옮긴이

45. "플라톤은 유명한 『공화국[국가(政體)]』에서 사람 마음의 조직을 국가의 조직과 동일시하고 이성에 의해 통어된 상태가 국가에 있어서도 최상의 선이라고 말한다.": 플라톤, 『국가』, 제5권 10장 · 18장, 제6권 12장 · 13장.

46. "길(道)은 지[식] · 무지에 속하지 않는다": 『무문관(無門關)』 제19칙에 나오는 남천(南泉)의 말.

47. "칸트 또한 이렇게 말하였다. 우리들이 언제나 무한한 찬미와 경외로 바라보는 두 가지가 있는바, 하나는 별들이 넘쳐흐르는 저 위의 하늘이고 다른 하나는 마음 안의 도덕적 법칙이라고.": 임마누엘 칸트, 『실천이성 비판』의 말미(제2부 결론)에 있는 유명한 말.

48. "칸트의 가르침은 나 자신 및 타인의 인격을 공경하고 목적 그 자체(end in itself)로서 취급하라는 것, 결코 수단으로 사용하지 말라는 것이었다.": 임마누엘 칸트, 『윤리형이상학 정초』[1785] 2장의 한 문장(이원봉 옮김, 책세상, 84쪽. 번역을 고쳐 인용하면 다음과 같다): "당신의 인격 속에 있는 인간성과 마찬가지로 저마다의 다른 인격 속에 있는 인간성을 그저 단순한 수단으로서만 필요로 하는 게 아니라 동시에 언제나 목적으로서도 필요로 할 수 있게 행하라.") 니시다의 이 문장을 둘러싼 당대 및 그 이후의 상황은 가라타니 고진의 다음 문장들 속에서 비판적으로 확인된다. "칸트는 '타자를 수단으로서 뿐만이 아니라 동시에

목적으로서 대하라'는 것을 보편적인 도덕법칙으로 간주하였습니다. 여기서 중요한 것은 '뿐만이 아니라'입니다. '타자를 수단으로서 대하라'는 것은 피하기 어렵습니다. 실제로 우리들은 분업과 교환에 의해 살고 있고 그것은 타자를 수단으로 하는 것입니다. 다이쇼 시대[1912~26]의 고교생이나 대학생 사이에서 칸트가 유행했을 때, 그들은 '타자를 수단으로서가 아니라 목적으로 대하라'는 식으로 읽었습니다. 아마도 그런 읽기는 구제(舊制) 고등학교의 기숙사 생활 속에서는 가능했었겠죠. 그러나 그건 그들에게 생활비를 보내주는 부모를 수단으로 하는 것이고, 또 부모는 그 수입을 타인을 수단으로 하여 얻었던 것입니다. 일본에서 칸트주의는 쇼와 시대[1926~89]의 전반기에 마르크스주의가 융성하면 경멸받게 됩니다. 그러나 그것은 '타자를 수단으로서 뿐만이 아니라 목적으로서 대하라'는 칸트의 말을 이해하지 못했기 때문이었을 뿐입니다."(『윤리21』, 도서출판 b, 125쪽) —옮긴이

49. "그리스도 또한 천진난만한 어린아이와 같은 사람만이 천국에 들어갈 수 있다고 말했다": 「마태복음」 18장 3절.

50. "플라톤은 유명한 『심포지움[향연]』에서 사랑이란 결여되어 있던 것이 원래의 온전한 상태로 되돌아가려는 정情이라고 말한다": 플라톤, 『향연』 15절.

51. "셋슈(雪舟)": 무로마치 시대 후기의 화승(畵僧, [1420~1506]).

52. "하늘과 땅은 같은 뿌리이고 만물은 일체이다. 이를 두고 인도의 옛 성현은 '그것은 자네다'(Tat twam asi)라고 했고,

바울은 '더 이상 내가 사는 것이 아니라 그리스도가 내게서 사는 것'이라고 했으며(갈라디아서 2장 20절), 공자는 '마음이 원하는 바를 따를지라도 법도(矩)를 넘지 않는다'고 했던 것이다": 바울의 출처를 제외하고, 순서대로 『벽암록』 40칙, 『우파니샤드』 웃다라카 아루니의 말("나는 梵[범, 우주의 최고원리/신]이다"라는 말과 함께 우파니샤드 사상의 진수를 압축함), 『논어』 '위정편' 제2.

53. "입센의 브란": 입센(Henrik Johan Ibsen, 1828~1906)의 초기 운율극 『브란』의 주인공.

54. "그는 오히려 사회적 의식의 심대한 의의를 발휘했던 사람이다(유대교에 대한 그리스도의 관계가 그 한 가지 예이다)": 예수의 출현은 당시 유대 사회, 특히 그 지배층의 타락과 유대인들 속에서 퍼져있던 종말론 사상이나 메시아의 임재 등과 밀접히 연관되어 있다.

55. "오토 바이닝거": 오스트리아의 사상가(1880~1903). 니시다가 언급하는 그의 문장은 『성과 성격』(임우영 옮김, 지만지, 2012)에 있다.

56. "만국사(萬國史)는 헤겔의 이른바 세계적 정신의 발전이다": 분리된 것들 간에 이뤄지는 고차원적인 종합이라는 변증법의 논법은 헤겔과 니시다의 공통지반이다. 인용된 문장의 원래 문맥은 다음과 같다. "세계사란 정신의 신성하고 절대적인 과정을 최고의 형태로 표현하는 것이며, 정신은 하나하나의 단계를 거치는 가운데 진리와 자기의식을 획득해가기 때문이다. 각 단계에는 저마다 세계사 상의 민족정신의

형태가 대응하고, 거기에는 민족의 공동생활, 국가체제, 예술, 종교, 학문의 본모습이 나타나 있다. 하나하나의 단계를 실현해 가는 것이 세계정신의 끊임없는 충동이고 거역하기 힘든 욕구이다. 단계로 나누어 그것을 실현해 가는 것이 세계정신의 사명이기 때문이다. 세계사는 세계정신이 차츰 진리를 의식하고 추구하는 과정을 나타내는 것일 뿐이다. 정신이 깨어나 요점이 보이기 시작하고, 마지막으로 진리가 완벽하게 의식된다"(G. W. F. 헤겔, 『역사철학강의』, 권기철 옮김, 동서문화사, 2008, 61~62쪽); "공동체의 진리란 공공정신과 주관적 정신이 통일되는 것이고, 공공정신이란 보편적이고 이성적인 국가법률 안에서 실현된다. 국가는 신의 이념이 지상에 모습을 드러낸 것이다."(48쪽) —옮긴이

57. "아우구스티누스에 따르면 […] 신에 의해 만들어진 자연은 모두 선하다. 오직 본질의 결여가 악이다. […] 그림자가 그림의 아름다움을 배가시키는 것처럼, 혹여 진리를 깨달았을 때 세계란 죄를 지니면서도 아름답다": 아우구스티누스의 원래 문맥을 인용하면 다음과 같다. "저는 다른 것, 참으로 존재하는 것을 몰랐고, 저 어리석은 사기꾼들[마니교도들]에게 놀아나고 말았습니다. 저들이 '악이 어디서 오느냐, 신이 결국 신체 형상에 제한을 받느냐, 신이 머리카락과 손발톱을 지녔느냐, 한꺼번에 여러 아내를 거느리고 사람을 죽이고 동물을 희생제사에 바치는 자들이 의인義人으로 간주되어야 하느냐'고 질문해 오면 저는 바늘에라도 찔린

듯 움찔 놀라며 그들에게 교묘하게 설득되고 말았습니다. 그런 주제들을 알 리 없던 저로서는 그런 질문에 어리둥절해졌고, 진리를 등지면서도 마치 진리에로 나아가는 것처럼 보였습니다. 악이란 선의 결핍 외에 다른 것이 아니요, 결국 악 자체는 전혀 존재하지 않는 것임을 모르는 채였습니다."(아우구스티누스, 『고백록』, 성염 옮김, 경세원, 2016, 118~119쪽) —옮긴이

58. "파우스트가 인간 세상에 대해 크게 번민한 후 깊은 밤 들판을 산보하고 쓸쓸히 자신의 서재로 돌아왔을 때와도 같이, 한밤 고요히 마음 평정한 때에 절로 그런 감정이 작용하게 되는 것이다": 괴테, 『파우스트』 1부, 「서재」.

59. "마호메트가 말했듯이 천국은 칼의 그림자에 있다": 마호메트(571~632), 이슬람교의 창시자. 니시다가 인용한 이 문장은 부하린, 『하디스, 이슬람 전승집』의 '성전(聖戰)'편 22에 나옴.

60. "견성見性": 견성성불. 선종(禪宗)의 용어. 본래의 자기를 철두철미하게 봄.

61. "조토": 이탈리아의 화가(1266?~1337).

62. "십자가를 지고 나를 따르지 않는 사람은 내게 적합하지 않은 자다": 「마태복음」 10장 38절; 「누가복음」 14장 27절.

63. "『탄니쇼(歎異抄)』도 '왕생의 업을 위해 힘쓰는 우리 마음의 염불 또한 자행自行이 되고 만다'고 말한다": 『탄이초』는 가마쿠라 시대의 승려로 정토진종의 종조 신란(親鸞, 1173~1263)이 죽은 뒤, 그의 가르침을 제자 유이엔(唯圓, 1222~128

9)이 다시 기술한 것. 정토진종의 중심 저작. '탄니(다름을 탄식함)'는 스승 신란의 설에 대한 이설과 오독을 개탄한다는 뜻인바, 『탄니쇼』는 그런 이설 · 이단을 박력 있는 반어와 역설로 반박하고 신란 학설의 정통을 재정초하기 위한 목적에서 작성되었다. 니시다의 인용은 『탄이초』 제11조. 국역본으로는 신란/유이엔, 『탄이초』(오영은 옮김, 지만지, 2008)를 참조. —옮긴이

64. "콩디약이 말한 것처럼 우리가 비로소 빛을 보았을 때엔 그것을 본다기보다는 오히려 내가 곧 빛 그 자체이다. 최초의 모든 감각은 아이에게 있어선 즉시 우주 그 자체이지 않을 수 없다": 프랑스의 철학자 콩디약(1715~1780) 저작 『감각론』(1746)의 문장을 니시다가 요약한 것.

65. "자신의 생명을 얻으려는 사람은 그것을 잃으며 나를 위하여 생명을 잃는 자는 그것을 얻으리라": 「마태복음」 10장 39절; 16장 25절, 「마가복음」 8장 35절; 「누가복음」 9장 24절.

66. "유신론에서도 신의 전지전능함과 이 세상 속의 악의 존재는 쉽게 조화될 수 없다": 이른바 신정론(神正論) 혹은 신의론(神義論)의 문제. 신은 왜 악을 허락하는가라는 물음과 관련해 악을 신의 섭리/통치를 위한 계기로 파악하는, 신에 대한 변론(辯神論)을 뜻한다. 이는 신의 선(善), 신의 정의, 신의 '정당성'에 관계된다. 라이프니츠 『변신론』(1710, Theodizee. 테오스(신)와 디케(정의)를 합친 라이프니츠의 프랑스어 조어(Theodicee)인 원제는 '신의 정의에 관한 시론'임)의

한 장 「신의 정의와 그의 다른 모든 완전성 및 행동과의 조화를 통해 제시된 신의 행동근거」는 주요 참고문헌이며, 「욥기」는 신정론의 주요 대상 중 하나이다. —옮긴이

67. "그렇게 우리가 신에게서 산다는 것도 단지 비유가 아니라 사실일 수 있는 것이다(베스트코트라는 비숍[사제 · 주교]도 「요한전(傳)[요한복음]」 제17장 제21절에 붙인 주석에서 신을 믿는 신자의 일치란 단순히 목적감정 등의 moral unity[도덕적 합치]가 아니라 vital unity[생동적 합치]라고 말하고 있다)": 베스트코트(1825~1901), 영국의 성서학자. 「요한복음」 17장 21절은 다음과 같다. "아버지, 이 사람들이 모두 하나가 되게 하여주십시오. 아버지께서 내 안에 계시고 내가 아버지 안에 있는 것과 같이 이 사람들도 우리들 안에 있게 하여주십시오. 그러면 아버지께서 나를 보내셨다는 것을 세상이 믿게 될 것입니다." —옮긴이

68. "야콥 뵈메가 말하듯이 우리는 가장 깊은 내적 생동 내생內生(die innerste Geburt[내적 탄생(분만)])에 따라 신에 도달하는 것이다": 뵈메의 1612년도 저작 『서광(Aurora: Die Morgenröte im Aufgang)』[—p. 243 "Morgenröte"—]에 나오는 문장.

69. "그리스도가 마음의 깨끗한 자는 신을 볼 수 있고 또 어린이와 같이 천국에 들어간다고 말했듯이": 「마태복음」 5장 8절; 「누가복음」 6장 20절.

70. "에크하르트의 Gottheit[신성] 및 뵈메의 Stille ohne Wesen[본질 없는 고요함]": 에크하르트의 '신성'은 이른바 '신'마저도 넘어서는, 신의 근저 혹은 원천을 표시하는 낱말[마이스터

에크하르트, 『에크하르트 선집』(이부현 옮김, 2009, 누멘)을 참조]. 뵈메의 '본질/존재 없는 고요함'은 그가 가장 깊은 신성을 표시할 때 쓰는 낱말들 중 하나로 『신지학(神智學)의 6가지 포인트(Sex puncta theosophica)』(1620)의 제1포인트.

71. "개인성은 오직 일정치 않은 자유의지로부터 생겨날 수 있는 것(이는 일찍이 중세철학에 있어 스코투스가 토마스 아퀴나스에 반대했던 논점이었다)": 아퀴나스는 신이 예지에 의해 선이라고 인정할 수 있는 것에 따라 필연적으로 세계를 창조했다는 결정론적 입장을 취하지만, 이에 반대해 둔스 스코투스는 신의 의지는 전적으로 자유롭기에 신은 그 무엇에 의해서도 구속됨 없이, 또 그 어떤 근거도 없이 자유로운 의지에 따라 세계를 창조했다는 비결정론적 입장을 취했다. [이보다 앞서, 그것과 함께 신의 창조행위와 자유의 관계를 논구했던 것은 아우구스티누스의 『자유의지론』이다.]

72. "중세철학에서 디오니시우스(Dionysius)": 6세기 시리아의 수사로 추정되는 인물, '위-디오니시우스'. 그의 저작은 중세 신학과 철학에, 그리고 르네상스 및 종교개혁 시기에 부정신학과 상징/신비신학을 통해 영향을 끼쳤다. 『신의 이름들』, 『신비신학』, 『천상의 위계』 등을 참조할 수 있다. (『위 디오니시우스 전집』, 엄성옥 옮김, 은성, 2007) —옮긴이

73. "야콥 뵈메가 신을 두고 본질[존재/(사)물] 없는 고요함이라거

나 근저 없음(Ungrund) 또는 Wille ohne Gegenstand[대상 없는 의지]라고 말했던 것": 뵈메의 『범지학(汎智學)의 신비(Mysterium pansopicum)』(1620)의 제1텍스트.

74. "신은 오래전에 한번 세계를 창조했던 것이 아니라 그 영구적인 창조자이다(헤겔)": 헤겔, 『종교철학강의』 제3부 A.

75. "괴테가 Natur hat weder Kern noch Schale, alles ist sie mit einem Male[자연은 핵심도 겉껍질도 갖지 않으며 모든 것이 동시에 핵이고 겉껍질이다]라고 말하듯이": 괴테, 「물론: 물리학자에게(Allerdings: Dem Physiker)」에 나오는 문장.

76. "괴테가 「에페소인의 [여신] 디아나는 위대하도다」라는 시": 괴테, 『괴테 시 전집』(전영애 옮김, 민음사, 2009)의 '발라데' 편에 수록. —옮긴이

77. "반성적 사고는 깊은 통일에 이르는 길이다(선한 사람 또한 왕생하는데 하물며 악한 사람이 어찌 왕생하지 않겠는가라는 말이 있다": 『탄니쇼』의 제3조의 문장이다. "선한 사람조차 왕생을 받는데 하물며 악한 사람이야. 사정이 그러함에도 세상 사람들은 항시 말하길, 악한 사람도 왕생하는데 하물며 선한 사람이야. 이 조리[條·조리있음]는 일단 그 말하는바가 그럴듯하지만 본원타력(本願他力)의 취지에 등을 돌리고 있다. 그 까닭은 오직 자력(自力)으로 선함을 만들려는 사람은 타력에 의지하려는 마음이 없으므로 아미타불의 본원일 수 없다. 그러하되 그런 자력의 마음을 뒤집고 일어나 타력을 봉행한다면 진실보토(真実報土)의

왕생을 받게 되리라." —옮긴이

78. "메피스토펠레스가 언제나 악을 요구하고 스스로를 언제나 선을 만드는 힘의 일부라고 밝히듯이": 이는 괴테의 문장이다. "[저는] 언제나 악을 원하면서도, / 언제나 선을 창조하는 힘의 일부분이지요. / (…) 나는 항상 부정(否定)하는 정령이외다! / 그것도 당연한 일인즉, 생성하는 일체의 것은 / 필히 소멸하게 마련이기 때문이지요. / 그래서 아무것도 생성하지 않는 편이 더 낫다는 겁니다. / 그래서 당신네들이 죄라느니, 파괴라느니, / 간단히 말해서 악(惡)이라고 부르는 모든 것이 / 내 본래의 특성이랍니다."(괴테, 『파우스트』, 이인웅 옮김, 문학동네, 2006, 41쪽) —옮긴이

79. "아버지, 하실 수만 있으시다면 이 잔을 제게서 거두어주소서. 그러하되 제 뜻대로 하지 마시고 오직 아버지의 뜻대로 하소서": 「마태복음」 26장 39절; 「마가복음」 14장 36절; 「누가복음」22장 42절.

80. "염불은 진정으로 정토에서 태어나는 씨앗인가, 아니면 지옥에 떨어지는 업인가, 나는 전혀 알 수가 없네": 『탄이쇼』 제2조.

"어떤 시대 어떤 인민도 신이라는 낱말을 갖지 않았던 경우는 없다"

1. 니시다는 윤리학의 역사를 '지배'와 '복종'의 관점에서 다루면서 홉스로 대표되는 '군권적 권력설'과 둔스 스코투스로 대표되는 '신권적 권력설'을 구분하고, 그 둘 모두가 "외부 세계의 권위"(2편 6장)로서 복종을 내면화시키는 지배력이었다고 말한다. 그런 외부적 권위를 통해서는 '선[善]'이란 무엇이고 어떤 상태이며 왜 행해야만 하는가라는 물음에 답할 수 없다는 것, 따라서 "우리의 의지가 목적으로 하지 않으면 안 되는 선, 즉 우리들 행위의 가치를 정하는 규범"이란 "오직 의식의 내면적 요구로부터 설명해야 하는 것이지 그 바깥에서 설명해야 하는 것이 아니"며, 그런 한에서 "선이란 우리들의 내면적 요구 즉 이상의 실현, 바꿔 말해 의지의 발전・완성"인 것이다. 그때 선은 "자기의 힘", 곧 자기/의지의 "위력"에 다름 아닌 것이었다. 선을 구성하는 그런 내재적 힘, 그

힘의 활동적이고 활력적인 형질은 이렇게 표현되고 있다.

> 그 전체를 통일하는 가장 깊은 통일력이 우리들의 이른바 자기라는 것이고 의지란 무엇보다 능히 그런 통일의 힘을 발현시킨 것이다. 이렇게 생각해보면 의지의 발전·완성이란 즉시 자기의 발전·완성이 되는 것이므로 선이란 다름 아닌 자기의 발전·완성(self-realization)이라고 할 수 있게 된다. 곧 우리들의 정신이 여러 능력들을 발전시키고 원만한 발달을 이루는 것이 최상의 선인 것이다(아리스토텔레스의 이른바 entelechie[가장 완전한 현실태/완성태]가 곧 선이다). — 2편 9장 「활동설」

선의 힘, 선이라는 순수의지의 활동적 힘은 "순수경험" 혹은 "직접경험"의 상태, 달리 말해 주체와 객체, 자기와 타자, 개체와 일반, 부분과 전체, 인식과 그 대상 간의 구별이 정지되는 통일적인 경험의 상태를 밑바탕으로 한다. 니시다가 행했던 참선[參禪]의 과정에서 직각되고 체득되었던 진정한/참된 상태들의 상호성, 예컨대 참된 개체, 참된 지적 직관, 참된 실재의 상보성 속에서 선의 힘은 구성된다. "참된 개체란 그 내용에 있어 개체적이지 않으면 안 되는, 곧 유일한 특색을 구비한 것이지 않으면 안 되는바 일반적인 것이 발전의 극한에 도달한 곳이 개체이다"(1편 2장); "참된 지적 직관이란 순수경험에서의 통일작용 그 자체이며 생명의 포착이다"(1편 4장); "참된 실재眞實在란 의식현상으로도 물체현상으로도 이름붙일 수 없는 것이다. […] 직접적 실재는 수동적인 것이 아니라 독립되어 스스로 완전한 활동이다. 존재하는 것은 다름 아닌 활동有卽活動이라고 말하는 쪽이 더 좋겠다."(2편 2장) 그런 순수경험적 활동/활력으로서의 실재, 그것의 근저로서의 신. "실재의 근저인 신이란 그런 직접경험의 사실 즉 우리들 의식현상의 근저이지 않으면 안 된다"; "통일적인 어떤 것의 자기 발전이 모든 실재의 형식이고 신이란 그런 실재의 통일자이다"; "신은 우리들 의식의 최대・최후의 통일자이다. 아니 우리들의 의식은 신의 의식의 일부이고 그 통일은 신의 통일로부터 오는 것이다."(4편 3장 「신」)

2. 참된, 유일한, 순수한 실재/신. 곧 생명의 순수경험적 활력으로서의 선은 통일적인 능동과 자유의 힘으로 발현한다. "통일이 곧 능동의 참된 의의이므로 우리가 통일의 위치에 있을 때 우리는 능동적이며 자유롭다. 이에 반해 다른 것에 의해 통일되게 될 때 우리는 수동적이며 필연의 법 아래 지배받게 된다. […] 능동자는 힘을 지닌 것이지 않으면 안 된다. 그리고 힘이라는 것은 실재의 통일작용을 말한다." 능동자의 자유, 자유의 능동적 힘이 필연의 법에 의한 지배와

대치되고 있다. 필연의 법을, 필연화되는 지배를 무효화하는 힘은 "연결・종합하는 통일자"이며, 그것의 다른 이름이 "정신"이다. "그렇기에 엄밀한 의미에선 오직 정신만이 능동인 것이다."(2편 7장 「실재의 분화・발전」) 니시다에게 능동자/통일자의 정신, 그것의 효력은 필연의 법에 의한 지배와는 다른 지배의 정당성 근거로 기능한다. "위대한 사람은 수많은 사람들을 감화시켜 한 무리로 아우르며 동일한 정신으로 지배한다. 그럴 때 그 사람들의 정신을 하나로 간주할 수 있는 것이다."(2편 2장) 능동자/통일자의 정신, 정신이라는 활동적 통일력의 근저를 가리키는 다른 이름, 그것은 다시 한 번 신이다. "이 무한한 활동의 근본을 두고 우리는 신이라고 명명하는 것이다. 신이란 결코 실재의 바깥으로 초월하는 것이 아니다. 실재의 근저가 즉각 신이다. 주관과 객관의 구별을 가라앉히고 정신과 자연을 합일시킨 것이 신이다."(2편 10장 「실재로서의 신」) 통일된 실재, 즉 선의 상태 속에서 "우리의 개인성은 신성이 분화된 것이고 각자의 발전은 곧 신의 발전을 완성하는 것이다. 그런 뜻에서 우리의 개인성은 영구적인 생명을 갖는 것이며 영원한 발전을 이룬다고 말할 수 있는 것이다."(4편 4장) 그런 영구적 생명의 발전을 근거로 니시다는 말한다: "어떤 시대 어떤 인민도 신이라는 낱말을 갖지 않았던 경우는 없다."(2편 10장)

3. 그런 신이 통일된 실재의 근저를, 유일실재라는 능동적 통일의 상태를 가리키는 이름일 때, 그리고 그 "신이 인격적이라고"(4편 2장) 할 때, 그 신은 이른바 '국가'와 등질적인 힘의 형질로 세속화되고 있는 것인바, 니시다에게 국가란 "우리들의 의식활동 전체를 통일하는 것이자 한 인격의 발현으로도 간주해야 하는 것"(3편 12장)이었다. 신/국가와 선, 신/국가라는 최고선은 다음 문장 속의 '이성'과 결속하며, 그때 자기–선–의지–실재–정신은 다름 아닌 국가를 매개로 발현한다. "플라톤 만년의 사고나 아리스토텔레스는 이성의 활동에서 일어나는 것이 최상의 선이되, 그것으로부터 다른 활동을 지배하고 통어하는 것 또한 선이라고 말했다. / 플라톤은 유명한 『공화국』에서 사람 마음의 조직을 국가의 조직과 동일시하고 이성에 의해 통어된 상태가 국가에 있어서도 최상의 선이라고 말한다."(3편 10장 「인격적 선」) 다시, 국가는 저 '정신'의 개념연쇄로서 발현한다:

> 국가의 본체는 우리들 정신의 근저인 공동적 의식의 발현이다. 우리는 국가에서 인격의 큰 발전을 이룰 수 있는 것이다. 국가는 통일된 하나의 인격이고 국가의 제도·법률은 그러한 공동의식의 의지의 발현이다(이런 논설에 해당하는 이들은 고

대의 플라톤·아리스토텔레스, 근대의 헤겔이다). 우리가 국가를 위해 진력하는 것은 위대한 인격의 발전·완성을 위해서이다. 국가가 사람을 벌하는 것은 복수를 위한 것도 아니고 사회의 안녕을 위한 것도 아니며 다름 아닌 그 인격에 침범할 수 없는 위엄이 있기 때문인 것이다. — 3편 12장 「선행위의 목적(선의 내용)」

그렇게 당대의 국가는 "통일된 공동적 의식의 가장 위대한 발현"으로 규정되지만, 니시다는 각자의 선, 자기-정신의 인격적 발전과 발현으로서의 선은 그런 국가의 상태에 머무를 수 없으며 한층 더 큰 것을 요구한다고 쓴다. "인류를 고르게 어우른 인류적 사회의 단결"이 그것이다. 그것 또한 개체와 전체의 모나드적 통일체로서 구성된다. "참된 세계주의라는 것은 각각의 국가들이 없어진다는 뜻이 아니다. 그것은 국가들 각각이 점점 더 강고해져 각자의 특징을 발휘함으로써 세계의 역사에 공헌한다는 뜻이다." 세계사, 니시다가 헤겔을 빌려 '만국사는 세계적 정신의 발전'이라고 말할 때의 그 세계사-법정으로서 도래할 참된 세계주의, 이를 둘러싼 니시다의 시대 진단은 다음과 같다: "그러하되 그런 이상이 쉽게 실현될 수는 없다. 오늘날은 아직 무장한 평화의 시대이다."(3편 12장)

4. 여기까지의 인용들, 이후에 다시 인용될 니시다의 그 문장들이 이루는 모종의 배치/형세는 40세 니시다의 첫 저작인 이 책 『선의 연구』(1911)를 읽어내는 특정한 의지를 드러내는바, 그것은 '정치철학적' 혹은 '정치적/신학적' 관점에서 니시다 철학의 효력을 재구성하는 일과 관련된다. 그리고 그것은 70세의 니시다와, 달리 말해 '각각의 시대는 신에 직접 접촉하고 있다'는 랑케의 말을 인용 중인 니시다와, 그러니까 '미축귀영美畜鬼英'의 근대질서를 끝낼 최종심으로서의 공영권의 철학정초로 작성된 「세계신질서의 원리」(1943)와, 그리고 그 글의 악명과 관계된다. 달리 말해 그런 관계에 대한 재정의를 요청하고 다른 형질의 관계설정을 실험케 하는 70세 니시다의 「국가이유의 문제」(1940)에 『선의 연구』는 이끌린다. 『선의 연구』가 진정한 개체를 전체적인 것의 발전의 극한에서 구성되는 활력으로 규정하고 능동적 자유와 정신 및 통일된 실재의 발현으로 정의하고 있음에도, 곧 "모든 정신현상에 있어 각 부분은 전체의 통일 아래에서 성립함과 동시에 각자가 독립된 의식이지 않으면 안 된다(정신현상에 있어 각각의 부분은 end in itself[목적 그 자체]이다)"(4편 4장 「신과 세계」)라고 쓰고 있음에도, 니시다가 말하는 부분과 전체의 신적인 통일체는 제국 일본의 전쟁권 발동 앞에서,

그 비상시의 통치라는 특정한 정세 속에서 다름 아닌 이데올로기로, 어떤 일본-이데올로기로, '제국 일본'이라는 정신현상의 유혈적 폭력으로 (탈)연루되지 않을 수 없는 힘의 형태이다. 그런 한에서, 순수경험의 통일력 속에서 포착되는 생명의 상황, 유일실재/신의 활력으로 발현하는 그 생명이 지고선의 장소라고 말하면서 니시다는 '어떤 시대 어떤 인민도 신이라는 낱말을 갖지 않았던 경우는 없다'고 쓰지만, 그러나 다름 아닌 그 신과 함께, 그 신적인 힘으로 인해 '무장한 평화의 시대'가 아닌 때가 없다. 이 책『선의 연구』를 출발시키는 '순수'(로)의 힘과 의지가 관철될 때 폐기되거나 마멸되는 것, 그것이 '니시다 철학'의 정치철학적 벡터를 인식하는 한 가지 준거가 아닐까 한다.

선(善)의 연구

초판 1쇄 발행 2019년 10월 7일

지은이 니시다 기타로
옮긴이 윤인로
펴낸이 조기조

펴낸곳 도서출판 b
등 록 2003년 2월 24일(제2006-000054호)
주 소 08772 서울시 관악구 난곡로 288 남진빌딩 302호
전 화 02-6293-7070(대) 팩시밀리 02-6293-8080
홈페이지 b-book.co.kr 이메일 bbooks@naver.com

ISBN 979-11-89898-12-0 03190

값_14,000원